LK 11
558

DIX-HUIT MOIS
DE RÉPUBLIQUE
A L'ILE BOURBON

DIX-HUIT MOIS

DE

RÉPUBLIQUE

A L'ILE BOURBON

—

1848—1849

Par VOLSY FOCARD

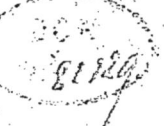

L'histoire est un témoin et non un flatteur.
VOLTAIRE.

SAINT-DENIS, ILE DE LA RÉUNION

TYPOGRAPHIE DE GABRIEL LAHUPPE, RUE DU CONSEIL, 119

1863

A MES COMPATRIOTES

Celui qui entreprend d'écrire l'histoire contemporaine, nous le savons, s'expose à des critiques plus ou moins sévères, à des reproches plus ou moins vifs.

Aussi y a-t-il quelque témérité, de notre part, à vouloir retracer des événements dont le souvenir est encore chaud dans le pays.

Mais nous avons la conviction d'avoir apporté la plus scrupuleuse exactitude dans le récit de ces événements, et cette conviction nous fait espérer de voir accueillir avec indulgence, par nos compatriotes, ce volume qui a été écrit pour eux, et que nous plaçons sous leur patronage.

DIX-HUIT MOIS
DE RÉPUBLIQUE
A L'ILE BOURBON

PREMIÈRE PARTIE.

CHAPITRE Ier.

SOMMAIRE.

Comment nous apprenons les grands événements de Paris. — Proclamation du gouverneur Graëb. — Adresse du Conseil colonial. — Attitude de la Colonie. — La République est proclamée à Saint-Denis. — Les opinions politiques à Bourbon. — Circulaire de M. Arago. — Lettre de M. de La Bâtie. — L'île Bourbon reprend l'un de ses anciens noms. — Divers décrets enregistrés à la Cour d'appel. — Le statu quo. — Proposition de M. Legras. — Deux Adresses au Peuple français. — Influence momentanée du journalisme.

I.

Le 21 mai 1848, quelques journaux d'Europe nous arrivèrent de l'île Maurice ; ils donnaient le compte-rendu de l'orageuse séance de la Chambre des députés, dans laquelle fut prononcé ce mot tant applaudi de M. Crémieux à M. Duchâtel : « Il y a du sang dans ce que vous venez « de dire ! » C'était la première menace de la Révolution.

Ces mêmes journaux annonçaient le départ du roi Louis-Philippe pour l'Angleterre, refuge ordinaire des royautés déchues.

Nous étions donc fixés, dès cet instant, sur ce qui allait se passer dans la mère-patrie.

Mais avant ces communications, qu'un journal de la localité, l'*Hebdomadaire*, traitait *d'absurdes* et de *ridicules*, avant la réception d'aucune correspondance, avant la venue d'aucun navire de l'extérieur, des bruits avaient circulé dans la colonie, et avaient été comme des échos de la grande clameur parisienne retentissant ici, derrière le vieil océan.

Ces bruits furent reçus alors, et ils en avaient toutes les apparences, comme des nouvelles faites à plaisir; mais quand ils eurent été solennellement confirmés, qui ne s'est pas arrêté à ce qu'il y avait eu d'incompréhensible et d'inexplicable dans leur naissance et dans leur propagation?

Ce fait remarquable n'est pas, du reste, le seul de ce genre dont on se souvienne à Bourbon. Ce qui prouve une fois de plus, si pareille chose peut être prouvée, qu'il y a des événements que l'on apprend, on ne sait comment, dont la connaissance arrive, on ne sait par quelle voie, qui se transmettent d'eux-mêmes pour ainsi dire, passant d'un continent à un autre avec tant de rapidité et de mystère, qu'on pourrait les comparer à ces voyageurs ailés qui s'en vont de l'Afrique à l'Europe, de l'Europe à l'Afrique, portés seulement par les vents.

II.

Nous ne devions pas, d'ailleurs, demeurer longtemps dans l'incertitude. Trois jours après la réception des journaux de Maurice, c'est-à-dire le 24 mai, des lettres, apportées de Pondichéry par le navire les *Deux-Frères*, nous apprenaient d'une manière certaine le grand événement politique qui s'était accompli en France le 24 février 1848.

Cette nouvelle se répandit dans les quartiers de l'île avec une rapidité électrique. Elle causa partout une émotion aussi vive que générale : elle frappait au cœur du pays.

Le gouverneur, M. Graëb, qui avait déjà donné à la population des témoignages éclatants de sa sollicitude, comprit que c'était le moment, en cette grave conjoncture, de lui en renouveler l'assurance.

Il assembla le Conseil privé le jour même, et sans attendre les communications ministérielles, il fit publier la proclamation suivante :

« Habitants de Bourbon,

« Des journaux et des lettres particulières, arrivés ce matin par la voie de l'Inde, annoncent que d'importants événements se sont accomplis en France dans les derniers jours de février. Bientôt sans doute des communications officielles nous en apporteront le récit exact.

« Dans ces circonstances, le devoir de chacun est indiqué par l'intérêt de tous. Veiller au maintien de l'ordre et de la tranquillité publique, assurer les approvisionnements, ménager les ressources du pays : telle est toujours, et sous tous les régimes, la tâche de l'Administration locale; elle la remplira avec zèle et dévouement.

« Votre excellent esprit, la haute intelligence que vous avez de vos intérêts véritables m'assurent que vous remplirez aussi la vôtre, et que ma voix sera entendue quand je vous demanderai, au nom de tout ce que vous avez de plus précieux à conserver, de rester calmes, d'arrêter tout ce qui pourrait amener des désordres qu'il vous importe tant de prévenir.

« Habitants de Bourbon, vous connaissez les sentiments qui m'animent; vous savez que le bien de votre pays n'a jamais cessé d'être le but constant de mes efforts; il en sera aussi la récompense tant que votre confiance et votre sagesse me prêteront la force nécessaire pour l'accomplir.

« Saint-Denis, 24 mai 1848.

« *Le Gouverneur,*

« Joseph Graeb. »

III.

La population reçut avec reconnaissance ces sages exhortations qui cadraient si bien avec ses propres sentiments; et le Conseil colonial, encore pour quelques heures l'organe légal du pays, y répondit par cette Adresse :

« Monsieur le Gouverneur,

« Le Conseil colonial a entendu et compris l'appel que vous avez fait à la population qu'il représente, au sujet des graves événements accomplis en France dans le mois de février dernier.

« Il vous remercie de ce nouveau témoignage de votre dévouement. Il compte sur votre prévoyance, et il est convaincu que vous prendrez toutes les mesures propres à sauvegarder la tranquillité publique.

« Le Conseil s'empresse de joindre sa voix à la vôtre pour conjurer les habitants de toutes les classes et de toutes les opinions d'attendre, dans l'attitude du calme et du recueillement, l'issue de la révolution qui vient de s'opérer au sein de la mère-patrie.

« Une révolution faite par la volonté et par la toute-puissance d'une nation telle que la France, ne peut être que pure dans son principe, profitable à tous dans son application, majestueuse dans son développement.

« La colonie de Bourbon ne méritera de recueillir sa part des conséquences de ce grand changement politique, qu'en ne s'écartant pas un moment des principes d'ordre sans lesquels l'anarchie viendrait bientôt tout compromettre et tout anéantir.

« Observer la paix publique, respecter les lois et leurs organes actuels, prêter à ceux-ci, au besoin, un concours efficace ; veiller en commun, chacun dans la mesure de son intervention légitime, au bon ordre, à la tranquillité, à la discipline et aux besoins des ateliers: tel est le premier devoir des colons et la plus impérieuse des nécessités du moment. C'est celle dont le Conseil colonial invite tous les bons citoyens à se pénétrer.

« Il ne saurait trop recommander à la population de s'abstenir de toute manifestation publique ou privée, individuelle ou collective, qui pourrait être une cause ou un prétexte de trouble ou de collision.

« Le Conseil, dont l'union est un exemple, et dont le concours assuré aux actes de votre administration est un gage de sécurité pour cette population, éprouve le besoin de répéter à celle-ci que si les formes de la constitution politique de notre glorieuse mère-patrie sont changées, le gouvernement de la France, confié à des hommes en possession de toutes les sympathies de la nation, ne peut pas cesser d'obéir en tout et partout à l'impulsion de tous les gouvernements sages et forts: le respect et le maintien de tous les droits et de tous les intérêts légitimes.

« Nous sommes avec respect, etc.

« MARTIN DE FLACOURT, *président;*

« SAUGER, P. DE GUIGNÉ, *secrétaires.* »

IV.

Si les colons restaient calmes et dignes à la nouvelle des changements survenus dans la constitution politique de la France; si leur générosité et leur libéralisme les faisaient applaudir à des institutions généreuses et libérales, ils étaient néanmoins fort inquiets sur l'avenir du Pays.

Ne savaient-ils pas en effet, que la proclamation de la République apportait fatalement avec elle l'émancipation des esclaves? Et pouvaient-ils prévoir les conséquences d'un tel acte?

Mais on ne saurait trop s'en enorgueillir : les maîtres et les esclaves, ceux qui allaient être dépouillés d'une propriété légalement acquise et ceux qui allaient recouvrer la plus belle possession de l'homme sur la terre, « la liberté, » tous, nous l'avons dit, restèrent calmes et dignes : les uns avec leurs espérances, les autres avec leurs appréhensions.

Ainsi, cette question d'abolition de l'esclavage, qui semblait n'avoir été si longtemps pendante que pour être résolue en un instant; cette question pleine d'orages et bien faite, assurément, pour abattre et irriter tout à la fois les nombreux intéressés qu'elle touchait si diversement, fournit à notre île une occasion mémorable de se faire consacrer la qualification de *colonie-modèle*.

Telle était l'attitude du pays, attendant les décrets du gouvernement provisoire. Ces décrets parvinrent dans la colonie le 8 juin, et le lendemain 9, la République fut proclamée à Saint-Denis.

V.

Cette proclamation eut lieu à neuf heures du matin, sur la place du Gouvernement. Au milieu des troupes de la garnison, de la milice et d'une foule de citoyens de toutes les classes, le Chef de la colonie, entouré des fonctionnaires des différents services, prononça ces paroles :

« Habitants de la Colonie, Soldats,

« Une grande révolution vient de s'accomplir en France.

« La monarchie fondée en juillet n'existe plus ; la République Française est proclamée.

« Un gouvernement provisoire, composé d'hommes aussi éminents par leurs lumières que par leur patriotisme, est sorti de la victoire de la garde nationale et du peuple de Paris.

« Le vieux drapeau, dont les trois couleurs ont fait, avec nos pères, le tour du monde, reste debout comme le symbole des idées *d'ordre, de liberté, d'égalité et de fraternité*, au nom desquelles la révolution s'est accomplie.

« Le respect des propriétés, le maintien de la législation existante, forment la base de toutes les résolutions du gouvernement provisoire.

« Grâce à ces sages dispositions, les affaires, un moment suspendues, ont repris leur marche accoutumée, les administrations publiques ont continué de pourvoir aux besoins de tous les services, le cours de la justice n'a point été interrompu, et tout justifie la devise de la nouvelle République Française : *l'ordre dans la liberté.*

« Aussi l'adhésion de la magistrature, de l'armée, de toutes les cités de la France, a-t-elle salué l'aurore d'un gouvernement dont tous les actes sont empreints d'un caractère de générosité, de justice et de modération sans exemple.

« Organe du gouvernement provisoire de la République Française et dépositaire de son autorité dans la Colonie, je réclame de vous la même adhésion. Montrez-vous les dignes enfants de la France en vous associant à ses glorieuses destinées.

« Les liens qui vous unissent à la mère-patrie doivent se resserrer de plus en plus aujourd'hui, puisque vous êtes appelés désormais à prendre une part directe aux conseils de la nation, par l'organe de représentants librement élus d'après le mode que déterminera l'Assemblée nationale.

« C'est à cette Assemblée souveraine qu'est réservée la mission de constituer d'une manière définitive la forme du gouvernement qui doit nous régir.

« Vous attendrez avec confiance les institutions qu'elle est appelée à donner à la France et à ses colonies.

« Vous continuerez, à l'exemple de vos frères de la Métropole, à respecter les lois en vigueur, à conserver l'ordre établi et à prêter à mon administration l'appui de votre sagesse et de votre patriotisme.

« Habitants de la Colonie, l'attitude que vous avez conservée depuis quinze jours, l'ordre et le calme qui n'ont pas cessé de régner, le concours éclairé que j'ai rencontré dans le sein du Conseil colonial, ne sont un sûr garant de votre complète adhésion et de votre obéissance au pouvoir dont je suis le représentant parmi vous.

« VIVE LA RÉPUBLIQUE ! VIVE LA FRANCE ! »

VI.

Ces paroles furent accueillies par les cris de : *Vive la République ! vive la France ! vive le gouverneur Graëb !* et les troupes et la milice se renvoyèrent des vivats sympathiques et répétés. La foule qui stationnait sur la place y mêla ses transports ; on eut presque de l'enthousiasme.

Après la revue, les officiers de la garnison, ceux de la milice, les fonctionnaires présents allèrent porter au Gouverneur l'adhésion qu'ils donnaient au nouveau gouvernement de la Métropole.

La magistrature voulut également manifester ses sentiments patriotiques à l'égard de la mère-patrie, et se réunit en audience solennelle, le lendemain 10 juin. Le procureur général par intérim, M. Massot, et le président de la Cour d'appel, M. Boscheron-Desportes, organes officiels du corps judiciaire, traduisirent ces sentiments dans deux chaleureuses allocutions.

Il se passa donc ici ce qui s'était passé à Paris, trois mois auparavant ; nous voulons dire qu'il y eut adhésion générale et complète.

VII.

A ce propos, on a prétendu que quelques-uns de nos compatriotes avaient profité du moment pour se faire reconnaître et proclamer républicains, et républicains de la veille encore. Nous ne contestons pas le fait, mais nous ne lui accordons aucune signification : nous n'en faisons ni honneur ni grief aux personnes qui ont demandé ainsi le visa de 48 pour leur brevet de 89 ; parce que dans une société constituée comme notre société coloniale, il ne peut y avoir de partis politiques.

Ce n'est pas en effet dans une île de 60 lieues de tour, qui attend tout, qui reçoit tout de la mère-patrie, ses lois, ses juges, ses administrateurs, que la politique ou que le socialisme pourrait passionner et diviser les masses.

Et si l'on veut se souvenir que des intérêts identiques, qu'une même manière de vivre pour le capitaliste, pour l'industriel et pour l'employé, apportent un certain nivellement dans les positions sociales des habitants de l'île Bourbon, on conviendra avec nous que l'esprit de parti n'a que faire dans notre petit pays. Nous entendons cet esprit de parti qui fractionne les populations.

Bien plus, si l'on pouvait être de plusieurs partis en même temps, dans notre colonie on serait à la fois du parti républicain, du parti napoléonien, du parti légitimiste, malgré les anomalies d'une pareille fusion.

C'est ainsi que par ses habitudes d'indépendance, le créole aimerait la République pour les libertés qu'elle lui donnerait. C'est ainsi que son amour de la patrie et son orgueil, un noble orgueil, l'attachent aux glorieuses traditions de l'Empire ; tandis que ses goûts, ses mœurs, et aussi ses souvenirs le rendent attentif à la conservation de certains principes de l'ancien régime.

Toutefois, ces différents sentiments particuliers lui viennent à la fois de la générosité, de l'enthousiasme et de la fierté qui forment le fond du caractère des enfants de l'île Bourbon ; c'est d'eux que l'on peut dire justement qu'ils ont les défauts de leurs qualités.

Quant aux opinions politiques proprement dites, nous le répétons avec conviction, il n'y en a pas, ou il y en a peu chez nos compatriotes.

Ceci nous remet en mémoire cet aveu d'un *conservateur*, homme d'esprit, à qui nous demandions un jour : « Qu'êtes-vous donc ? êtes-vous légitimiste, orléaniste, bonapartiste, républicain ? » — « Moi, dit-il, je suis propriétaire ! »

Ce mot, à lui seul, répond victorieusement à certaines théories qui se sont produites un peu partout, en ces derniers temps.

Je suis propriétaire, veut dire : je suis pour un pouvoir fort, juste et libéral ; pour un pouvoir qui protége les propriétés et les personnes.

A l'île Bourbon il n'y a donc que des colons, c'est-à-dire des *propriétaires* : des propriétaires bons Français.

VIII.

La République était proclamée, mais nous attendions encore la solution des grandes questions coloniales qui se résumaient en deux mots : *Emancipation, Indemnité.*

Cependant une circulaire ministérielle du 26 février

1848, adressée aux Gouverneurs des colonies françaises, avait un peu rassuré les habitants de notre île.

Nous ne pouvons nous dispenser de transcrire ce document, la première communication officielle qui ait calmé l'inquiétude des colons, et que M. Nas de Tourris, dans une improvisation à l'Assemblée générale des délégués des communes, appelait la « dépêche de l'espérance. »

« Monsieur le Gouverneur,

« Un gouvernement provisoire remplace celui qu'avait institué la Charte de 1830.

« Le *Moniteur* du 25 février, que je vous envoie, vous fera connaître l'origine, la proclamation et les premiers actes de ce gouvernement provisoire.

« La France va être appelée à se donner librement les institutions que votera la majorité de la nation.

« Jusqu'à ce qu'une nouvelle constitution soit proclamée et que l'action législative reprenne son cours, tous les citoyens, aux colonies comme dans la mère-patrie, sauront comprendre que leur premier devoir est de se soumettre aux lois et aux autorités existantes, et de rester dans toutes les conditions nécessaires à la tranquillité publique.

« Toutes les classes de la population coloniale doivent savoir qu'il n'appartient à aucune d'elles de DEVANCER ce que voudra faire, pour régler leur avenir, le pouvoir qui sortira des votes du pays. Le Gouvernement provisoire a pour mission d'assurer le maintien de l'ordre en même temps que la consolidation du triomphe de la liberté. Il faut donc que les populations des colonies attendent avec *calme* et *confiance* la solution que le gouvernement définitif ne peut manquer de donner promptement à la question de l'abolition de l'esclavage, solution trop longtemps retardée dans l'intérêt de l'humanité et qui sera conciliée avec les DROITS ACQUIS.

« Je compte, M. le Gouverneur, sur votre patriotisme et sur votre fermeté pour assurer la soumission de tous vos administrés et le dévouement des officiers, des magistrats et des fonctionnaires qui vous entourent, à l'accomplissement des actes et des résolutions que je vous notifie.

« Recevez, Monsieur le Gouverneur, l'assurance de ma considération très distinguée.

« *Le Ministre provisoire de la marine et des colonies,*

« F. ARAGO. »

IX.

En même temps que le Ministre de la marine, membre du Gouvernement provisoire, donnait aux colonies l'assurance que *leur avenir serait réglé par le pouvoir qui sortirait des votes du pays*, notre délégué, M. de La Bâtie, écrivait une lettre aux membres de ce même gouvernement, pour leur adresser l'adhésion des habitants de l'île Bourbon à la République.

Ecrite en notre nom, cette lettre de M. de La Bâtie est un document historique qui trouve ici sa place toute marquée.

« Messieurs,

« Témoin de la révolution que le peuple de Paris vient d'accomplir avec autant de sagesse que de courage, j'ai l'honneur de vous adresser, en mon nom, et au nom de la colonie que je représente, adhésion complète et assurance d'un entier dévouement à la République.

« En vain la vigueur du principe qui triomphe semble-t-elle menacer la frêle existence des colonies ; deux motifs détermineront leur sympathie en faveur du gouvernement que le peuple a conquis :

« Le sentiment qui associe tous les cœurs généreux à la haute moralité d'une réaction de l'honneur contre la faiblesse et la corruption ;

« La raison qui ne permet pas de méconnaître les garanties offertes à la justice par un gouvernement fort de son origine, indépendant de toute influence étrangère.

« La dévolution de la question coloniale à une assemblée librement élue par l'universalité des citoyens, ne permet pas de douter que la solution n'en soit aussi conforme à la justice qu'aux véritables intérêts de la France, et qu'elle ne réalise la conciliation de tous les droits dans l'ordre et la liberté.

« Les colonies, depuis dix ans, ont fait parvenir au

Gouvernement toutes leurs observations, toutes leurs objections ; elles ont exposé leurs dangers, leurs craintes et leurs besoins. Rien n'est ignoré aujourd'hui de tout ce qu'il fallait savoir pour statuer en toute connaissance de cause, et rien ne manquait au gouvernement précédent pour agir avec sagesse et résolution, que l'indépendance et la nationalité, attributs essentiels de la République.

« Les colons comprendront, sentiront ce qu'il y a de nouveau dans cette situation.

« Ils n'avaient déjà plus de nouvelles observations à faire, ils n'auront plus de défiances à exprimer ; parce que, là même où la conviction manque, la conscience s'abrite sous la responsabilité nationale, et que cette immense autorité s'impose à celui qui doute comme à celui qui craint.

« Toutes les résistances, toutes les défiances coloniales vont donc tomber devant ces garanties nouvelles, et les colons attendront sans inquiétude le vœu de la nation pour s'y associer, la manifestation de sa volonté souveraine pour s'y soumettre et la seconder.

« J'ai l'honneur d'être, etc.

« Dejean de La Batie,
« *Délégué de l'île Bourbon.* »

Il convient de remarquer que, tout en adressant au Gouvernement provisoire *adhésion complète* à la proclamation de la République, M. de La Bâtie n'avait pas oublié de faire des réserves au nom de la Colonie.

« Les colons, écrivait le délégué de l'île Bourbon, *at-*

tendront sans inquiétude le vœu de la nation pour s'y associer, la manifestation de sa volonté souveraine pour s'y soumettre et la seconder. »

C'était la même pensée, exprimée avec moins de ménagements, qui se retrouvait dans une proposition rédigée au sein même du Conseil colonial, le 6 juillet 1848, et dont voici le premier paragraphe :

« Les soussignés — c'étaient MM. Antoine Fitau et Patu de Rosemont — proposent de nommer une commission dans le but de préparer un mémoire au Gouverneur, afin : 1° de protester à l'avance, contre tout acte, contre toute mesure d'émancipation qui ne serait pas le résultat d'un décret de l'Assemblée nationale constituante, à laquelle seule la Colonie reconnaît le droit de statuer sur cette question; 2° de déclarer que si l'émancipation des esclaves, qu'elle émane du Gouvernement provisoire ou de l'Assemblée nationale, n'était pas accompagnée d'une juste et préalable indemnité, les colons en masse protesteraient contre cet abus de la force et contre cette inique spoliation qui serait aussi funeste aux nouveaux affranchis qu'aux propriétaires actuels. »

M. Fitau, M. Patu de Rosemont, M. de La Bâtie et tous ceux qui pensaient alors comme eux, avaient raison : il n'appartenait qu'à l'Assemblée nationale, dépositaire de l'autorité souveraine de la nation, de statuer sur la question d'émancipation, c'est-à-dire de toucher à la Constitution coloniale non moins inviolable que la Constitution métropolitaine.

X.

Nous apprenions également qu'un arrêté du Gouvernement provisoire, en date du 7 mars, faisait reprendre à l'île Bourbon l'un de ses anciens noms : « Ile de la Réunion. »

On aurait bien pu lui laisser son nom de Bourbon, mais il faut des changements aux révolutionnaires, ainsi que l'exprime cet adjectif même du dictionnaire de 89.

C'est sans doute ce besoin de réformes qui a fait substituer le nom de rue de Paris à celui de rue Royale. Le Conseil municipal de Saint-Denis n'a pu résister aux idées générales d'innovation. Il a pensé que, puisqu'il n'y avait plus de roi, il ne pouvait plus y avoir de rue Royale. Le Conseil municipal de Saint-Denis a été conséquent avec lui-même.

Il ne faut pas croire, cependant, que rue Royale veuille dire rue du Roi, mais belle rue ; comme on dit luxe royal, maison, demeure princière, pour dire grand luxe, maison grandiose, somptueuse demeure. Mais le Conseil municipal de Saint-Denis, anti-royaliste jusque dans les expressions, a cru que rue Royale voulait dire rue du roi — il avait bien le droit de le croire, en dépit même de l'Académie — et il a appelé la rue Royale rue de Paris.

XI.

Nous en étions là de nos agitations, qui commençaient trois mois après celles de la métropole. Le pays n'avait pas encore été fixé sur son sort : nous n'avions que *la dépêche de l'espérance*.

Cependant il pleuvait des actes officiels. La Cour d'appel, à son audience solennelle du 10 juin, avait enregistré, indépendamment de l'arrêté local proclamant la République dans la Colonie, le décret portant que la justice serait rendue au nom du peuple français ; celui qui déliait tous les fonctionnaires de leur serment ; celui qui dispensait du serment les fonctionnaires de l'ordre administratif et judiciaire ; celui portant amnistie en faveur des condamnés pour faits politiques et de presse ; celui qui abolissait les titres de noblesse et celui qui suspendait provisoirement la contrainte par corps.

Ce dernier décret a été abrogé depuis, à la grande satisfaction des capitalistes qui se lamentaient tout haut. « Plus de contrainte par corps, disaient-ils, qu'allons-nous devenir ? Quelle garantie donnera-t-on à nos coffres-forts, criaient-ils en véritable sourds qu'ils sont. » Heureusement que le décret du 22 janvier 1852, promulgué le 8 mai suivant, en rendant exécutoire dans la Colonie la loi du 13 décembre 1848, a mis fin à ces lamentations.

XII.

La République, qui avait été proclamée à Saint-Denis le vendredi 9 juin, fut également proclamée dans les communes le dimanche suivant, au milieu du calme le plus parfait. Partout, dans les quartiers comme au chef-lieu, les populations étaient décidées à laisser les événements suivre leur cours. Nos gouvernants, de leur côté, avaient pris la résolution de ne rien changer aux choses de l'Administration. Ils avaient compris que, dans un pareil moment, ce qu'il importait le plus à la Colonie, pour sa tranquillité, c'était de lui laisser sans modification aucune les lois qui la régissaient.

Si le Gouverneur eût accueilli les demandes de réformes adressées par certains journaux; si, comme le désiraient quelques-uns de nos hommes politiques, il eût réglé de nouvelles élections pour la formation d'une assemblée générale, qu'il n'avait pas le droit de créer, il eût certainement troublé le pays dès le début, en se donnant à lui-même un pouvoir qu'il n'avait pas; et Dieu sait où se serait arrêtée cette première concession faite aux impatiences des réformistes.

Aussi, feu le *Courrier Républicain* avait beau demander avec des points d'interrogation: « Où sont les faits qui ont signalé l'ère nouvelle qui vient de s'ouvrir pour l'île de la Réunion? Qu'y a-t-il de changé autour de nous, si ce n'est la formule des actes publics? » nous ne sortîmes point du *statu quo,* ainsi que les instructions ministérielles que nous avons reproduites plus haut, le prescrivaient si judicieusement alors à MM. les Gouverneurs des colonies.

XIII.

Il y eut cependant une tentative directe. Nous voulons

parler de la proposition faite par M. Pierre Legras, au Conseil colonial — séance du 13 juin 1848 — de solliciter du Gouvernement local la formation immédiate d'une assemblée coloniale basée sur les lois ou plutôt sur les instructions de 1790-1791.

Une pétition rédigée dans ce sens avait été, quelques jours auparavant, présentée sans succès à la signature des habitants de la Colonie.

Malgré les loyales intentions dont il était animé, M. Legras ne put établir l'opportunité de sa proposition. Ses adversaires, au contraire, M. de Greslan et M. de Saint-Georges surtout, démontrèrent clairement tous les inconvénients, tous les dangers même qu'il y aurait à l'accueillir: son adoption devant avoir pour conséquence de jeter subrepticement le Pays hors de la Charte coloniale, alors que son intérêt lui commandait de n'en point sortir jusqu'à nouvel ordre.

L'honorable M. Legras n'en demanda pas davantage : il s'empressa de retirer sa proposition; mais le Conseil, qui tenait à la discuter, sans doute pour avoir à la repousser avec plus d'éclat, la reprit dans la séance suivante—15 juin 1848.

Cette séance avait attiré au *Palais législatif* — aujourd'hui le *Museum* — une partie de la population de Saint-Denis. On s'attendait à des débats émouvants : la curiosité publique fut médiocrement satisfaite.

La proposition de M. Legras reprise, attaquée sans être défendue, et définitivement rejetée, alla rejoindre les instructions ensevelies de 1790-1791.

XIV.

C'est donc à notre bon esprit, à cet esprit créole réputé apathique, que nous sommes redevables d'avoir été préservés de certaines innovations qui n'auraient pas manqué d'agiter le pays. On se contenta de voter des adresses au Gouvernement provisoire. Voici celle du Conseil colonial :

« Citoyens,

« Les colons de l'Ile de la Réunion ont accueilli avec un légitime orgueil la nouvelle de la grande révolution du 24 février.

« Français, ils ne peuvent contempler avec indifférence le triomphe de la nationalité française et les magnifiques promesses que vous avez faites au monde, au nom de la civilisation, en prenant pour symbole du gouvernement de la France : *Liberté, Egalité, Fraternité.*

« Ces promesses d'une fraternité universelle, la France grande et forte saura les réaliser. Elles renferment pour les colons l'assurance que les changements nécessaires dans leur constitution sociale s'accompliront sans perturbation, et en maintenant le travail de manière à assurer la fortune coloniale, le bien-être de la classe émancipée et l'activité de nos relations commerciales avec la Métropole.

« C'est avec la plus entière confiance dans la justice et la générosité de la France, que nous attendons la régénération coloniale, qui, selon les paroles rassurantes de M. le Ministre de la marine et des colonies, membre du Gouvernement provisoire, s'opère avec une égale sollicitude pour toutes les classes de la population coloniale et la protection due à *tous les intérêts* dans les limites du *droit* et de la liberté.

« Citoyens, le Conseil colonial accomplit un devoir en vous transmettant, au nom du pays, son adhésion à la révolution de février, les espérances et les sympathies de la population tout entière. »

Le Conseil municipal de Saint Denis crut devoir également faire parvenir son adhésion à la République. Il le fit en ces termes :

AU PEUPLE FRANÇAIS.

(Par l'intermédiaire du Gouvernement provisoire)

« Citoyens,

« Les habitants de la ville de Saint-Denis, île de la Réunion, ont reçu avec une satisfaction pleine d'enthousiasme la nouvelle des glorieux et immortels événements qui se sont accomplis en France.

« Français avant tout, marchant sous la protection de la mère-patrie, ils ne peuvent rester en arrière des progrès qui s'accomplissent au nom de la civilisation.

« Le peuple français est un grand peuple, juste et généreux, qui veut l'ordre dans le progrès et le respect des droits de tous.

« Les promesses faites au monde s'accompliront aussi pour les Français d'outre-mer.

« L'organisation du travail et le maintien de la tranquillité sont les premiers besoins de la Colonie ; la justice de la mère-patrie, sa plus ferme espérance.

« C'est avec élan que nous apportons nos vœux à la République Française, symbole de tout ce qu'il y a de grand, de magnanime dans les idées humaines.

« Le Conseil municipal de Saint-Denis manquerait à son devoir si, au nom de la cité qu'il représente, il ne venait vous faire connaître la pensée de la population de la première ville de l'île de la Réunion.

« C'est au nom de cette population que le Conseil municipal de Saint-Denis adresse à la République française une adhésion sans réserve et l'assurance d'un complet dévouement.

« Fait à Saint-Denis, île de la Réunion, le 14 juin 1848.

« Pour copie conforme :

« *Le Maire,*
« A. BÉDIER. »

Peut-être cet enthousiasme républicain, qui se montrait dans les termes des deux adresses que l'on vient de lire, ne répondait-il qu'aux sentiments de quelques-uns de leurs signataires ; et n'était-il, de la part des autres, qu'une satisfaction donnée aux idées du moment. Peut-être encore que si l'on avait demandé à la population entière de la colonie, d'approuver ces adresses, plus d'un colon

eût dit au Conseil colonial et au Conseil municipal :
« Parlez pour vous. »

Quoi qu'il en soit, ces témoignages de sympathie furent envoyés au Gouvernement provisoire, comme l'expression unanime et vraie des sentiments républicains des habitants de l'île Bourbon.

XV.

Le journalisme venait d'acquérir tout-à-coup une influence qu'il n'avait jamais eue dans notre colonie, et qu'il n'a plus retrouvée depuis cette époque mémorable pour lui. Des articles remarquables, œuvres de quelques-uns de nos compatriotes et d'Européens qui sont devenus nos frères, par des mariages contractés dans le pays, firent constater que la presse locale pourrait, à l'occasion, s'élever à la hauteur de sa sœur aînée de la métropole. Nous nous souvenons de plusieurs de ces articles signés Jugand, Chaniot, Adrien Bellier, de Greslan, et de quelques autres non signés, qui auraient figuré honorablement dans les feuilles publiques de la France.

Il se publiait alors quatre journaux à Saint-Denis : le *Moniteur de l'Ile de la Réunion*, *l'Hebdomadaire*, le *Cri Public* et le *Journal du Commerce*. Plus tard vinrent le *Réveil*, la *Caricature* et la *Lanterne Magique*. La commune de Saint-Paul avait le *Courrier Républicain*.

Certes, si ces journaux étaien vraiment les organes de l'opinion publique, il faut convenir que celle-ci avait les moyens de se produire. Mais y avait-il une opinion publique à l'île Bourbon? C'est ce que nous allons voir au chapitre suivant.

CHAPITRE II.

SOMMAIRE.

Etat des esprits. — Les clubs. — Souvenirs qu'ils réveillent. — Stagnation dans les affaires. — Le Conseil colonial. — Comice agricole. — Un avis rassurant du MONITEUR UNIVERSEL. — L'époque de l'émancipation est fixée. — Le suffrage universel. — Le JOURNAL DU COMMERCE et les Brunet. — La presse conseille de planter des vivres et d'établir un comptoir d'escompte. — L'avenir de l'agriculture. — L'arrêté de 1846 sur les gens de travail libre. — Troubles à Saint-Louis. — Danger auquel on a échappé. — Coïncidence entre les événements qui allaient naître en 1848 et ceux de 1796. — On laisse tomber dans l'oubli l'arrêté de 1846. — Espérance fondée sur les promesses de la Métropole.

I.

Nous sommes à la fin du mois de juin, c'est-à-dire vingt ou vingt-cinq jours après la proclamation de la République dans la Colonie. Les esprits jusque-là sous la surprise commencent à s'agiter. Des clubs se forment à Saint-Denis : celui de l'*Ordre* et du *Progrès* tient ses séances à la loge des francs-maçons ; celui des *Conservateurs*, composé de jeunes gens, tient les siennes au foyer de la salle de spectacle.

Aux douloureux souvenirs que ces réunions réveillent, quelques personnes s'inquiètent et s'effraient au point de leur attribuer la cessation des affaires. Elles se trompaient. Les obstacles qui arrêtaient les transactions commerciales provenaient de la situation même dans laquelle une révolution comme celle de 1848, qui amenait avec elle l'abolition de l'esclavage, devait jeter une colonie française, quelque éloignée qu'elle fût du théâtre des événements.

Aussi la presse locale s'efforçait-elle de calmer les esprits et de rappeler la confiance. Ces prétendus clubs ne cessèrent, d'ailleurs, d'être dignes à tous égards de la population d'un pays qui a donné plus d'une fois des preuves de sa modération et de son bon sens.

II.

Quant au Conseil colonial, ses membres n'étaient plus en nombre suffisant pour délibérer ; son bureau permanent avait beau constater hebdomadairement, à l'aide des journaux, les *présences* et les *absences*, MM. les conseillers déserteurs ne se réunissaient pas plus pour cela. Ils avaient bien autre chose à faire que de prolonger une assemblée qu'ils savaient avoir été supprimée par un décret attendu à chaque instant dans la Colonie.

Au reste, les préoccupations du moment suffisaient pour justifier ces absences des conseillers coloniaux, eux que leur position de grands propriétaires faisait les gardiens obligés de la tranquillité des campagnes.

Dans plusieurs quartiers, en outre, il y avait des assemblées publiques où les questions d'intérêt général étaient sinon résolues, du moins discutées. Il n'était donc pas indispensable d'accourir à la capitale pour manifester ses opinions ou pour donner des avis.

Le Conseil colonial, composé de MM. Henry Martin de Flacourt, président; Protet aîné, vice-président; Frédéric Sauger et Pierre Deguiné, secrétaires; Bellier de Villentroy; Desprez; Ruyneau de Saint-Georges; Deguigné aîné; Montbel Fontaine; André Féry; Jules Geslin; Kvéguen; Pierre Legras; Defresne Moreau; Patu de Rosemont; Elie Pajot; Aubert père; Delisle; Fémy; Kanval; Lacaille; Auguste Brunet; Hoareau Desruisseaux; d'Achery; Théodore Deshayes; Prosper de Greslan; Sénac; Benjamin Vergoz; Antoine Fitau et Pichon de Bury; le Conseil colonial s'était ainsi dissous de lui-même, ses membres, la plupart habitant des communes éloignées, ayant d'assez puissants motifs, nous insistons sur ce point, pour demeurer au sein de leurs familles inquiètes et au milieu de leurs ateliers impatients. Chacun resta donc chez lui à faire manipuler des cannes qu'on avait hâte de convertir en sucre, ne sachant pas encore si la promulgation du décret d'émancipation permettrait à la Colonie d'achever la récolte commencée.

III.

Mais pendant que les habitants des campagnes maintenaient le calme sur leurs propriétés et la confiance dans leurs demeures, les habitants de la ville s'agitaient aux carrefours, s'émouvaient dans les clubs, s'excitaient partout.

Le perron situé aux coins des rues de l'Église et du Conseil, près de la pharmacie de MM. Loupy et Toulorge, avait été justement nommé le *banc de la blague*. Jusqu'à minuit et une heure du matin on s'entretenait là de politique et de beaucoup d'autres choses ; cinquante, soixante, souvent cent personnes y discutaient à la fois, mêlant les sujets les plus graves aux plus franches puérilités de la vie privée.

Ce petit coin de trottoir eut ses orateurs, ses applaudisseurs et ses interrupteurs : il n'y manquait rien. C'est là que les opinions commencèrent à se manifester ouvertement, et les questions de personnes aidant, ce club de rue devint le berceau de la division qui s'est produite plus tard au sein de la famille créole.

La population ainsi agitée se sépara et forma deux camps : dans l'un, on s'en remettait entièrement à la sagesse et à la justice de la mère-patrie pour la reconnaissance de nos droits de propriétaires et d'indemnitaires ; dans l'autre, on montrait la plus vive défiance à l'égard de cette même sagesse et de cette même justice.

IV.

Tel était l'état dans lequel se trouvait l'esprit public, quand nous parvint la dépêche ministérielle du 14 mars 1848 que nous reproduisons plus bas. Nous en soulignons certaines expressions qui n'eurent pas, malheureusement pour le signataire de cette dépêche, la signification que les habitants de l'île Bourbon avaient cru y trouver.

« Citoyen Gouverneur,

« Le *Moniteur* a publié un décret du Gouvernement provisoire en date du 4 mars, qui institue une commission chargée de préparer dans le plus bref délai l'acte d'abolition immédiate de l'esclavage. Par un arrêté du même jour, j'ai composé cette commission des citoyens : Victor Schœlcher, sous-secrétaire d'État, président ; Mestro, directeur des colonies ; Perrinon, chef de bataillon d'artillerie de marine ; Gatine, avocat aux conseils ; Gaumont, ouvrier ; H. Wallon et Percin, secrétaires. Le décret dont je viens de parler porte : « Considé-
« rant que nulle terre française ne peut porter d'esclaves. »

« Personne n'ignorera donc aux colonies que la République prépare l'acte d'émancipation, et qu'il va être très prochainement adopté. Personne non plus ne méconnaîtra la nécessité de l'attendre et de s'y préparer dans une attitude de calme et de concorde fraternelle. Toutes les classes de la population coloniale doivent compter, de la part du Gouvernement républicain, *sur une égale sollicitude, sur une ferme volonté de protéger tous les intérêts dans les limites du droit et de la liberté.*

« Un autre décret du Gouvernement de la République, en date du 5 mars, également inséré au *Moniteur*, statue sur les élections à l'Assemblée nationale et accorde aux colonies le droit de représentation. Un nouvel acte du 8 mars, qui règle le mode des élections pour les départements, renvoie à l'Assemblée nationale le règlement à faire sur l'exercice du droit d'élection dans les colonies. Je vous ferai connaître incessamment, à cet égard, les ordres définitifs du Gouvernement provisoire.

« Le Gouvernement provisoire confie le maintien de l'ordre à la raison et à la bonté des maîtres et des esclaves. Ceux qui le troubleraient, à quelque classe qu'ils appartiennent, seraient les ennemis de la République.

« La présente dépêche sera publiée et affichée.

« Recevez l'assurance de ma considération très distinguée.

« *Le Ministre de la marine et des colonies,*

« Pour le Ministre et par son ordre :

« *Le Sous-Secrétaire d'État,*

« V. SCHŒLCHER. »

« P. S. Vous trouverez ici copie d'un article inséré e matin au *Moniteur*. Vous voudrez bien le faire égalemet publier et afficher. »

(Extrait du *Moniteur Universel*, n° du 14 mars 1848.)

« Des incertitudes se sont manifestées sur l'époque à le décret du Gouvernement provisoire, relatif à l'abolitin immédiate de l'esclavage, amènera la libération génére des noirs. La commission chargée de préparer l'acte d'émancipation s'occupe activement de ses travaux. Mai, quelque diligence qu'elle y apporte, les mesures nécesaires pour y organiser la liberté ne permettent pas d'accomplir ce grand acte de réparation avant l'achèvement de la récolte pendante. »

V.

Cette dépêche, tout en rassurant les colons sur les intentions du Ministère de la marine à leur égard, ne leur apportait pas moins la notification du décret d'émancipation. A l'heure où nous la recevions, il n'y avait plus à en douter, l'acte qui abolissait l'esclavage était acquis au *Bulletin des Lois.*

Aussi l'espoir qu'avait eu notre délégué, M. Dejean de La Bâtie, de voir ce qu'il appelait « la question coloniale » arriver entière devant l'Assemblée des représentants, n'avait-il été qu'un espoir éphémère; et ses démarches, pour arrêter la précipitation des *faiseurs* de la commission d'émancipation, n'aboutirent-elles qu'à une brusque déception.

Toutefois, l'extrait du *Moniteur* que l'on vient de lire avait, en partie, tranquillisé les propriétaires sucriers sur la coupe de leurs cannes, qu'ils pensaient dès lors pouvoir achever avant l'affranchissement des esclaves.

Mais c'était le suffrage universel qui donnait à son tour des appréhensions. Bien qu'aucun avis officiel n'eût été reçu au sujet du vote des futurs affranchis, on s'entretenait déjà cependant d'une candidature fondée sur ce vote;

celle de l'abbé Monet, ancien vice-préfet apostolique à l'île Bourbon.

VI.

Vers la même époque, une lettre de M. Sully Brunet, datée du 25 février, et adressée au Conseil colonial, fournit au *Journal du Commerce* l'occasion de faire quelques allusions dérisoires sur le prétendu dévouement de cet ancien délégué. Il reprochait à la famille Brunet de ne point publier certaines communications provenant de la même source, tandis que certaines autres étaient livrées au public, ou montrées à quelques amis officieux chargés d'en révéler l'objet.

Là a commencé la guerre qui s'est engagée avec tant d'ardeur entre M. Prosper de Greslan personnellement et la famille Brunet. Là était le germe de cette polémique ardente qui renversa, à l'aide de clabauderies, de commérages et aussi de quelques vérités, il faut le dire, la popularité si bien établie de M. Auguste Brunet.

Dès cet instant, le *Journal du Commerce* devint l'adversaire acharné, infatigable des *Brunet* comme on disait alors, et son acrimonie filtrait hebdomadairement à travers cinq ou six colonnes de caractère petit-romain.

VII.

En même temps que le journalisme, à Saint-Denis, allait vivre de personnalités, la presse de l'arrondissement Sous-le-Vent attaquait le Commerce et condamnait les propriétaires sucriers.

Voici de quelle façon s'exprimait sur leur compte le *Courrier Républicain*.

« Comment se fait-il que le pays, qui regorge de riz, puisse être exposé à la famine? Par une raison toute simple. C'est que le riz ne se vend qu'au comptant, et que l'habitant n'a pas d'argent pour le payer. Il fut un temps où le Commerce trouvait ouverts les coffres des capitalistes, et alors l'habitant comptait sur le crédit que lui faisait le Commerce. Mais aujourd'hui les caisses des capitalistes sont impitoyablement fermées, et le Commerce, devenu inexorable à son tour, ne veut vendre qu'en échange d'argent tous les objets de consommation journalière. L'habitant commence donc à porter la peine de son imprudence; il commence à subir les conséquences de son imprévoyance pour n'avoir pas planté de vivres. Le haut Commerce lui-même portera bientôt la peine de l'abus du monopole de l'alimentation publique! N'est-ce pas le haut Commerce qui a enlevé tout le numéraire du pays pour l'exporter dans l'Inde anglaise en échange du riz qui reste aujourd'hui invendu dans ses magasins? Juste mais cruel retour des choses d'ici-bas!

« Et qui donc a encouragé, qui a consacré, qui a législaté un ordre de choses aussi préjudiciable à la prospérité publique? N'est-ce pas le Conseil colonial, composé en majorité de sucriers qui plantaient toutes leurs terres en cannes, et favorisaient ainsi la spéculation sur les grains nourriciers? A cet égard le Conseil colonial a encouru une grave responsabilité, et à ce titre seul il a mérité l'impopularité dont il est aujourd'hui frappé dans son illégalité.

« Mais ce n'est pas par des récriminations, quelque justes qu'elles soient, contre une Assemblée qui se fait justice elle-même en renonçant à des travaux stériles, que l'on remédiera au mal qui pèse sur la population tout entière, et qui menace de prendre le caractère le plus dangereux pour la tranquillité publique.

« En effet, la lettre des commerçants de Saint-Denis à la Chambre de Commerce, annonce que: « *D'après les bruits qui circulent, quelques habitants, des plus gênés sans doute, vont se trouver dans la cruelle nécessité de laisser leurs noirs chercher le moyen de se nourrir eux-mêmes.* » Ces bruits sont de la plus haute gravité et menacent l'ordre public. Il est temps de chercher un remède prompt et efficace à un danger aussi imminent. Ici commence la responsabilité de l'Administration locale. Nous l'adjurons, au nom du Pays, de se bien pénétrer de la gravité de la situation..... »

VIII.

Les prédictions alarmantes du journal de Saint-Paul ne devaient point, heureusement, se réaliser. Les feuilles publiques de la capitale, et notamment le *Moniteur* et le *Cri Public* s'en émurent cependant assez pour conseiller aux habitants de planter immédiatement *des vivres,* et à l'Administration d'établir promptement un comptoir d'escompte.

Il ne fut pas établi de comptoir d'escompte ; et, quant aux vivres, on n'en planta pas plus que par le passé, bien que les sages prescriptions contenues dans les arrêtés rendus à ce sujet par les gouverneurs Bouvet et Milius, fussent encore dans la mémoire de nos vieux colons.

C'était assurément l'occasion, pour les propriétaires, de s'en souvenir, à ce moment où les ports de Madagascar nous étaient fermés, par suite de la fatale attaque que le commandant Romain Desfossés y avait faite en 1845; mais comme d'habitude en ce pays on compta sur la *bonne étoile* de Bourbon pour nous préserver de la famine et de la faillite.

IX.

L'avenir de l'agriculture coloniale commençait néanmoins à donner des inquiétudes : l'Administration en était elle-même vivement préoccupée.

Le décret d'émancipation déjà annoncé pouvait, en effet, nous arriver d'un jour à l'autre et apporter avec lui, dans la Colonie, en même temps que la libération des noirs, l'abolition du travail.

Il fallait donc approprier aux circonstances exceptionnelles qui allaient se produire, des mesures efficaces contre la désorganisation des ateliers ; les noirs, disait-on, n'attendant que le premier coup de cloche de la liberté pour abandonner les habitations.

Il n'y avait pas de temps à perdre. L'arrêté local du 17 juin 1846, intervenu après la promulgation des lois du 18 juillet 1845 sur le régime des esclaves, et réglant les engagements des gens de travail libre, parut une législation toute faite, un palan de retenue tout trouvé, pour conserver à nos champs les bras qui les cultivaient.

Cet arrêté, promulgué depuis deux années, offrait le grand avantage de n'avoir pas été rédigé pour le cas particulier dans lequel on allait se trouver placé, et de pouvoir, par cela même, être exécuté à l'heure venue, comme une loi générale applicable à tous les gens de travail soumis au droit commun.

Il fut donc décidé que l'on étendrait les effets de cet acte jusqu'aux *nouveaux citoyens*, ainsi qu'on les a qualifiés plus tard, aussitôt après la promulgation du décret d'émancipation. C'était sortir avec bonheur, pensait-on, d'une véritable impasse administrative ; c'était venir en aide, et d'avance, à l'engagement obligatoire contre lequel la liberté individuelle ne manquerait pas de faire valoir ses droits.

X.

Ainsi le moyen qui se présentait au Gouvernement local répondait aux exigences de la situation. Il ne s'agissait que de l'employer, c'est-à-dire faire exécuter rigoureusement, dès cet instant, l'arrêté de 1846 qui avait été appliqué jusque-là, tantôt avec des tolérances *municipales*, tantôt avec des exigences *policières;* seulement, il fallait opérer avec beaucoup de tact et de circonspection, deux qualités qui manquaient aux agents de l'Autorité, chargés de l'exécution de cette mesure. Ils la généralisèrent tellement, qu'elle atteignit les *anciens affranchis* (ou noirs libérés avant la loi sur le rachat forcé), dispensés d'engagement sur certaines justifications. Les petits créoles eux-mêmes, cette partie de la population *blanche* tout à fait en dehors des *gens de travail*, en étaient menacés.

C'est ainsi que le commissaire de police de Saint-Louis, M. Royer, avec les meilleures intentions du monde, avait fait afficher depuis quelques mois déjà un avis portant que les habitants ne possédant pas 500 gaulettes de terre étaient, de fait, soumis à l'obligation du livret de travail.

Il faut convenir que c'était là procéder avec autant d'ignorance que d'arbitraire. En effet, qui aurait jamais pensé que l'arrêté rendu depuis plus de deux ans, pour les noirs libérés en vertu des lois de 1845 sur le patronage et les affranchissements, pût être appliqué aux *libres de naissance*, pour nous servir d'une désignation coloniale, gens qui se suffisaient à eux-mêmes et dont la fierté aussi bien que l'origine ne souffraient aucune assimilation.

Certes, il était urgent de faire exécuter l'arrêté dont nous venons de parler, mais c'était là surtout qu'il fallait se hâter lentement.

Les esclaves devenant tout-à-coup des hommes libres, il était prudent de ne pas les laisser aux premiers moments d'un enivrement bien naturel d'ailleurs, se jeter dans les bras de l'oisiveté, cette mère des vices qu'ils caressaient déjà en imagination.

Il importait assurément de préparer un frein aux instincts de brutalité et de paresse qui allaient se réveiller chez les cultivateurs de toute caste, le jour où la discipline rurale ne les tiendrait plus en laisse.

Mais, nous le répétons, jusqu'à ce moment fatal il fallait procéder avec beaucoup de ménagement, si non vous agissiez contre des individus pour lesquels l'arrêté du 17 juin n'avait pas été fait, et qui n'étaient soumis qu'aux obligations imposées par la loi commune à tous les citoyens libres, vivant d'un travail volontaire.

Or, cette classe de la population n'ayant jamais donné la moindre inquiétude, c'était donc exclusivement aux futurs affranchis, c'est-à-dire ceux qui espéraient, on s'en souvient, trouver dans la liberté le rien-faire et le long-dormir, qu'il y avait lieu de demander des garanties pour le maintien du travail et de l'ordre public ; et afin d'arriver jusqu'à eux, le jour de l'émancipation, il fallait commencer par les noirs récemment libérés en vertu des lois sur les affranchissements. Nous voulons dire qu'on devait exécuter à la lettre l'arrêté de 1846.

Les choses allaient pourtant se passer tout différemment dans quelques quartiers éloignés, si un fait qui aurait pu avoir des conséquences déplorables n'était venu, en temps utile heureusement, faire ouvrir les yeux à l'Autorité supérieure, et l'instruire de la manière dont ses agents entendaient l'exécution des règlements sur l'engagement de travail.

Voici le fait auquel nous faisons allusion.

XI.

Le jour de la proclamation de la République dans la commune de Saint-Louis, des cris partis du bataillon des milices s'élevèrent contre le docteur Larré qui assistait à la revue en sa qualité de chirurgien-major du bataillon.

Cette manifestation, personnellement hostile à M. Larré, avait-elle pour cause la proposition qu'il avait faite au Conseil municipal, dont il était membre, de supprimer, nous ne savons sous quel prétexte, les échoppes établies à l'*Étang-Salé;* ou bien l'opinion exprimée par lui au sein du même Conseil, pour l'exécution de l'arrêté sur le *livret.*

Quoi qu'il en soit, une seule de ces propositions suffisait pour attirer à son auteur les récriminations ou des prolétaires ou des échoppiers de l'Étang-Salé. Aussi le jour dont nous parlons crièrent-ils : « A bas Larré, » et voulurent-ils, après la revue, prendre à partie ce conseiller municipal, au domicile duquel ils se rendirent en armes et tambour battant. M. Larré ayant été assez sage pour ne pas se montrer, ils se contentèrent de jeter des pierres contre sa maison.

XII.

Le parquet de Saint-Paul, informé de cette démonstration, et jugeant avec raison qu'elle réclamait une répression quelconque, ordonna immédiatement à M. le commissaire de police Rivière, qui venait de permuter avec M. Royer, envoyé à Saint-Joseph, de procéder à une information judiciaire sur les faits dénoncés.

L'un des premiers témoins qui devaient être entendus, peut-être même le premier, fut le tambour-maître de la milice, le sieur Jean-Marie Frédélisy, celui-là même qui avait battu la charge pour régler le pas des miliciens, auteurs des désordres commis chez le docteur Larré. Il arriva au bureau de police un peu exalté et répondit grossièrement aux questions qui lui étaient adressées. M. Rivière le fit arrêter; et, soit qu'il lui ait reproché de ne pouvoir justifier de l'exercice d'aucune profession, soit que Frédélisy ait à dessein pris le change sur l'arrestation dont il était l'objet, toujours est-il que cette arrestation, justifiée par les grossièretés du témoin, se trouvant ainsi rattachée à un prétendu *délit de vagabondage,* produisit une émotion générale chez les habitants de l'Étang-Salé qui n'avaient pas et ne voulaient pas avoir de *livret*.

De là émeute, c'est-à-dire cris, menaces devant le bureau de police, et enfin demande de mise en liberté du détenu.

« Il n'a pas fait plus que nous, disaient les meneurs de cette démonstration ; nous n'avons pas fait moins que lui. Mettez-le hors de prison, ou enfermez-nous avec lui ; nous voulons notre camarade. »

Le commissaire de police ne pouvait répondre à des réclamations formulées de la sorte que par des refus énergiques ; et, tout aussi conséquemment, de pareils refus ne devaient qu'irriter davantage les impérieux solliciteurs. Ils le prouvèrent par leurs cris séditieux, par leurs vociférations injurieuses.

Puis ils allèrent se recruter d'autres mécontents, se nommèrent un chef et vinrent renouveler leurs réclamations ; mais cette fois avec la sommation à la bouche et le fusil à la main. On prétend même que l'un de ces hommes égarés coucha en joue le commissaire de police. Ce mouvement n'intimida point cet officier : il ne céda pas.

La foule, alors, se précipita vers le lieu où était retenu Jean-Marie, enfonça la porte de la prison et le fit ainsi évader au milieu même des agents de la force publique. Il disparut dans les bois avec ses violents libérateurs.

XIII.

La nouvelle de cet acte de rébellion, parvenue rapidement à Saint-Denis, y causa une vive impression. L'imagination des nouvellistes voyait déjà les habitants de Saint-Louis divisés en deux camps, armés et prêts à faire feu les uns sur les autres.

Dans une situation aussi critique pour les autorités communales, le Gouverneur devait nécessairement prendre l'initiative. Il fit diriger sur Saint-Louis une compagnie d'infanterie commandée par un officier supérieur, afin de défendre l'ordre public si ouvertement compromis.

Mais les choses ne s'arrangeaient pas à Saint-Louis. Loin de là. L'exaspération y était arrivée à son comble, par suite d'un nouveau bruit qui circulait, à propos des derniers faits accomplis, lesquels, assurait-on, entraînaient la peine *des galères*.

La venue des magistrats du parquet de Saint-Paul sur les lieux, donnait un semblant de vérité à cette absurde assertion.

Ainsi la cause de cette fermentation des esprits était devenue multiple, puisque les rebelles craignaient à la fois un engagement de travail, une répression pour la manifestation exercée contre le docteur Larré et enfin la peine des galères pour l'étrange délivrance de Jean-Marie Frédélisy.

De pareilles craintes excitant leurs défiances, il n'était pas étonnant qu'ils restassent armés.

La *lancive* avait jeté le cri d'alarme, répété de case en case par les échos de l'Étang-Salé. Les balles étaient moulées, les fusils s'amorçaient.

XIV.

En présence d'une telle agitation, que les correspondances de l'arrondissement Sous-le-Vent exagéraient encore, M. Graëb comprit qu'une collision était imminente et que nul autre que lui ne pouvait l'empêcher d'éclater.

Il dépêcha en conséquence un exprès pour prévenir les autorités de sa prochaine arrivée dans la commune et pour leur recommander de laisser les choses en l'état. En même temps il fit donner l'ordre à la compagnie d'infanterie en marche sur Saint-Louis de faire halte à Saint-Paul; et il partit en toute hâte de Saint-Denis, accompagné seulement de son aide-de-camp.

De son côté, le Conseil municipal de Saint-Louis s'était réuni en une séance extraordinaire, à laquelle avaient été appelés le commissaire de la République et le juge d'instruction, pour délibérer, avec ces deux magistrats, sur le plus ou moins d'opportunité qu'il y avait à continuer l'enquête commencée contre les révoltés.

Le commissaire de la République et le juge d'instruction, tous les deux peu rassurés d'ailleurs, furent d'avis, avec le Conseil, de s'en remettre à cet égard à la sagesse du Gouverneur.

Il est évident qu'il n'y avait rien de plus sage à faire.

XV.

Juste à ce moment même, nous apprenions la nomination de M. Sarda-Garriga au gouvernement de l'île Bourbon, avec le titre de Commissaire général de la République.

Il devait, écrivait-on de Paris, arriver très prochainement dans la Colonie et y proclamer immédiatement l'émancipation des esclaves. De l'indemnité, il n'en était pas question.

A peine cette nouvelle est-elle connue des rebelles, qu'elle leur suggère la pensée audacieuse, et peut-être ingénieuse, de faire tourner au profit de la cause coloniale, et ainsi de la légitimer, leur inquiétante révolte.

Ils se souviennent de l'exemple donné jadis par nos pères, qui avaient empêché de débarquer à l'île Bourbon, et fait rembarquer à l'île de France les Commissaires de l'ancienne République, porteurs, eux aussi, d'un décret abolissant l'esclavage; ils se souviennent de cet exemple et veulent également, à leur tour, repousser le Commissaire général de la nouvelle République.

Ils étaient en assez grand nombre pour former le noyau du soulèvement général sur lequel ils croyaient pouvoir compter; ils expédient quelques-uns de leurs affidés à Saint-Benoit et à Saint-Pierre, demander le concours des milices de ces deux communes. A Saint-Benoit et à Saint-Pierre on accueille leur projet, on peut dire avec empressement. Ici et là, les miliciens sont prêts à marcher au premier signal.

On se prépare donc à empêcher le débarquement de M. Sarda-Garriga. L'émancipation des esclaves n'aura pas lieu. Dès lors plus d'engagement, plus de livret pour les petits-créoles ; ils n'auront plus rien à redouter ni pour leur indépendance, ni pour la vie nomade qu'ils mènent.

Voilà dans quelle situation d'esprit étaient les habitants de l'Étang-Salé, à l'heure où le Gouverneur se décidait à quitter le chef-lieu.

XVI.

L'annonce de l'arrivée du Chef de la Colonie à Saint-Louis eut pour effet immédiat de rassurer ceux des propriétaires les plus inquiets de cette localité, mais elle ne modifia en rien l'attitude prise par les rebelles.

Il importait cependant de mettre le Gouverneur à même, soit en montrant de la sévérité, soit en accordant un pardon, de faire rentrer dans l'ordre ces hommes si étrangement fourvoyés dans les sentiers de l'insurrection, c'est-à-dire de les réunir et de les préparer à accepter sa décision suprême.

Ce n'était pas chose facile, à ce moment surtout où ils parlaient de se retirer dans les montagnes, afin sans doute de résister avec plus d'avantages aux soldats qu'ils savaient avoir été envoyés de Saint-Denis.

Il n'y avait donc pas de temps à perdre. Quatre honorables citoyens, qui jouissaient d'une grande popularité, se chargèrent de cette délicate mission : M. Théodore Deshayes, commandant des milices ; M. Fémy, maire de la commune ; M. Sénac, conseiller municipal, et M. Dominique Ozoux, juge de paix. Ils s'entendirent pour aller trouver les révoltés au lieu même du rassemblement, et firent en conséquence connaître leur intention au sieur Montfleury Ferrère, homme dévoué, ardent, énergique, qui, en raison de ces qualités, avait acquis une influence illimitée sur ses compagnons. Montfleury attendit, en un endroit désigné, MM. Deshayes, Fémy, Sénac et Ozoux.

Ceux-ci s'en allèrent donc, expédition pacifique, à la conquête de la tranquillité. Ils espéraient tenir ainsi le moyen cherché vainement jusque-là, de faire réunir les mécontents, de connaître le véritable sujet de leur conduite coupable et de les ramener dans la bonne voie. Ils ne rencontrèrent au rendez-vous que le sieur Montfleury. Ils durent dès lors démontrer à ce dernier combien il était important, pour le résultat de leur démarche, qu'ils communiquassent avec les intéressés eux-mêmes.

XVII.

A peine Montfleury eut-il accueilli cette demande, qu'il fit entendre *un coup de lancive*, et aussitôt descendirent des arbres environnants, sortirent des taillis voisins, cinq ou six cents créoles, le fusil à la main, accoutrés des costumes les plus bizarres, dans lesquels se montraient, çà et là, quelques pièces de l'uniforme ou de la buffleterie de la milice. Ils apparurent, nous disait-on, simultanément, tout-à-coup, comme apparaissent en scène ces acteurs que des trappes cachées laissent monter sur le théâtre au moment où le spectateur s'y attend le moins.

C'était la nuit, au fond d'un ravin creux, écarté, où la lune, très-pâle ce soir-là, projetait une clarté douteuse et triste.

Le lieu, l'heure, ces hommes armés au milieu d'un calme profond, le silence qu'ils gardaient, leurs costumes et encore leurs physionomies, tout se réunissait pour jeter sur cette entrevue un je ne sais quoi de souverainement solennel.

Et M. Deshayes devina sans doute tout le parti qu'un orateur pouvait tirer de ces effets de la nature, car il profita de cet instant même pour monter sur une énorme pierre qui se trouvait là, on aurait dit tout exprès, et, debout sur cette tribune improvisée, drapé dans son manteau à la façon classique, il harangua les rebelles.

Il fut très-heureux, nous a-t-on dit, dans sa parole et dans son geste. Il expliqua dans quel but l'arrêté sur les gens de travail avait été rédigé en 1846, après la promulgation des lois de 1845 sur le rachat, et prouva, qu'en dehors des rares *immigrants* de cette époque, les affranchis seuls y étaient assujettis. Il s'attacha particulièrement à démontrer à ces hommes faussement prévenus, que cet arrêté, pas plus que ceux à venir, ne pourrait enlever quelque chose de l'indépendance des petits-créoles, partie intégrante de la population blanche ; et tout en ne leur ménageant pas les reproches à l'égard du déplorable exemple d'insubordination qu'ils donnaient à la Colonie dans un moment aussi critique pour elle, M. Deshayes fit toutefois ressortir combien il était absurde de penser qu'on pût cependant punir cette insubordination de la peine des galères.

Après avoir ainsi affirmé que l'obligation faite aux travailleurs nouvellement affranchis et à ceux qui allaient être libérés, de prendre un livret d'engagement ne pouvait concerner les *créoles,* l'orateur fit comprendre à son auditoire qu'il conviendrait, quant aux faits relatifs à M. Larré et au tambour Frédélisy, d'en témoigner des regrets au Gouverneur dans la bonté duquel il fallait espérer.

M. Deshayes est un homme de taille avantageuse, à la pose étudiée, à la parole facile et assouplie par les luttes du barreau ; il devait, suivant une expression vulgaire, produire de l'effet, il en produisit ; il devait persuader ses auditeurs, il les persuada ; de telle sorte que, sur le champ et au milieu des applaudissements, on convint qu'une revue de la milice aurait lieu le lendemain, en présence du Gouverneur, et que là, sous les armes, on entendrait et accepterait, quelle qu'elle fût, la décision du Chef de la Colonie.

MM. Fémy, Sénac et Ozoux eurent peu de chose à ajouter après un tel succès.

Toutefois, les créoles, en les reconduisant, se recommandaient à leur sollicitude connue. L'honorable et excellent M. Ozoux, particulièrement, était celui qu'ils interpellaient le plus fréquemment : « *Vous c'tin créole,* lui disaient-ils, *n'abandonne pas nous !* »

Le lendemain, pas un milicien de l'Étang-Salé ne manquait à l'appel ; et le regrettable M. Graëb, avec cet esprit d'intelligente fermeté qu'il nous avait déjà montré, sut tout ménager, tout concilier.

Il se retira de la position délicate qu'il s'était faite luimême, en prenant l'initiative dans une affaire que la justice régulière avait abandonnée à son autorité suprême ; il s'en tira avec un grand bonheur, ayant trouvé le merveilleux moyen de céder sans faiblesse et de sévir sans rigueur. C'est-à-dire qu'il commença par blâmer sévèrement les délinquants, leur laissant à penser qu'il voulait livrer à la justice les plus coupables d'entre eux, mais en définitive il leur fit *grâce* en raison de leur soumission et du repentir qu'ils lui témoignaient.

Quelques heures après la revue, le paisible quartier de Saint-Louis, un moment si troublé, avait repris son trèstranquille aspect.

XVIII.

Nous devions nous appesantir sur ces faits et en rappeler les détails ignorés sans doute de la plupart de nos compatriotes, pour montrer combien ils avaient eu un caractère bien autrement alarmant que celui qu'on leur attribuait alors.

On peut juger aujourd'hui dans quelle position se fût trouvée la Colonie, si une partie de la population avait manifesté, à main armée, la volonté de s'opposer au débarquement du Commissaire général. Les autres habitants, dont le plus grand nombre ne *croyaient pas à l'indemnité*, ne se seraient-ils pas laissé gagner à la résistance? Dans quels embarras un pareil mouvement n'eût-il pas jeté l'Administration locale !

Voit-on M. Sarda-Garriga repoussé de nos bords comme en furent jadis repoussés Baco et Burnel ! C'eût été alors l'Assemblée nationale, et elle seule, qui eût décrété l'abolition de l'esclavage, et non cinq ou six individus, usurpateurs clandestins de la souveraineté du peuple dont ils se disaient les sujets soumis; violateurs du droit dont ils se donnaient pour les plus scrupuleux et les plus vigilants gardiens.

M. Sarda repoussé de la Colonie, l'émancipation des esclaves était nécessairement ajournée.

Et il ne faut pas croire qu'on eût eu à redouter l'intervention de la partie la plus intéressée; non certes : le noir est essentiellement conservateur, dans toute la nouvelle acception donnée à ce mot. Il comprend, ou plutôt il comprenait, et en cela il était plus judicieux que certains négrophiles de la Commission Schœlcher; il comprenait que son maître devait demander le remboursement du prix de son *corps*, comme il disait naïvement. Cela entrait dans sa manière de voir, il trouvait cela très-juste, surtout depuis que les lois de 1845, sur le rachat, étaient venues confirmer la logique de son gros bon sens.

Ainsi, ce qui s'était passé aux îles-sœurs en 1796, aurait pu s'y renouveler en 1848. Ainsi un fait identique, s'accomplissant dans les mêmes circonstances, aurait pu se reproduire sous notre soleil à plus de cinquante années d'intervalle. Et dites que ce n'est pas une roue que l'histoire humaine !

Tels eussent été les résultats, nous pouvons dire considérables, que les malentendus — appelés *les troubles de Saint-Louis* — auraient certainement produits, tant la vieille sagesse des nations a raison de dire qu'il suffit d'une étincelle pour incendier un monde.

Et c'est M. Graëb qui, deux fois en quelques mois, dans l'affaire Monet et dans celle que nous venons de rapporter, en prenant l'initiative, sous sa responsabilité personnelle, avait étouffé des collisions prêtes à éclater.

XIX.

L'Autorité locale était donc avertie ; elle devait se défier de ses agents pour la mise en vigueur des règlements sur les engagements de travail. Aussi elle arrêta leur zèle inintelligent qui n'aurait pas manqué, d'un moment à l'autre, quelque part dans la Colonie, de compromettre la tranquillité publique.

On laissa dormir dans le Bulletin officiel l'arrêté de 1846, et le Pays attendit, s'en remettant aux promesses de l'Administration centrale, pour avoir des mesures propres à maintenir le travail et à prévenir le vagabondage.

CHAPITRE III.

SOMMAIRE.

L'abolition de l'esclavage est décrétée. — La Commission d'Émancipation. — Sa partialité. — Le dédommagement au lieu de l'indemnité. — Les dépossédés moins intéressants que les libérés. — Logique de la Commission. — Opinion rétrospective de M. Schœlcher. — De quelle façon la Commission entendait maintenir le travail. — Nos délégués MM. de La Bâtie et Sully Brunet. — Nos jeunes compatriotes à Paris. — Les décrets du 27 avril. — La population de Saint-Denis se réunit à la salle de spectacle. — Séance du 18. — Nomination d'un comité de quinze membres. — Procès-verbal de la veille. — Résistance brutale et résistance morale. — Circulaire et programme du comité. — Le club du Progrès. — L'assemblée du théâtre se dissout.

I.

Les événements qui précèdent se passaient vers le milieu du mois de juillet. Les journaux d'Europe arrivés à cette époque dans la Colonie, ainsi que nous l'avons déjà indiqué, y avaient fait connaître la nomination de M. Sarda-Garriga au gouvernement de l'île Bourbon. On apprenait en même temps que l'abolition immédiate de l'esclavage avait été décrétée le 27 avril. Plusieurs actes législatifs, contenant des mesures règlementaires, nous parvinrent également, ainsi que le rapport de la Commission d'émancipation; lequel rapport avait précédé le décret d'abolition et en avait été comme la solennelle et menaçante préface.

Dans ce document, où l'auteur n'avait pas fait preuve d'une grande justice à l'égard des maîtres, quand au contraire il montrait une générosité si partiale envers les esclaves, on pouvait remarquer le désir, bien qu'il fût discrètement exprimé, de voir l'indemnité coloniale donnée de préférence aux noirs, plutôt que payée à leurs possesseurs, ou tout au moins partagée entre ceux-ci et ceux-là.

Ainsi le rapporteur faisait dire à la Commission :

« Dans l'état d'esclavage, il y a le maître qui possède et l'esclave qui est possédé. Si la France doit une indemnité pour cet état social, qu'elle a toléré, et qu'elle supprime, elle la doit bien sans doute à ceux qui en ont souffert autant qu'à ceux qui en ont profité.

« Le dédommagement ne peut être donné à la propriété exclusivement : il doit être assuré à la Colonie tout entière, afin de tourner, en même temps, au profit du propriétaire et du travailleur ; c'est en ces termes que la Commission pose la question : elle n'a point à la résoudre. »

Heureusement pour les colonies ! S'imagine-t-on une indemité de 711 fr. 33 c. par exemple, partagée en deux, et ne laissant au maître qu'une somme de 350 francs environ pour représenter un capital de 2,000, de 3,000, de 5,000 francs même ? Et pourquoi ? parce que la France a *toléré* l'état d'esclavage, que les esclaves en *ont souffert*, et que les maîtres en *ont profité*. Voilà la logique du rapporteur de la Commission : logique que nous appellerons absurde, malgré le monstrueux accouplement de ces deux mots.

Heureusement pour les colonies, comme nous venons

de l'écrire, le règlement de l'indemnité avait été laissé à l'Assemblée nationale qui fit justice des fausses doctrines de la Commission d'émancipation; autrement, les anciens possesseurs d'esclaves eussent été spoliés. Écoutez plutôt le rapporteur de cette Commission :

« Il ne s'agit pas seulement de proclamer l'affranchissement des noirs, disait-il ; deux mots auraient suffi : *Soyez libres* ; il fallait prendre des mesures afin que ce grand acte de réparation du crime de lèse-humanité s'accomplît de la manière la plus *profitable à ceux qui en ont été les victimes.* »

II.

Et ceux qui en ont été *les victimes,* nous les connaissons ; ce ne sont pas assurément les maîtres dépouillés, puisque nous avons vu qu'ils avaient *profité de l'état d'esclavage,* mais les esclaves libérés qui ont *souffert de la servitude.* A ce compte-là, ce sont les noirs qui auraient eu droit à l'indemnité.

Sous le Gouvernement provisoire, c'était là de la logique provisoire. Oh ! que nous aimons bien mieux celle de M. Schœlcher, en 1842, de M. Schœlcher, qui écrivait alors :

« Nous dirons peu de mots sur l'indemnité, nous croyons et nous avons toujours cru qu'elle était due.

« L'esclavage est le malheur des maîtres et non pas leur faute ; la faute est à la Métropole qui le commanda, qui l'excita. L'émancipation est une expropriation forcée pour cause d'utilité humanitaire, comme l'a dit un habitant. L'indemnité est donc un droit pour les créoles. Tout ce que l'on peut avancer pour soutenir le contraire, ne peut être que de l'injustice et du sophisme.

« Sur ce point non plus que sur l'abolition, il ne nous paraît pas qu'aucune transaction soit admissible.

....

« Ceux qui prétendent qu'il est permis d'arracher aux maîtres leur propriété noire, purement et simplement, parce que cette propriété est, et a toujours été illégitime, méconnaissent qu'elle est, et a toujours été légale; ils oublient que le pacte social qui la protége, ne peut rien défaire violemment de ce qu'il a institué législativement.

« Indemnité donc pour les créoles; indemnité raisonnable, loyalement débattue de part et d'autre, parce que si les colons ont des esclaves, c'est la France qui l'a voulu; indemnité, parce que les créanciers des colons dépouillés seraient subsidiairement dépouillés, eux qui prêtèrent sur la garantie d'un bien reconnu légalement; indemnité, parce que de jeunes héritiers créoles qui ne mirent jamais les pieds aux colonies, et ne peuvent en vérité passer pour des fauteurs d'esclavage, n'auraient plus d'héritage; indemnité, parce que c'est assurer la réussite de la grande mesure, amoindrir la secousse inévitable, en donnant aux colons les moyens pécuniaires d'entretenir le travail libre; et il existe une raison plus forte, plus haute, plus puissante, plus sainte que toutes celles-là : indemnité, parce que c'est justice. »

Nous avons dit que la Commission ne s'était pas beaucoup préoccupée du travail, nous avons été trop loin. Voici ce qu'elle en pensait : « Quant à l'organisation du travail, il faut s'entendre sur ce mot. Pour les colons, c'est l'association forcée, c'est-à-dire une autre forme de l'esclavage : nous la repoussons. La contrainte dans le travail a toujours été une cause de dépérissement et de ruines. Le progrès n'est possible qu'avec la pleine liberté. » Et le rapporteur d'invoquer l'histoire romaine.

Que diraient aujourd'hui ces théoriciens *classiques*, en voyant les travaux agricoles complètement abandonnés par les anciens esclaves ?

III.

Pendant que l'on rédigeait ce rapport qui devait avoir nécessairement une grande influence sur la décision de l'Assemblée nationale à l'égard de l'indemnité, que faisaient MM. nos Délégués ? Etaient-ils restés sur le terrain de la discussion ? Avaient-ils cherché à éclairer la Commission ignorante des choses coloniales ? Les journaux de Saint-Denis dirent non ! l'un d'eux prétendit même qu'à ce moment nos Délégués « soignaient leur candidature » de représentant du peuple, l'un à Saint-Malo, l'autre à Avignon.

Ce reproche nous paraît exagéré : MM. de La Bâtie et Sully Brunet s'étaient présentés à la Commission d'émancipation qui les avaient entendus, eux et les délégués de la Guadeloupe et ceux de la Martinique. C'est même là (séance du 9 mars 1848) que M. de La Bâtie avait posé cette question préjudicielle : « Comment la Commission envisage-t-elle l'acte du Gouvernement provisoire qui l'a constituée ; lui croit-elle le pouvoir de résoudre par lui-même la question de l'esclavage, ou n'a-t-il voulu que préparer un projet, pour le soumettre à l'Assemblée nationale ? »

C'est-à-dire que M. de La Bâtie allait discuter, et c'était son droit comme délégué, la compétence de la Commission et même celle du Gouvernement provisoire, en ce qui touchait la question d'émancipation. Le président, M. Schœlcher, s'empressa d'arrêter le délégué dans *le développement de cette question.* (Nous soulignons les expressions employées dans le procès-verbal.)

Quant à M. Sully Brunet, lui, il avait reconnu la compétence de la Commission.

IV.

Nos délégués se trouvaient donc à Paris pendant qu'on s'occupait d'émanciper nos esclaves. Et s'ils s'en étaient absentés ensuite, dans le but indiqué par le journal l'*Hebdomadaire*, il ne faut pas trop leur en vouloir, puisque, s'ils avaient réussi à se faire envoyer à l'Assemblée nationale, la Colonie y aurait eu deux défenseurs de plus.

Il y a un reproche que l'on pouvait, avec plus de raison, adresser à MM. Dejean de La Bâtie et à Sully Brunet : c'était au sujet de leur désunion.

Ainsi, au lieu d'agir de concert, ils s'étaient au contraire séparés l'un de l'autre, ne prenant d'initiative qu'isolément et chacun selon ses inspirations personnelles; enlevant à leurs démarches l'accord et l'unité qui auraient pu en assurer le succès. De là des contradictions dans ces démarches.

Il est vrai que MM. Dejean de La Bâtie et Sully Brunet étaient depuis longtemps en mésintelligence, mais les circonstances graves où ils se trouvaient leur faisaient un devoir d'oublier leur personnalité, pour ne se souvenir que de la Colonie dont les intérêts étaient confiés à leur patriotisme.

Du reste, si l'île Bourbon, à un moment donné, n'avait pas eu à Paris de représentants officiels, ainsi que l'assurait le journal de Saint-Denis, du moins elle en avait eu d'officieux. Plusieurs de nos compatriotes et des délégués du commerce maritime, notamment MM. Williams, de Nantes; Rey, de Bordeaux; Leclerc, du Havre, et Fournier, de Marseille, s'employèrent pour elle. Le pays leur doit un souvenir de reconnaissance pour cette intervention.

N'est-ce pas ici l'occasion de rappeler l'adhésion écrite, adressée au Gouvernement provisoire par quelques-uns de nos jeunes créoles qui se trouvaient alors à Paris; adhésion « complète, sans arrière-pensée », mais dans laquelle, tout en applaudissant « à l'abolition de l'esclavage « comme à un acte de justice et de fraternité, » ils auraient dû parler également de cet autre *acte de justice* qui restait à faire : la consécration du droit à l'indemnité, universellement reconnu, mais étrangement oublié par la Commission d'émancipation. Hélas ! ils ne dirent pas mot de celui-ci, et on leur reprocha ce silence, malgré la part qu'il fallait faire à leur enthousiasme et à l'entraînement de la jeunesse.

V.

Mais voici l'acte d'émancipation :

« Le Gouvernement provisoire, considérant que l'es-
« clavage est un attentat contre la dignité humaine ; qu'en
« détruisant le libre arbitre de l'homme, il supprime le
« principe naturel du droit et du devoir, qu'il est une
« violation flagrante du dogme républicain : *liberté, éga-*
« *lité, fraternité* ;

« Considérant que, si des mesures effectives ne sui-
« vaient pas de très près la proclamation déjà faite du
« principe de l'abolition, il en pourrait résulter dans les
« colonies les plus déplorables désordres,

« Décrète :

« Art. 1ᵉʳ. L'esclavage sera entièrement aboli dans toutes les colonies et possessions françaises, deux mois après la promulgation du présent décret dans chacune d'elles.

« A partir de la promulgation du présent décret dans les colonies, tout châtiment corporel, toute vente de personnes non libres seront absolument interdits.

« 2. Le système d'engagement à temps, établi au Sénégal, est supprimé.

« 3. Les Gouverneurs ou Commissaires généraux de la République sont chargés d'appliquer l'ensemble des mesures propres à assurer la liberté à la Martinique, à la Guadeloupe et dépendances, à l'île de la Réunion, à la Guyane, au Sénégal et autres établissements français, à la côte occidentale d'Afrique, à l'île Mayotte et dépendances et en Algérie.

« 4. Sont amnistiés, les anciens esclaves condamnés à des peines afflictives ou correctionnelles, pour des faits qui, imputés à des hommes libres, n'auraient point entraîné ce châtiment. Sont rappelés, les individus déportés par mesure administrative.

« 5. L'Assemblée nationale réglera la quotité de l'indemnité qui devra être accordée aux colons.

« 6. Les colonies purifiées de la servitude et les possessions de l'Inde seront représentées à l'Assemblée nationale.

« 7. Le principe que le sol de la France affranchit l'esclave qui le touche, est appliqué aux colonies et possessions de la République.

« 8. A l'avenir, même en pays étranger, il est interdit à tous Français de posséder, d'acheter ou de vendre des esclaves et de participer soit directement, soit indirectement à tout trafic ou exploitation de ce genre. Toute contravention à ces dispositions entraînera la perte de la qualité de citoyen français.

« Néanmoins, les Français qui se trouveraient atteints par ces prohibitions au moment de la promulgation du présent décret, auront un délai de trois ans pour s'y conformer. Ceux qui deviendront possesseurs d'esclaves en pays étrangers par héritage, don ou mariage, devront, sous la même peine, les affranchir ou les aliéner dans le même délai, à partir du jour où leur possession aura commencé.

« 9. Le Ministre de la marine et des colonies et le Ministre de la guerre sont chargés, chacun en ce qui le concerce, de l'exécution du présent décret.

Fait à Paris, en Conseil du Gouvernement, le 27 avril 1848.

« *Les membres du Gouvernement provisoire :*

« DUPONT (de l'Eure), LAMARTINE, ARMAND MARRAST, GARNIER PAGÈS, ALBERT, MARIE, LEDRU-ROLLIN, FLOCON, A.-D. CRÉMIEUX, LOUIS BLANC, ARAGO.

« *Le Secrétaire,*

« PAGNERRE. »

VI.

Après ce décret, qui n'était peut-être pas ce que la Commission eût voulu qu'il fût, et qui ne satisfaisait pas les colons malgré son article 5 qui consacrait leur droit à l'*indemnité* au lieu de leur consentir un *dédommagement*, venaient comme corollaires treize autres actes dont voici les dispositions sommaires :

1

« ART. 1ᵉʳ. Dans les colonies où l'esclavage est aboli par le décret de ce jour, les vieillards et les infirmes seront conservés sur les habitations dont l'atelier voudrait donner au propriétaire une somme de travail équivalent à leur entretien, leur nourriture et leur logement.

« 2. L'Autorité locale interviendra pour règlementer les sacrifices acceptés par la générosité des affranchis.

« 3. Les vieillards et les infirmes abandonnés, en attendant l'installation d'hospices pour les recueillir, seront confiés à des familles honnêtes, moyennant une équitable rétribution.

« 4. Les orphelins abandonnés seront placés dans des fermes agricoles ou tous autres établissements d'instruction publique pour y recevoir une éducation intellectuelle et professionnelle. Des crèches et des salles d'asile seront ouvertes dans tous les villages où l'Autorité les jugera tiles ».

2

« Art. 1ᵉʳ. Aux colonies où l'esclavage est aboli par décret de ce jour, il sera fondé dans chaque commune une école élémentaire gratuite pour les filles, une école élémentaire gratuite pour les garçons.

« 2. Ces écoles, placées sur des points choisis, de manière à faciliter la réunion des enfants, seront multipliées autant que l'exigeront les besoins de la population.

« 3. Nul ne peut se soustraire au devoir d'envoyer à l'école son enfant, fille ou garçon, au-dessus de six ans et au-dessous de dix ans, à moins qu'il ne le fasse instruire sous le toit paternel.

« 4. Tout père, mère ou tuteur qui, sans raison légitime et après trois avertissements donnés par le Maire de la commune, aura négligé d'envoyer ses enfants à l'école, sera passible d'un à quinze jours de prison.

« 5. Une école normale des arts et métiers sera établie dans chaque colonie.

« 6. Un lycée destiné à porter dans les Antilles l'enseignement secondaire, sera fondé à la Guadeloupe, sans préjudice des colléges communaux qui pourront être établis ailleurs.

« 7. Une institution de degré supérieur sera établie à la Martinique pour les jeunes filles.

« 8. L'établissement des écoles publiques n'exclut pas les écoles particulières qui seraient ouvertes conformément aux lois existantes.

3

« Des jurys cantonaux sont établis dans chaque chef-lieu du canton ; ils seront tirés au sort, moitié parmi les propriétaires et industriels, moitié parmi les travailleurs.

« Le jury conciliera ou jugera sans frais, toute contestation sur l'exécution des engagements. Il connaîtra également des délits de désordres, de coalition. Il sera renouvelé par tiers tous les mois.

« Les jurés auront droit à une indemnité de 2 francs par chaque jour de séance.

« Tout fait tendant à troubler l'ordre ou le travail dans les ateliers, chantiers, fabriques ou magasins ; tous manquements graves des propriétaires ou chefs d'industries, des ouvriers ou travailleurs les uns envers les autres, pourront être punis par les jurys cantonaux, d'une amende de 5 à 100 francs.

« Toute coalition pour faire abaisser ou élever injustement ou abusivement les salaires, pour interdire le travail dans un atelier, pour empêcher de s'y rendre ou d'y rester avant ou après certaines heures, et, en général, toute coalition pouvant nuire au maintien régulier du travail, sera, s'il y a eu tentative ou commencement d'exécution, punie d'une amende de 20 à 3,000 francs.

« Seront punis de la même peine, tous individus employant des ouvriers, ou tous ouvriers qui auront prononcé des amendes, des défenses, des interdictions, ou des prescriptions quelconques les uns envers les autres.

4.

« Sous la dénomination *d'ateliers nationaux,* il sera établi dans les colonies des ateliers de travail dont l'organisation sera réglée par arrêtés du Ministre de la marine et des colonies. Tout individu manquant de travail pourra être employé en acceptant les conditions que déterminera l'arrêté ministériel.

5.

« ART. 1ᵉʳ. La mendicité et le vagabondage sont punis correctionnellement, ainsi qu'il suit :

« Tout mendiant, gens sans aveu ou vagabonds seront mis à la disposition du Gouvernement pour un temps déterminé dans les limites de trois à six mois, selon la gravité des cas. Ils seront, durant ce temps, employés au profit de l'État, à des travaux publics, dans des *ateliers de discipline* dont l'organisation et le régime seront réglés par un arrêté du Ministre de la marine et de colonies. Les condamnés pourront être renfermés dans ces ateliers ou conduits au dehors pour l'exécution des travaux, sous la garde des agents de la force publique.

« 2. Les cases et les terrains actuellement affectés aux esclaves, ainsi que les arbres fruitiers dont ils jouissent, resteront la propriété des maîtres, à moins de conventions contraires. Néanmoins les propriétaires ne pourront priver les affranchis des fruits et récoltes pendantes, par branches ou par racines.

« 3. Tout individu qui résidera sur des terrains appartenant à l'État ou aux particuliers sans en être usufruitier, fermier, locataire ou concessionnaire à autres titres, sera expulsé de ces terrains par voie de police administrative, et sera passible, s'il y a lieu, des peines portées à l'art. 1er.

« Pourront néanmoins se faire réintégrer par jugement ceux qui auraient à exercer contre l'État ou les particuliers des actions civiles résultant de la possession légale.

« 4. Il sera pourvu à l'organisation d'un corps de surveillants ruraux investis des attributions des officiers de police judiciaire et chargés spécialement de la recherche des délits prévus dans les articles précédents. Les surveillants ruraux porteront un uniforme et ne seront point armés.

6

« Des caisses d'épargne, à l'imitation de celle de France, seront établies aux colonies, sous la garantie de la République et sous la surveillance de l'Administration.

« Il sera pourvu par arrêtés des Commissaires généraux de la République à une nouvelle répartition de l'impôt personnel, après l'émancipation dans les colonies.

« Le contribuable pourra être autorisé, sans qu'il puisse y être contraint, à payer cet impôt par trois journées de travail.

« L'impôt sur la fabrication des rhums, tafias, vins et autres spiritueux, sera établi ou élevé par des arrêtés des

Commissaires généraux de la République, conformément au décret de ce jour qui règle leurs attributions.

« Il sera pourvu à l'augmentation du taux des licences de cabaretiers et autres débitants au détail des liqueurs alcooliques.

7

« Chaque année, il sera célébré une fête du travail avec tout l'appareil et toute la pompe dont il sera possible de l'entourer. Il sera distribué publiquement à cette fête, et au chef-lieu de chaque canton, un prix accordé au travailleur (homme ou femme) qui se sera le plus distingué par sa bonne conduite. Le prix est une somme de 200 francs ou trente ares de bonne terre arable. Outre ce prix, il sera prononcé six mentions honorables pour les plus méritants.

« Au chef-lieu du Gouvernement, le Commissaire général de la République remettra un prix supérieur au travailleur (homme ou femme) qui aura mérité cette distinction. Le prix supérieur est de 600 francs ou d'un hectare de bonne terre arable, plus une bourse dans le lycée colonial de la Guadeloupe, dont le lauréat, s'il n'a pas d'enfant, pourra disposer en faveur d'un enfant de son choix. Si c'est une fille qui est désignée, elle sera élevée à l'institution établie par l'art. 11 du décret sur l'instruction publique.

8

« Les dispositions des titres XVIII et XIX du livre III du Code civil, concernant les hypothèques et l'expropriation forcée, continueront d'être exécutées ou deviendront exécutoires dans les colonies de la Martinique, de la Guadeloupe et dépendances, de la Guyane française et de l'île de la Réunion aussitôt que le présent décret y aura été promulgué.

9

« Le nombre des représentants du peuple à l'Assemblée nationale sera de : 3 pour la Martinique, 3 pour la Guadeloupe, 1 pour la Guyane et 3 pour l'île de la Réunion, 1 pour le Sénégal et dépendances et 1 pour les établissements français dans l'Inde.

10

« Les conseils coloniaux de la Martinique, de la Guadeloupe, de la Guyane française et de l'île de la Réunion, et les conseils généraux du Sénégal et des établissements français dans l'Inde sont supprimés. Les fonctions de délégués des colonies sont également supprimées à dater de ce jour.

11

« La censure des journaux et autres écrits, confiée à l'Autorité administrative par les articles 44 et 49 de l'ordonnance organique du 9 février 1847, est *abolie*.

« A l'avenir, tous les journaux pourront être imprimés et publiés sans autorisation préalable et ne pourront être suspendus ou révoqués administrativement.

« Tous écrits non condamnés par les tribunaux pourront être librement introduits dans les colonies.

12

« Art. 1ᵉʳ. Les Commissaires généraux de la République dans les colonies sont autorisés à statuer par arrêtés sur les matières énumérées dans l'article 3, §§ 2, 3, 4 et 8, et dans les articles 4, 5 et 6 de la loi du 24 avril 1832.

« 2. Ces arrêtés sont provisoirement exécutoires, sauf l'approbation du ministre.

13

« Un 13ᵐᵉ décret appliquait aux colonies les lois relatives au recrutement, à l'inscription maritime et à la garde nationale. »

VII.

Ces décrets, auxquels était joint le rapport de la Commission d'émancipation, avaient été adressés au Conseil colonial par M. Dejean de La Bâtie.

Leur réception au chef-lieu y produisit une impression

pénible. On ne ménagea pas les reproches à la Commission Schœlcher, puisqu'il faut l'appeler par son nom.

C'était elle, disait-on, qui avait proposé de faire aux colons dépossédés l'aumône d'un dédommagement, au lieu de leur payer l'indemnité qui leur était due; c'était elle qui avait forcé la main au Gouvernement provisoire afin qu'il décrétât l'abolition *immédiate* de l'esclavage; c'était elle enfin, cette commission Schœlcher, qui allait, par des mesures intempestives, porter le trouble dans la société coloniale.

La révolte de la conscience contre l'arbitraire, la réaction du droit contre la force, réveillèrent dans le cœur des habitants de Saint-Denis ce sentiment instinctif chez les peuples, petits ou grands, qui leur commande de s'unir à l'approche d'un danger commun.

Toute la population éclairée de la ville s'assembla spontanément à la salle de spectacle, prenant possession des loges et du parterre avec autant de calme que s'il se fût agi pour elle d'assister à une représentation théâtrale; elle commençait néanmoins à témoigner son impatience de n'entendre point parler du but de la réunion, quand M. Patu de Rosemont, monté sur la scène, lut la proposition que le lecteur trouvera plus loin. Chacun y applaudit comme à une explication, et on procéda à la composition d'un bureau. Nous croyons devoir transcrire ici le procès-verbal rédigé après cette espèce de meeting qui a été tenu vers trois heures du soir, le 17 juillet 1848.

Réunion du 17 juillet 1848.

« MM. Charles Desbassayns et Vinson père sont nommés par acclamation président et vice-président de l'assemblée.

« MM. Léon Drouhet, Eug. Gamin, Z. Bertho, A. Laserve sont invités par l'assemblée à prendre place au bureau comme secrétaires.

« M. Patu de Rosemont demande la parole afin de présenter à l'assemblée quelques propositions qui lui ont été dictées par la gravité de la situation et les craintes qu'ont jetées dans la population les dépêches dernières de M. Dejean de La Bâtie.

« M. Baptistin Aubert fait observer que quelques personnes seules ont eu connaissance de ces dépêches et qu'il faudrait en donner lecture à l'assemblée avant d'entrer en délibération.

« Cette proposition est appuyée de tous côtés. En conséquence, M. le Président prie M. Léon Drouhet, l'un des secrétaires, de vouloir bien se rendre au Conseil colonial où se trouvent les dépêches afin de les apporter de suite. La séance est supendue pendant vingt minutes.

« Au retour de M. Drouhet, il est donné lecture par lui et par M. Z. Bertho : 1° de la lettre de M. Dejean de La Bâtie au Conseil colonial ; 2° du rapport de M. V. Schœlcher, président de la Commission du 5 mars, au citoyen Ministre de la marine ; 3° des treizes décrets élaborés par la Commission et publiés les 2 et 3 mai dans le *Moniteur*.

« M. Patu de Rosemont a la parole pour le développement de sa proposition, interrompue par la lecture des dépêches, et donne lecture en conséquence d'un écrit qui apprécie la situation et dont la conclusion est qu'il importe de réunir au plus vite à Saint-Denis une assemblée générale des délégués des communes nommés par l'universalité des citoyens. En conséquence, il propose à l'assemblée de nommer un comité composé de quinze membres qui seront chargés de présenter dans un bref délai un projet d'élection, d'accord avec les communes.

« M. Ch. Féry d'Esclands demande qu'on remette à trois ou quatre jours la discussion de la proposition de M. Patu, afin que les communes soient appelées à prendre part à la délibération actuelle; car autrement on s'exposerait à entrer dans une voie mauvaise et contraire peut-être aux vœux du Pays.

« M. de Greslan croit que M. Féry a mal compris la proposition de M. Patu que lui il appuie. Le temps presse, il faut se hâter, et d'ailleurs ce n'est pas un pouvoir organisé ou organique qu'il s'agit d'improviser, ce n'est pas une assemblée régulière, bien qu'elle doive avoir la sanction morale que donne une élection générale et complète; c'est une réunion de tous les délégués des citoyens, afin de parer aux dangers éventuels de la situation.

« Cette assemblée doit être réunie, en effet, pour organiser dans le pays la résistance morale, la conciliation, et aviser pacifiquement à tous les moyens légitimes de salut.

« Réunissons-nous donc, présentons au Commissaire

de la République le spectacle d'une société unie et forte, décidée à respecter les volontés légales et souveraines de la mère-patrie, décidée à reconnaître le grand principe de l'abolition de l'esclavage et la chute d'un régime que l'esprit du siècle doit faire disparaître ; mais décidée aussi à intervenir dans la direction de ses affaires et dans l'application des mesures proposées par le Gouvernement.

« L'improvisation de M. de Greslan est couverte d'applaudissements unanimes.

« M. Patu de Rosemont partage les opinions de M. de Greslan. Il ne s'agit certainement pas de s'opposer à la promulgation du décret qui abolit l'esclavage. Tous les colons acceptent cette nécessité du siècle, tous obéiront avec respect aux volontés de l'Assemblée nationale ; mais une dictature réunissant tous les pouvoirs, législatif, exécutif et administratif, présente de tels dangers et est si contraire aux principes de liberté, d'égalité et de fraternité qui animent tous les citoyens français, que la Colonie ne peut l'accepter sans se prémunir contre les dangers qu'elle présente. Eh bien, pour se prémunir, il faut que les délégués de tous les colons soient réunis et prêts à opposer une résistance morale aux abus de pouvoirs que pourrait commettre le dictateur. M. Ch. Féry se trompe s'il croit que les communes se refuseront de s'associer au mouvement de Saint-Denis ; il s'agit ici du salut de tous, et tous comprendront la nécessité de ne pas perdre une minute.

« M. le Président, après avoir pris l'avis de l'Assemblée, met aux voix la proposition de M. Patu qui est adoptée par une immense majorité.

« L'Assemblée se sépare après avoir pris la résolution de se réunir demain 18 juillet, à huit heures du matin. Chaque membre devra porter une liste sur laquelle quinze noms seront inscrits pour former la commission proposée par M. Patu.

« *Le Président,*
« CH. DESBASSAYNS.

« *Le Vice-président,*
« A. VINSON.

« *Les secrétaires.*
« A. LASERVE, E. GAMIN, L. DROUHET, Z. BERTHO. »

VIII.

Ainsi qu'il avait été décidé dans cette première réunion, la nomination des quinze membres qui devaient composer un comité provisoire se fit le lendemain 18 juillet. Le bureau de l'Assemblée, constitué comme la veille, s'était adjoint MM. Jules Deheaulme, Frédéric Robert, Léopold Gamin et Antoine Savignon, en qualité de scrutateurs. Il procéda au dépouillement du scrutin qui donna la majorité des suffrages à MM. Prosper de Greslan, Alexandre de La Serve, Vinson père, J. Gaultier de Rontaunay, E. Lafon, Patu de Rosemont, Arthur Lory, Pierre Legras, Adrien Bellier, Charles Desbassayns, Baptistin Aubert, Malavois, Louques, Augustin Grangier et Henri Martin de Flacourt.

A la suite de la proclamation de ces quinze noms, MM. Pierre Legras et Théodore Drouhet ne voulurent pas laisser clore la séance, sans revenir sur le procès-verbal de la réunion précédente. Voici à quel sujet.

IX.

M. de Greslan avait parlé, dans son discours de la veille, de *résistance brutale* et de *résistance morale ;* et, soit que dans le feu de l'improvisation l'orateur, confondant ces deux expressions, eût conseillé la première de ces deux résistances, soit que les plus scrupuleux des républicains présents eussent craint, de la part du public, une interprétation dans ce sens, toujours est-il que MM. Legras et Drouhet réclamèrent contre le procès-verbal de la réunion du 17 juillet; ils ne trouvaient pas ce procès-verbal assez explicite sous un certain rapport; ils demandaient qu'il fût complété par la proposition de M. Patu, laquelle, disaient-ils, renfermait l'acceptation par l'Assemblée de l'acte du 27 avril 1848 qui abolissait l'esclavage.

C'est-à-dire que MM. Legras et Drouhet se montraient très susceptibles à l'idée d'une opposition à faire aux décrets du Gouvernement provisoire.

M. de Greslan les rassura ; et, comme c'étaient les expressions dont il s'était servi la veille qui donnaient lieu à cet incident, il affirma avoir dit ou avoir voulu dire, que si la Colonie ne devait pas opposer une résistance brutale à la volonté de la Mère-Patrie, elle pouvait du moins lui montrer une résistance morale qui aurait son effet.

X.

Après cette déclaration de M. de Greslan qui désillusionnait les partisans de la résistance et qui rassurait les amis du laisser-faire, la proposition de M. Patu, que nous reproduisons ci-dessous, fut ajoutée au procès-verbal de la première assemblée, et on renvoya la séance au lendemain 19 juillet.

« *Proposition de M. Patu.*

« L'Assemblée nationale s'est constituée le 4 mai.

« Le 27 avril, le Gouvernement provisoire, dont le mandat allait cependant expirer, a rendu plusieurs décrets concernant l'organisation sociale des colonies, et dont voici les principales dispositions :

« La délégation est supprimée.—Les Conseils coloniaux le seront à l'arrivée des Commissaires généraux du Gouvernement dans les colonies. — Les Conseils coloniaux ne seront remplacés par aucune autre représentation locale. — Les pouvoirs des Commissaires généraux sont illimités. — A l'arrivée de chaque Commissaire général dans une colonie, l'émancipation sera proclamée pour être exécutée deux mois après. — Tout ce qui est relatif à l'indemnité est dévolu à l'Assemblée nationale.

« Dans des circonstances aussi graves, il est important

que le Pays soit représenté au moment où le Commissaire général arrivera à l'île de la Réunion.

« Une Assemblée coloniale serait brisée comme l'a été le Conseil colonial!

« Mais le droit de se réunir, par eux-mêmes ou par leurs représentants, appartient aux citoyens des colonies comme à ceux de la métropole.

« En conséquence, il conviendrait de former, dans le plus bref délai, une Assemblée générale de délégués des communes nommés par l'universalité des citoyens, et dont les membres se réuniraient à Saint-Denis, afin de représenter le Pays et de lui servir d'organe auprès du Commissaire général.

« Le but de la future Assemblée générale serait d'*accepter l'émancipation*, mais de prendre la défense de tous les intérêts légitimes du Pays, et de chercher les moyens de *maintenir l'ordre et le travail*.

« Les moyens d'exécution pour arriver à la formation la plus prompte d'une Assemblée générale pourraient être confiés à un comité provisoire composé de quinze membres, et nommé par la réunion actuelle. »

XI.

La réunion du 19 juillet fut encore plus nombreuse que les deux premières. La foule y avait été attirée par l'annonce de la lecture de la circulaire et du programme, formulés au sein du Comité des quinze, et destinés à aller porter dans les communes les résolutions adoptées au chef-lieu pour l'élection des délégués.

Cette circulaire et ce programme avaient été rédigés dans les termes suivants.

Circulaire.

Aux citoyens de toutes les Communes.

« Concitoyens,

« Les journaux ont porté à votre connaissance les nouvelles et les décisions récemment arrivées dans la Colonie.

« Ils vous ont appris qu'aussitôt après la réception de ces nouvelles, la majeure partie de la population active de Saint-Denis, à laquelle se sont adjoints un grand nombre d'habitants des autres communes, réunie par un sentiment commun, s'est condensée en une Assemblée générale, qui a eu lieu le 17 de ce mois.

« Vous savez que là il a été proposé :

« 1° Que, pour faire face aux nécessités du moment et aux éventualités de l'avenir, le Pays devait, sans aucun délai, former une assemblée centrale, siégeant au chef-lieu, et composée des *délégués* choisis par chacune des communes de l'Ile, exercice opportun du droit sacré d'association qu'ont tous les citoyens français ;

« 2° Qu'un Comité spécial, temporaire et transitoire, serait immédiatement formé à l'effet de donner la plus grande publicité à cette résolution, et d'en préparer, sans désemparer, les moyens d'exécution les plus prompts, les plus faciles, les plus efficaces.

« Les journaux vous ont appris, en même temps, que cette réunion, composée de près de mille personnes, s'est ajournée au lendemain matin pour procéder à l'élection du Comité dont il s'agit, et que, dans l'ordre le plus parfait, avec l'accord le plus exemplaire, l'élection la plus large et la plus libre a produit, pour le composer, les noms des citoyens ci-après : Prosper Greslan, Alexandre Laserve, A. Vinson, Rontaunay, Lafon, Patu, Arthur Lory, Pierre Legras, Adrien Bellier, Charles Desbassayns, Baptistin Aubert, Malavois, Louques père, Augustin Grangier et Martin Flacourt.

« Une nouvelle réunion de la population, non moins unie, non moins nombreuse que la première, a eu lieu le 19 de ce mois, à l'effet d'entendre et de discuter le projet du Comité auquel il avait, l'avant-veille, donné cette mission d'urgence et de confiance.

« Cette réunion a adopté et consacré la formulation que vous trouverez jointe à la présente circulaire, en même temps que la copie de la proposition qu'elle avait adoptée à la presque unanimité, et qui l'a provoquée.

« La mission, toute temporaire, toute patriotique, toute d'abnégation de ce Comité se borne, en vous transmettant son travail accepté par la réunion, à vous conjurer, au nom du Pays, de procéder, dans le plus bref délai possible, et avec le calme, la dignité, l'esprit d'union sincère et complète que réclament les circonstances, et qui seuls sont dignes de vous, à l'élection libre et spontanée de vos délégués.

« La réunion de Saint-Denis n'a pas eu un seul moment la prétention, pas plus qu'elle n'avait le droit, de dicter — à qui que ce fût et de quelque manière que ce fût — une volonté quelconque.

« Saisie la première des nouvelles venues de France par la voie de la Mer-Rouge, elle n'a fait, n'a voulu faire autre chose que de donner le signal, que de faire entendre l'expression d'un sentiment qui, elle le sait, aura son écho dans toutes les parties de la Colonie.

« Le Comité provisoire n'a accepté et n'exerce d'autre mission — mission restreinte, temporaire, transitoire et de très courte durée — que celle de lier, par quelques instructions nettes et précises et par quelques dispositions d'ordre d'un caractère éminemment urgent, tous les intérêts fractionnés du Pays à l'intérêt commun, et de résumer toutes les volontés privées dans une volonté générale.

« Ce but atteint, sa mission sera accomplie.

« Le Comité a pensé, avec l'approbation de la réunion générale des citoyens mentionnée plus haut, que, dans les circonstances, il n'y avait pas d'autre condition acceptable d'élection et d'éligibilité que la qualité de citoyen, de colon, l'âge de 21 ans accomplis pour l'une, de 25 ans pour l'autre.

« Il a pensé également que, vu l'urgence et l'impérieuse nécessité de mettre de côté les théories contradictoires et les écritures inutiles, il ne devait prendre pour base de la répartition des élus, en l'élargissant toutefois et en la triplant (1), que celle qui existait encore hier pour les députés de chaque localité à l'ancien Conseil colonial. Il s'est borné à faire de chaque commune particulière le centre de l'élection partielle, et à équilibrer, entre la partie du Vent et celle Sous-le-Vent, le nombre des délégués à élire.

« Les circonstances et la nature même de son mandat lui prescrivaient de se restreindre dans ce qui est le plus prompt et le moins compliqué dans l'exécution.

« Il devient inutile, chers concitoyens, de vous faire remarquer que le but de la constitution d'une Assemblée coloniale centralisée au chef-lieu ne peut pas être de mettre la Colonie en hostilité avec la Métropole, ni de repousser l'émancipation.

« Cette Assemblée, au contraire, comme toute la population libre, au nom de laquelle elle doit parler et agir, devra le respect le plus profond aux volontés légales et souveraines de la Mère-Patrie, l'accueil le plus sincère au principe de l'émancipation. Elle est destinée à représenter la force morale du droit et des intérêts légitimes, et la sienne propre résultant de l'universalité des suffrages et de l'unité du mandat; elle sera l'organe nécessaire et imposant

(1) L'Assemblée générale a donné toute son approbation au projet, mais attendu que la ville de Saint-Denis centralisait des propriétés d'une très grande valeur, renfermait un grand nombre d'industries spéciales qui ne pourraient être représentées ailleurs, et était le chef-lieu de la Colonie, a décidé que, par exception, il serait ajouté cinq membres au chiffre de ses délégués. Par réciprocité on a porté la même augmentation sur l'arrondissement Sous-le-Vent, en l'attribuant à Saint-Paul.

des vœux, des besoins, des griefs du Pays auprès du Commissaire ou des autres organes du Gouvernement.

« Le Comité, au nom de l'intérêt public, conjure les habitants de chaque commune de faire connaître bien haut, nettement, franchement, aux noirs qui sont encore réunis sous leur puissance, le véritable but de cette Assemblée et de sa mission : leur bien-être moral et physique, aussi bien que celui de leurs maîtres actuels, rien qui ressemble à la répulsion des principes et des conséquences sociales et humanitaires que renferme le grand acte de l'émancipation, tout ce qui peut, d'un commun accord, en assurer, en féconder le développement, dans l'intérêt de tous et de chacun ; tout ce qui doit sauvegarder leur existence matérielle, l'entretien de leurs familles, le besoin qu'a tout homme de vivre de son travail et d'en recueillir les fruits.

« Le Comité, au nom de la religion qui n'est, parmi tous les hommes, que l'ordre, la paix publique, la charité, l'échange des devoirs et des services, adjure les ecclésiastiques de chaque paroisse de bien faire comprendre à tous les noirs dont ils ont la direction, que tel est, tel sera toujours le programme des colons réunis en une Assemblée générale ; qu'ils n'en ont pas, et qu'ils seraient insensés d'en avoir un autre.

« Plus que jamais les destinées des colonies sont entre les mains des colons.

« Le Comité, chers concitoyens, au nom de ses commettants, qui eux-mêmes n'ont agi qu'au nom du Pays, vous confie ce dépôt.

« Le Comité vous présente, chers concitoyens, l'hommage de sa respectueuse fraternité.

« *Les membres du Comité,*

« Signé: CH. DESBASSAYNS, *président;* A. LA SERVE, *secrétaire;* A. VINSON, *rapporteur pour le Programme d'exécution;* P. GRESLAN, *rapporteur pour la Circulaire;* J. RONTAUNAY, E. LAFON, PATU aîné, ARTHUR LORY, P. LEGRAS, ADRIEN BELLIER, BAPTISTIN AUBERT, MALAVOIS, LOUQUES, AUGUSTIN GRANGIER, HENRY MARTIN FLACOURT.

« Saint-Denis, le 19 juillet 1848. »

Programme

Pour la formation de l'Assemblée générale des Délégués des Communes de l'Ile de la Réunion.

« Art. 1ᵉʳ. Chacune des communes de l'Ile de la Réunion est invitée à nommer des délégués pour constituer une Assemblée générale dont le siége sera à Saint-Denis.

« 2. Tout citoyen français, habitant la Colonie, âgé de vingt-un ans accomplis, est électeur.

« Les étrangers domiciliés dans la Colonie, propriétaires ou patentés, jouiront des mêmes droits.

« 3. Tout électeur âgé de vingt-cinq ans est éligible.

« 4. L'Assemblée générale se composera de *cent deux membres* répartis comme suit:

Arrondissement du Vent.

Saint-Denis	20
Sainte-Marie	5
Sainte-Suzanne	5
Saint-André	6
Salazie	1
Saint-Benoit	11
Sainte-Rose	3

Arrondissement Sous-le-Vent.

Saint-Paul	20
Saint-Leu	5
Saint-Louis	6
Saint-Pierre	11
Saint-Joseph	5
Saint-Philippe	4

« 5. Il n'y aura pas de bureau provisoire. Le bureau se composera du doyen d'âge, président; les scrutateurs seront les deux plus âgés et les deux plus jeunes des électeurs présents.

« Le bureau ainsi constitué désignera un ou deux secrétaires et s'adjoindra, pour le dépouillement des votes, le nombre de scrutateurs qu'il jugera nécessaire.

« Il sera dressé procès-verbal de l'opération pour être envoyé à l'Assemblée générale.

« 6. Les élections se feront par bulletins de liste et à la majorité relative.

« En cas d'égalité de suffrages, le plus âgé l'emportera.

« En cas d'option d'un citoyen nommé dans deux ou plusieurs communes, le premier dans l'ordre des suffrages, parmi ceux qui n'auraient pas été élus dans la commune pour laquelle ce citoyen n'aura pas opté, le remplacera de droit.

« 7 La gravité des circonstances exige que l'Assemblée générale soit réunie dans le plus bref délai possible, au plus tard le 31 du courant. »

XII.

En reproduisant les documents qui précèdent dans leur intégralité, alors qu'il nous était loisible de ne les rapporter qu'en substance seulement, nous nous sommes souvenu des regrets maintes fois manifestés en notre présence, par nombre de personnes, au sujet de la dispersion ou plutôt de la disparition des documents historiques relatifs à notre Colonie.

Certes, nous n'ignorons pas que des citations multipliées embarrassent la marche d'un récit, mais nous sommes persuadé que notre travail gagnera en intérêt pour les futurs historiens coloniaux, ce qu'il perdra aux yeux de nos lecteurs d'aujourd'hui sous le rapport de la rapidité du narré.

Dans une dizaine d'années, on ne retrouvera que dans notre livre, s'il vit jusque-là, les renseignements qui y sont consignés. Et ce livre, ne dût-il servir qu'à conserver ces renseignements, nous serions encore heureux de l'avoir fait.

Quant à la circulaire et au programme dont nous venons de donner les textes, ils feront connaître de quelle façon le Comité de Saint-Denis invitait les habitants des communes à élire leurs délégués.

Après avoir voté cette circulaire et ce programme, la *réunion* dite *du Théâtre* se dispersa; elle avait eu trois séances, ses trois journées de Juillet.

CHAPITRE IV.

SOMMAIRE.

Préoccupation générale. — Le commerce inactif. — L'agriculture inquiète. — On presse la récolte. — Les communes nomment leurs délégués. — Une insignifiante opposition. — L'Assemblée générale des délégués. — Sa première réunion. — Les journaux clandestins. — LE SALAZIEN. — LE CRI PUBLIC. — Esprit de ce dernier. — Ce qu'il devait être — Ce qu'il a été. — Son discrédit après son succès. — L'abolition de la censure. — La liberté de la presse à Bourbon. — Ses provocations. — Les avantages qu'elle pourrait offrir. — Le journal LA DÉMOCRATIE COLONIALE.

I.

A ce moment la Colonie, sous la pénible impression laissée par les dernières nouvelles reçues de la Métropole, était en proie à la plus vive préoccupation. Les affaires commerciales et industrielles étaient complètement arrêtées. Les travaux agricoles seuls continuaient encore par cette double nécessité, pour les propriétaires, de maintenir les ateliers et d'assurer la récolte.

On attendait avec une impatience inquiète le prochain courrier d'Europe. Allait-il confirmer les appréhensions manifestées dans les récentes correspondances venues de Paris? Allait-il, au contraire, rassurer le Pays sur la vitale question de l'indemnité?

Les propriétaires se préparaient cependant à la manipulation des cannes: plusieurs même avaient déjà fait mettre la serpe dans leurs champs, n'étant qu'à moitié tranquillisés par la promesse de la Commission d'émancipation, qui avait bien voulu reconnaître qu'un temps moral était nécessaire aux colons pour l'achèvement de la fabrication du sucre.

II.

Au milieu de cette stagnation générale des affaires, l'esprit public, d'ordinaire si apathique en ce pays, se montra pourtant vivace et énergique. Les communes avaient répondu à l'appel du chef-lieu; elles avaient nommé leurs délégués à l'Assemblée générale.

SAINTE-MARIE en avait désigné *six* : MM. Henry Martin de Flacourt, Testart, Dureau aîné, Etienne Dureau, Nicole Lemarié et Benjamin Vergoz.

SAINTE-SUZANNE *six* : MM. Adrien Bellier, Desprez, Norbert Deheaulme, Auguste Vinson père, Hyppolite Féry et Nas de Tourris.

SAINT-ANDRÉ *sept* : MM. David Brunet, Alexandre de La Serve, André Féry, Arthur Anne-Luce, Imhaus, Auguste Dioré et A. Loupy.

SALAZIE *trois* : MM. Nélet, Gludic et Ch. Adam.

SAINT-BENOIT *quinze* : MM. Defresne Moreau, Deguigné fils aîné, Jacob de Cordemoy, Champierre de Villeneuve, Lagorse, Patu de Rosemont, Amédée Patu, Alexis

Charlette, Pignolet, Ruyneau de Saint-Georges, Hubert-Delisle fils, le docteur Michel, Palmon Lemarié, Carles et l'abbé Bru.

Sainte-Rose *trois*: MM. Lenoir, Espéron et A. Richard.

Saint-Paul *vingt*: MM. Aubert, Fitau, Bury aîné, Lacaille, Jules Hoareau, Ménardière, Elie Pajot, Marcelin Gallon, Toussaint de Quièvrecourt, Troussail, Classun, Gruchet fils, de Lanux aîné, Gédéon Jean-Pierre, Rétout, Dezille, Boutin, l'abbé Bourgade, Antoine Bosse et Lenoël.

Saint-Leu *cinq* : MM. L. Hibon, L. Ricquebourg, Pierre Deguigné, Sauvage et Ferdinand Véronge de Lanux.

Saint-Louis *cinq*: MM. Théodore Deshayes, Dominique Ozoux, Joson Enaud, Sénac et l'abbé Galabert.

Saint-Pierre *douze*: MM. Denis de Kvéguen, Le Coat de Kvéguen, Godefroy, l'abbé Guéret, Régie, Charles Robin, Paul Reilhac, R. Reilhac, Alexandre Choppy, Henry Choppy, Laborde et Prouet.

Saint-Joseph *six*: MM. Léopold de Tourris, Toulorge, l'abbé Margerie, Lafitte, Cyriaque Cadet et Testart.

Saint-Philippe *cinq*: MM. Rochery, Montbel Fontaine, Prosper de Greslan, Jules Geslin et Brulon.

Et enfin la ville de Saint-Denis *vingt*: MM. de Rontaumay, l'abbé Levavasseur, Pierre Legras, P. de Greslan, Adrien Bellier, Bérard, Courteaux jeune, B. Aubert, François Delval, Elie Lafon, Arthur Lory, A. Brunet, Malavois, Pierre Deheaulme, Vinson père, Nas de Tourris, Camille Deshayes, Garien, Nélet et Louques.

Par suite des doubles nominations et des empêchements qui enlevaient à certaines communes quelques-uns des représentants qu'elles s'étaient choisis, MM. Le Coultre, Lahuppe, Armand Monclar, Théodore Drouhet, Séraphin Crémazy et Charles Payet furent également appelés à faire partie de l'Assemblée.

III.

L'élection des vingt délégués du chef-lieu ne se fit pas aussi pacifiquement qu'on devait l'espérer.

Cependant elle ne donna point lieu à toutes les vilaines choses rapportées dans l'article suivant :

« L'intrigue, disait le *Journal du Commerce*, l'intrigue est toujours chose mauvaise : ces jours derniers elle a été odieuse.

« Les moyens d'influence qu'on a employés pour arriver, ceux qu'on a exploités pour empêcher d'arriver, n'ont pas été seulement tristes, scandaleux, odieux ; ils ont quelquefois été atroces.

« On n'a pas seulement étouffé les sentiments généreux, on a provoqué, surexcité les passions les plus mauvaises ; on n'a pas seulement entrechoqué les rivalités nouvelles, on a exhumé de vieilles haines et on y a mis le feu. Ils n'ont pas eu seulement le caractère de la fraude, ils ont revêtu celui du faux.

« On ne s'est pas borné à des calomnies, on a été jusqu'à la dénonciation ; on n'a pas exposé ceux qui en étaient les victimes, seulement aux répulsions de toute une large fraction des citoyens, on les a livrés à des vengeances non moins terribles qu'aveugles ; on n'a pas seulement fouillé dans toutes les couches superposées de la population libre et citoyenne, on est allé chercher des matières inflammables beaucoup plus bas..... on a rêvé Saint-Domingue. »

IV.

Ces inqualifiables accusations du *Journal du Commerce* étaient à l'adresse du parti Brunet ou plutôt des Brunet.

Aujourd'hui nous nous demandons encore — comme nous nous le demandions à l'époque où elles ont été écrites — quels faits ont pu les motiver ? Nous étions sur les lieux et nous n'avons rien vu de ces *calomnies*, de ces *dénonciations*, de ces *fouilles* dans la population libre dont parlait avec tant de véhémence M. de Greslan.

S'il y a eu des intrigues — et il y en a eu sans doute — nous nous refusons à croire qu'elles aient été *odieuses*. Si l'on a rêvé quelque chose, notre esprit et surtout notre raison ne nous permettent pas de prendre au sérieux ce prétendu *rêve* de Saint-Domingue. Ces accusations de M. de Greslan, à force de vouloir être graves, étaient parfaitement ridicules.

Certes, la nomination des délégués, faite au moyen du vote universel par la population libre de la Colonie, devait être, pour des hommes qui trouvaient leur popularité dans ce qu'on appelle *la foule*, une excellente occasion de juger de leur influence, et des avantages que pourrait leur offrir ce nouveau mode d'élections.

Ils pouvaient, en effet, par les résultats de cette première épreuve du suffrage universel, calculer ceux sur lesquels ils pourraient compter plus tard; c'était pour eux un ballon d'essai dont ils devaient chercher à diriger l'ascension; mais de là à commettre et à rêver d'odieuses choses, il y a loin.

M. de Greslan en fut pour ses antithèses, il ne dut convaincre que les personnes qui voulaient être convaincues quand même.

V.

Les communes avaient tranquillement procédé à la nomination de leurs délégués, malgré les quelques opposants qui donnèrent signe de vie du côté de Saint-Paul, récalcitrants ayant encore sur le cœur l'échouement de la pétition colportée pour l'élection d'une Assemblée à former selon les principes de 1790-1791.

Vous revenez donc à la proposition Legras? disaient-ils; vous réglez des élections pour composer une Assemblée générale. Ainsi la chose même que vous avez blâmée, combattue, repoussée hier, vous la conseillez, vous la prônez, vous la sollicitez aujourd'hui.

En vain on leur démontrait qu'il n'y avait aucun rapport entre cet aujourd'hui et ce hier qu'ils rappelaient, ils méconnaissaient les circonstances dans lesquelles on se trouvait. Ils déniaient les faits. Ils ne comprenaient pas l'émotion profonde de ceux de leurs compatriotes qui se demandaient, à l'heure où l'on était, si le Gouvernement de la Métropole avait été sincère en promettant de respecter les droits acquis, alors qu'il venait de décréter l'abolition de l'esclavage, sans consacrer, du moins d'une manière solennelle et définitive, la légale et légitime conséquence d'un tel acte, l'indemnité ; en même temps que par des mesures, pour la plupart inexécutables, il allait créer des embarras journaliers aux administrateurs et aux administrés de la Colonie.

Les opposants de l'arrondissement Sous-le-Vent n'étaient point accessibles à ces graves réflexions.

VI.

Nous répondez-vous, disait-on encore à ces partisans intéressés du *statu quo*, qui en avaient été naguère les contempteurs ; nous répondez-vous qu'en remplaçant le chef actuel du Gouvernement de Bourbon par un Commissaire général, l'Administration centrale ne remplacera pas également nos institutions protectrices par des mesures anti-coloniales ? Et trouvez-vous nos inquiétudes bénévoles sous la menace des pouvoirs illimités dont sera investi ce Commissaire général ?

VII.

Quoi! parce que hier, ayant confiance dans l'avenir, nous n'avons pas voulu aller à l'encontre des instructions métropolitaines, il s'en suivrait que nous ne devions pas aujourd'hui nous mettre en garde contre les éventualités révolutionnaires que l'on nous fait craindre?

Mais, voyez donc, disaient les hommes sensés: si le Commissaire général proclame l'émancipation tout d'un coup, sans mesures préparatoires, il va en un clin-d'œil changer les mœurs du pays, atteindre les intérêts les plus sacrés, enlever les bras à l'agriculture et jeter au milieu d'une société sans moyens préventifs soixante mille oisifs, n'ayant ni feu ni lieu et sortant brutalement de l'esclavage avec des idées d'indépendance plus ou moins désordonnées.

Eh bien! est-il étonnant qu'une pareille perspective émeuve les colons et leur fasse chercher à conjurer les orages dont ils sont menacés?

VIII.

D'ailleurs, ainsi que l'expliquait le *Moniteur de l'île de la Réunion:*

« Il ne s'agit pas d'une réunion politique ou législative.

« Cette réunion n'est pas un club, ajoutait la *Feuille Hebdomadaire*; nul que les élus n'a le droit d'y porter la parole.

« Elle est destinée, avait dit la *Circulaire* adressée aux communes, à représenter la force morale du droit et des intérêts légitimes, et à faire entendre les vœux, les besoins, les griefs du peuple auprès du Commissaire du Gouvernement. »

Ces hautes considérations touchaient peu le petit parti de la petite opposition, qui revenait toujours à son rapprochement : vous ne pouvez vouloir aujourd'hui ce que vous avez refusé hier ; vous êtes en contradiction avec vous-même ; bien plus, vous êtes en pleine illégalité.

Enfin, ils finirent par protester, à leur tour, contre la chose même qu'ils avaient demandée. Mais les rares cris de ces rares mécontents dont on voyait le bout de l'oreille, s'arrêtèrent au pied des montagnes de « la Possession » et n'entravèrent pas les élections pour la formation de l'Assemblée générale des délégués, laquelle se réunit à Saint-Denis, le 31 juillet, sous la présidence provisoire de son doyen d'âge, M. Testart.

On avait chosi le salon de *l'Hôtel d'Europe* pour cette réunion préparatoire, annoncée dès le matin par le journal *La Démocratie coloniale* qui venait, ce jour là même, de se substituer au journal *Le Cri Public*.

Que l'on nous permette une digression au sujet de ce dernier. Les causes qui ont déterminé sa chute comme celles qui avaient motivé son apparition, justifient cette petite interruption dans notre récit.

IX.

Fondé par quelques hommes se disant appartenir à l'opinion *avancée*, *Le Cri Public* était le second journal clandestin qui paraissait à l'île Bourbon.

Son aîné, *Le Salazien*, avait été créé, en 1830, pour réclamer, au profit des habitants de la Colonie, les droits politiques que la Charte de Juillet avait octroyés à tous les Français.

Le Salazien obtint un grand succès ; mais le Parquet ne lui permit pas d'en jouir longtemps : sa presse fut saisie, ses rédacteurs avoués furent condamnés à l'amende. Il vécut assez, cependant, pour avoir fait entendre aux Autorités locales quelques vérités utiles sur les coteries administratives et l'égoïsme bureaucratique de cette époque.

Le Cri Public voulut continuer la mission du *Salazien* : il se disait l'organe de l'opinion, pour s'élever contre les abus du déplorable *laissez faire*, en usage dans notre pays, et pour réclamer la liberté de la Presse.

Ses premiers numéros, qui avaient été reçus aussi clandestinement qu'ils avaient été distribués, furent généralement goûtés. Malheureusement, il ne resta pas longtemps dans la voie tracée par son programme. Tombant tout-à-coup dans les exagérations et dans les personnalités, il devint passionné. Partant, il cessa d'être juste.

X.

Il est vrai que le titre qu'il s'était donné, obligeait à bien de l'impartialité, à bien de la raison, de la loyauté, de la conscience ; et il est difficile aux hommes, et aux hommes de partis surtout, d'avoir toutes ces qualités à la fois.

Si le cri public est la voix de la vérité — de la vérité qui est une et sacrée comme Dieu même, — il doit s'élever contre les choses mauvaises et nuisibles, autant qu'il doit applaudir aux choses bonnes et utiles ; car la vérité distribue également et l'éloge et le blâme avec cette justice qui est son essence et qui fait d'elle le plus vertueux des instincts de l'homme !

Tout clandestin qu'il était, le journal *Le Cri Public*, s'il avait toujours parlé en vue de l'intérêt général, s'il n'avait jamais montré de partialité, aurait été écouté du Pays et entendu de l'Administration. Mais en devenant passionné et personnel, il perdit tout son prestige. Aussi, l'opinion publique l'avait-elle condamné, avant qu'il ne comparût devant la Chambre correctionnelle de la Cour royale.

XI.

Quant à l'abolition de la censure qu'il réclamait avec ardeur, disait-il, nous avons entendu des hommes sérieux, des esprits éclairés, demander si la liberté de la Presse pouvait offrir quelque avantage à la société coloniale. Si dans un pays où tout le monde se connaît, se touche; où les intérêts sont communs, où l'on est de la même famille, de la même maison pour ainsi dire; où l'on a par conséquent mille raisons de se ménager les uns les autres, il était sage, il était prudent de donner au premier venu la faculté d'écrire pour le public et de mettre en circulation tout ce qui lui naîtrait à l'esprit, tout ce qui lui viendrait sous la plume?

En résumé, si pour la Colonie la liberté de la Presse serait un bien ou un mal?

Il n'est pas facile de répondre à cette double question, la liberté de la Presse étant, à Bourbon comme ailleurs, à la fois bonne et mauvaise, utile et nuisible.

XII.

Elle est bonne et utile quand elle éclaire et le Gouvernement et le peuple; quand elle défend les droits de tous et de chacun, des pauvres et des riches, des faibles et des forts; quand elle fait dans d'équitables mesures l'éloge de ce qui est bien, et la critique de ce qui est mal. Mais, où aller trouver cela !

Elle est mauvaise et nuisible, quand elle attaque injustement aussi bien les actes du Pouvoir que les actes des individus; quand elle pénètre dans la vie privée; quand elle parle inconsidérément de l'innocent qu'elle accuse, ou du coupable qu'elle défend ; du faible qu'elle provoque ou qu'elle protége sans motifs, ou du fort qu'elle prône ou qu'elle défie suivant le besoin de ses intérêts.

Hélas ! à notre époque, au milieu de la haine des partis qui se heurtent et se violentent à l'envi, on oublie trop, dans de mauvaises agitations, la mission sacrée de la Presse.

L'ardeur que l'on met à rechercher les occasions d'accuser son adversaire, rend aveugle et injuste. On profitera, avec autant d'empressement que de joie, du fait le plus insignifiant s'il peut lui nuire, comme on cachera soigneusement et niera à outrance l'acte le plus éclatant s'il devait lui mériter des louanges.

On oubliera tout dans le premier cas, même la sublime vérité. On ne négligera rien dans le second cas, pas même l'ignoble mensonge.

XIII.

N'est-ce pas là l'histoire de ce qui s'est passé dans notre pays, après la proclamation de la République qui nous avait donné, pour un instant, la liberté de la Presse ?

Et les attaques donc ? A peine quelqu'un prenait-il la plume, fût-ce pour la question la plus importante et la moins personnelle, qu'il était sûr de trouver quelqu'adversaire qui, après une première réponse, faisait, ou une biographie de sa vie, ou une esquisse de sa personne, ou une critique amère de son opinion ; tournait en dérision ses arguments même les plus sérieux, et enfin écrivait une provocation en règle pour aller en champ clos chercher à prouver, à la façon des loups, que la raison du plus fort est encore la meilleure.

Aussi les personnes qui se laissaient aller à faire imprimer le plus petit bout de prose, commençaient-elles, avant de tailler leur plume, par examiner leurs capsules et déboutonner leurs fleurets.

Il ne suffisait pas de faire preuve de raison dans ses écrits, il fallait encore montrer de la bravoure et du sang-froid sur le terrain du duel; il fallait combattre tout à la fois avec l'esprit et avec le cœur, avec la plume et avec l'épée.

N'était-ce pas déplorable ?

Il y a eu réellement, pendant un moment, dans la Presse locale, une effervescence, une excitation telles que les droits les plus sacrés ont été impudemment méconnus, que les choses les plus inviolables de la vie privée ont été outrageusement violées.

XIV.

Et pensez-vous que les quelques journalistes qui étaient restés fidèles à la tradition du respect de soi-même aient protesté contre le cynique abus que l'on faisait de la liberté d'écrire? Hélas non !

Il était permis de faire imprimer toutes sortes d'assertions, pourvu qu'on fût prêt à les soutenir au *Jardin de l'Etat* ou dans les *filaos du Butor*, entre quatre témoins et vis-à-vis d'un canon de pistolet. On vous permettait tout, quand vous aviez des balles dans vos poches.

Et on appelait cela faire de la politique !

Tels ont été les résultats que la liberté de la Presse a produits à l'île Bourbon pendant quelques mois.

Eh bien ! malgré ce souvenir affligeant, nous pensons que si elle ne devait servir qu'à critiquer loyalement et avec convenance les actes administratifs ; si elle renonçait à ses attaques brutales contre les personnes, la liberté de la Presse serait utile à la Colonie. Les Autorités supérieures elles-mêmes y gagneraient d'apprendre des faits qui n'arrivent jamais jusqu'à elles, de connaître des abus et des maux auxquels elles ne peuvent remédier que parce qu'elles les ignorent complètement. Et le Ministère de la marine, de son côté, saurait par d'autres voies que par la voie officielle de quelle façon les possessions françaises d'outre-mer sont administrées.

XV.

Le *Cri Public* venait donc d'être remplacé par la *Démocratie Coloniale* ; et cette substitution de titre était expliquée par la déclaration suivante :

« La mission du *Cri Public* est accompli, son rôle est

achevé. Les hommes qui, à leurs risques et périls ont donné à la Colonie cet organe énergique de l'opinion, avaient dit dans leur programme : rien ne pourra étouffer désormais l'expression de la pensée du Pays. Le *Cri Public* éclatera en dépit de tous les efforts tentés pour le comprimer et il ne cessera de retentir jusqu'à ce qu'il ait obtenu la légitime satisfaction qu'il réclame : *la liberté de la presse.* »

Il n'avait effectivement cessé de paraître, malgré la surveillance incessante dont il avait été l'objet de la part de la police ; malgré la saisie de sa presse et la condamnation à trois mois de prison, prononcée le 10 février 1848, contre l'un de ses fondateurs. Il avait vécu six mois, du 6 janvier au 26 juillet 1848.

Et il aurait sans doute *éclaté* et *retenti* bien longtemps encore, sans obtenir ce qu'il demandait, si la République n'était venue arracher des mains du Directeur de l'intérieur les vieux ciseaux de la censure.

XVI.

Le programme du nouveau journal, ou plutôt de l'ancien journal baptisé d'un nouveau nom, se terminait par le paragraphe suivant :

« Le principe démocratique dont notre nouveau journal se constitue l'organe, n'a rien d'exclusif et n'est hostile à aucune classe de la population ; il embrasse ici toute la société coloniale, comme il embrasse dans la Métropole toute la nation française. Il est l'expression des idées de liberté, d'égalité et de fraternité, unie au respect de la propriété et des droits acquis. La conciliation de ces principes divers, mais également sacrés dans le sein de la Colonie, tel est le but que nous nous proposons, telle est la mission de la *Démocratie Coloniale.* Suivaient les signatures de MM. A. Brunet, A. Jugand, A. La Serve, R. Le Coutour et P. Legras. »

Cette déclaration, toute engageante qu'elle était, ne ramena pas l'opinion. La *Démocratie Coloniale* était l'héritière directe du *Cri Public* qu'on avait désigné comme un journal appartenant à une petite coterie, elle devait nécessairement subir les conséquences de cette parenté.

Le public fut donc assez indifférent à son apparition; et malgré des articles bien écrits et sagement pensés, qu'elle contenait parfois, cette feuille eut peu de succès. Ainsi qu'il arrive, souvent injustement, pour des enfants de parents mal vus, la réputation de son père l'avait tuée dès sa naissance.

Après ce temps d'arrêt dans notre récit, nous allons le reprendre où nous l'avons laissé.

CHAPITRE V.

SOMMAIRE.

L'Assemblée générale des délégués des communes. — M. Massot procureur général. — Attitude des colons. — Celle de l'Administration. — Programme de l'Assemblée générale. — Son Adresse et protestation. — Son mémoire au Commissaire général. — Elle nomme un comité permanent. — Retraite de la plupart de ses membres. — Rassurantes correspondances de Paris. — Dépêche du ministre Casy. — Résolutions du comité des colonies. — Ajournement de certaines mesures. — Commission instituée près du Ministère. — Utilité de l'Assemblée générale des délégués. — M. Auguste Brunet directeur de l'intérieur. — Les craintes du Commerce. — Le découragement de l'Agriculture. — Aspect général de la Colonie. — La corvette l'OISE est signalée. — Le Commissaire général est à bord. — Les superstitieux du Barachois.

I.

Le lecteur sait déjà que les délégués des communes s'étaient réunis le 31 juillet sous la présidence de M. Testart, leur doyen d'âge, dans un des salons de *l'Hôtel d'Europe*.

Ce local étant insuffisant pour contenir les cent et quelques membres dont se composait l'Assemblée et, à plus forte raison, le public avide d'assister à leurs délibérations, on fit choix de la salle *des pas perdus de la Loge* pour lieu ordinaire des séances.

On installa les bureaux dans l'un des bouts de la salle, on éleva quelques gradins dans l'autre pour le public, et le 1er août 1848, à midi, l'*Assemblée générale des délégués des communes* se constitua sous la présidence de M. Vinson père, ayant pour vice-présidents MM. Aubert, Ch. Robin et Sénac, et pour secrétaires MM. Alexandre de La Serve, Henry Reilhac, Nas de Tourris et Jules Hoarau.

Non-seulement les places réservées au public avaient été envahies, mais encore les abords du bâtiment de la Loge s'étaient peuplés d'une foule curieuse qui, à l'occasion, applaudissait du dehors aux paroles bien venues prononcées au-dedans; comme celles du Président de l'Assemblée par exemple, qui, dans son discours d'installation, donnait des conseils sages, préconisait la prudence, tout en traduisant les inquiétudes fondées des colons, tout en justifiant les élections et en délimitant le mandat que le Pays avait confié à ses représentants.

II.

Pendant que l'Assemblée générale des délégués constituait son bureau, la Cour d'appel procédait, de son côté, à l'installation de son nouveau Procureur général, M. Massot, qui occupait déjà ce même poste, à titre provisoire, depuis le départ de l'honorable M. Barbaroux pour la France.

Arrivé à Bourbon en 1843, en qualité de conseiller-auditeur, M. Massot, tout secondaire que fût cet emploi, devait cependant se faire remarquer à la Cour.

Ses collègues ne tardèrent pas, en effet, à constater son intelligence des affaires, sa connaissance des choses de la Justice et la sûreté de son jugement.

C'est ainsi que ses mérites, signalés au Ministère de la marine et des colonies, lui firent gravir en cinq années les divers degrés qui séparaient le modeste siége de conseiller-auditeur du fauteuil de Procureur général.

Nommé Procureur du Roi, le Ministre l'avait désigné pour remplacer le Procureur général en cas de congé; quand le nombre des substituts du parquet de la Cour fut porté à trois, le premier de ces emplois, qui équivalait à celui d'avocat-général, lui avait été conféré; enfin, remplissant par intérim les fonctions de Procureur général, le décret du 2 avril 1848 vint le confirmer dans cette position élevée.

On verra plus tard, ici même, que ce n'est pas seulement comme chef de la Justice que M. Massot devait être utile au Pays, mais surtout comme chef d'administration.

III.

La Colonie, une fois ses délégués réunis, sembla plus tranquille. Elle venait de placer une sentinelle avancée pour crier le qui-vive de la conservation au Commissaire général; elle croyait dès lors pouvoir, si non s'endormir dans la sécurité, du moins ne plus s'agiter dans l'inquiétude.

L'Autorité locale elle-même, reste d'un gouvernement qui avait été appelé *conservateur*, applaudissait presque à cette solennelle attitude que venait de prendre les colons, pour sauvegarder leurs droits de propriété ; attitude qui allait la décharger en quelque sorte, elle Autorité, d'une partie de sa responsabilité à venir.

Elle n'aurait eu, d'ailleurs, aucun prétexte plausible à faire valoir à l'encontre de la volonté générale qui s'était si souverainement manifestée.

En effet, il ne s'agissait pas de créer un pouvoir législatif. On n'avait même pas entendu remplacer le Conseil colonial par l'Assemblée des délégués ; et, loin de vouloir détruire, ou même modifier quelque chose de nos institutions, on n'avait pas de plus ferme désir, au contraire, que de les garder intactes jusqu'à nouvel ordre.

Dans ces termes, les délégués des communes, réunis en vertu du droit d'association, sorti pour tous les Français de la révolution de Février, restaient entièrement dans la légalité.

Ce que voulaient et demandaient les colons de l'île Bourbon, ils le voulaient avec la Justice, ils le demandaient avec le Droit.

Le Programme de l'Assemblée générale et son Adresse à l'Assemblée nationale le constatent formellement.

On va en juger par la lecture de ces deux documents.

Programme

de l'Assemblée générale des délégués des communes de l'île de la Réunion.

« L'Assemblée générale des délégués des communes de

l'île de la Réunion se doit à elle-même, doit au Pays qui l'a constituée, au Gouvernement local sous les yeux duquel elle siége, à la République française dont elle fait partie, de dire ce qu'elle est, ce qu'elle veut, ce qu'elle fera.

« Constituée en vertu du droit incontestable d'association qui appartient à tous les Français, elle est l'organe vrai et légitime de la Colonie, elle est le Pays tout entier épouvanté des conséquences d'une transformation sociale préparée loin de lui, et qui pourrait se faire sans transition chez lui, sans lui et malgré lui.

« Elle veut le maintien provisoire de ce qui est, le respect le plus absolu aux lois, aux autorités existantes; elle veut que, confiants en elle, tous attendent, dans le calme le plus complet, l'arrivée du Commissaire de la République.

« Elle fera tout ce qui lui paraîtra nécessaire aux intérêts du Pays dont elle défendra les droits, l'honneur et la dignité.

« L'Assemblée n'entend en aucune manière s'opposer, ni provoquer d'opposition à l'émancipation des noirs ; toutefois elle proteste, dès à présent, contre l'illégalité des décrets du 27 avril, rendus par un pouvoir incompétent. Ces décrets, quels qu'ils soient, ne pouvaient émaner que de l'Assemblée nationale composée des députés de la France et des colonies françaises, devenues parties intégrantes de la République.

« L'Assemblée générale déclare que l'émancipation des noirs, telle qu'elle a été proposée déjà par les colons eux-mêmes, telle qu'elle a été admise en principe par le Gouvernement déchu, c'est-à-dire avec une juste et préalable indemnité, condition essentielle de l'organisation du travail, est une mesure utile, opportune, désirée de tous, et pour l'application de laquelle le concours de tous est assuré.

« L'Assemblée générale, aussitôt l'arrivée du Commissaire de la République, lui enverra une députation pour l'assurer des dispositions du Pays. Elle lui offrira, au nom des colons, leur concours sincère, loyal, sans arrière-pensée, pour l'aider dans l'œuvre difficile de l'émancipation des noirs et de la transformation sociale du Pays.

« La députation emploiera tous ses efforts pour lui faire comprendre que ce concours sera d'autant plus efficace que les colons obtiendront de lui les garanties suivantes :

« 1° L'ajournement de la promulgation du décret d'émancipation, pour donner le temps de créer des salles d'asile, des hospices, des ateliers de travail et de discipline, et pour faciliter aux habitants l'entière entrée de la récolte ;

« 2° La convocation, avant l'émancipation, de tous les citoyens libres pour former, par la voie de l'élection la plus large, une Assemblée coloniale, afin de rendre plus efficace le concours offert, au nom du Pays, par l'Assemblée actuelle.

« 3° L'organisation immédiate dans toutes les communes des gardes nationales et des conseils municipaux, conformément aux lois actuelles de la République ;

« 4° Le maintien des institutions ainsi créées, avant l'émancipation, sans modifications aucunes, jusqu'à ce qu'il ait été statué par l'Assemblée nationale sur les réclamations des colons.

« L'Assemblée générale déclare qu'elle n'est animée d'aucune disposition hostile contre le Commissaire de la République. Inquiète de la précipitation avec laquelle les décrets du 27 avril ont été rendus par un pouvoir incompétent et à la veille d'expirer ; ignorant le nom, le caractère, les dispositions du Commissaire annoncé, la nature des instructions qu'il a reçues et de quel Gouvernement elles émanent ; redoutant pour le Pays l'exercice possible, quoique non probable, à son préjudice, du pouvoir dictatorial dont ce Commissaire est investi, elle a dû, pour ne pas être surprise, prévoir et résoudre les questions utiles au Pays dans des hypothèses probables et nées de l'examen des décrets. Elle se réserve de modifier et augmenter, suivant les circonstances, le nombre et la nature de ses réclamations.

« Dans le cas possible, mais peu vraisemblable, où le Commissaire de la République repousserait le concours et les justes demandes des colons, l'Assemblée, convaincue de l'extrême danger de la promulgation et de la mise à exécution immédiate des décrets, persistera dans l'attitude pacifique qu'elle adopte et déclarera au Commissaire d'une manière formelle :

« Que le Pays rejette sur lui la responsabilité de tous les désastres qui seraient la conséquence forcée de sa trop grande précipitation ;

« La ruine générale et complète de la population libre ;

« La souffrance et la destruction de la population nouvellement affranchie ;

« La cessation de tout commerce et de toute industrie ;

« La perte de tous les intérêts métropolitains engagés dans la question coloniale ;

« L'impossibilité matérielle d'acquitter les impôts, et par suite la désorganisation totale de la Colonie.

« Les demandes formulées plus haut seront faites au Commissaire muni de pouvoirs illimités : il peut les admettre ou les repousser.

« Dans la première hypothèse, concours loyal et dévoué à son administration, et sa mission sera facile, civilisatrice, glorieuse.

« Dans la seconde, la ruine et la destruction....... il assumerait en outre la responsabilité des actes auxquels pourraient se porter des hommes poussés au désespoir.

« L'envoyé de la République, quel qu'il soit, voudra conserver à la France le pays avec ses éléments de prospérité ; il comprendra l'utilité, la justice des réclamations des colons. La seconde hypothèse est prévue, parce qu'elle est possible ; elle n'est pas à craindre, parce qu'elle est improbable.

« L'émancipation des noirs doit être accompagnée d'une juste et préalable indemnité. Toute propriété est inviolable. Les colons n'ont pas fait l'esclavage, ils l'ont subi ; la propriété des esclaves créée, favorisée, encouragée par le Gouvernement de la Métropole au profit de ses armateurs, de ses constructeurs, de ses marins et de ses fabricants, est sacrée comme toutes les autres.

« Le principe de l'indemnité pour toute propriété enlevée à un citoyen dans l'intérêt de tous est de droit, il est dans la constitution politique et dans la loi civile.

« Les colons ne sont pas hors du droit ni hors la loi. L'indemnité est due, elle est reconnue, elle sera votée et payée.

« Dans le cas où, par impossible, le Gouvernement français refuserait aux colons l'indemnité pour leur donner ce qu'on appelle un dédommagement à titre d'aumône, l'Assemblée déclarerait que le Pays proteste par son organe contre un acte de spoliation odieux imposé par la force à la faiblesse, et dénoncerait cette infâmie au mépris du monde entier.

« L'Assemblée déclare que, dès à présent, elle entend s'occuper des questions suivantes :

« 1° Conservation du travail,

« 2° Organisation du crédit,

« Ainsi que des autres questions d'intérêt vital qui pourraient se présenter.

« Avant de se constituer pour l'avenir, il faut assurer le présent.

« C'est pour assurer la conservation de la propriété, l'existence de la famille qui ont paru menacées, que le Pays, mu par un sentiment unanime, s'est trouvé debout et a choisi ses représentants.

« L'Assemblée ne veut usurper aucun pouvoir. Fidèle

à son mandat, elle sera heureuse de remettre au Pays, dans des temps meilleurs et prochains, celui dont il l'a honoré.

« L'Assemblée, par mesure d'ordre et d'urgence, se déclare en permanence : elle siégera jusqu'au jour où sera constituée l'Assemblée coloniale définitive. »

Adresse et Protestation
à l'Assemblée nationale.

« Citoyens Représentants,

« Les habitants de l'île de la Réunion ont accueilli avec enthousiasme la nouvelle de l'avènement de la République.

« Ils comprennent tout ce que promet de bonheur au monde, la mise en pratique de sa glorieuse devise : *Liberté, Egalité, Fraternité*.

« Ces mots gravés au cœur, ils préparent depuis longtemps pour leur pays une régénération sociale désirée de tous, mais qui, pour être civilisatrice, devait être prudente et mesurée.

« Les colons n'ont pas fait l'esclavage : ils l'ont subi.

« Le Gouvernement l'a créé, entretenu, en favorisant par primes la traite des noirs, au grand profit des armateurs, constructeurs, marins et fabricants de la Métropole.

« Les hommes qui vous parlent par notre bouche, métropolitains et créoles, ont trouvé un état social tout constitué, qui donnait l'ordre, assurait le travail et l'industrie.

« Ils ont travaillé, commercé, acquis; et quoiqu'ils eussent des esclaves, ou plutôt parce qu'ils avaient des esclaves, ils ont été toujours charitables, bons, humains.

« Les colons sont étrangers à l'origine de la traite qui était une nécessité à l'établissement colonial et qui depuis a été qualifiée de crime.

« Ils étaient, ce qu'ils sont encore, gouvernés par des hommes qu'ils n'ont pas choisis, soumis à des lois qu'ils n'ont pas faites, souvent maltraités, toujours dévoués à la France.

« Menacés dans leur fortune par une industrie rivale, qui comptait des soutiens intéressés dans les Chambres et dans le Gouvernement; calomniés, dans leurs habitudes privées, par des écrivains abolitionistes qui ne les connaissent pas, et qui eussent trouvé en France tant de sujets d'application à leurs idées philanthropiques, ils n'ont point été admis à se défendre, ou leur défense n'a pas été écoutée.

« Déclarés suspects par le Gouvernement déchu, écartés des fonctions publiques, traités en ilotes par le Pouvoir, les colons avaient demandé une organisation nouvelle de leur pays, faite avec prudence, à la suite de laquelle ils espéraient rentrer enfin dans la grande famille française.

« La révolution de Février leur a répondu.

« Ses principes étaient les nôtres.

« Elle proclamait l'ordre, la liberté, le respect des propriétés et le maintien du travail.

« Nous avons soif d'ordre, nous ne voulons plus d'esclavage, le travail est un besoin pour tous.

« La déclaration de principes du Gouvernement provisoire, confirmée par la circulaire du Ministre de la marine, était pour nous l'annonce d'un avenir nouveau, plus prospère ; nous l'avons accueillie avec confiance.

« Nous obtenions enfin, ce qui avait été si souvent demandé, de n'être plus hors du droit commun de la France : nous devenions département français.

« Pourquoi ces espérances ont-elles été sitôt déçues ?

« Pourquoi la confiance des colons s'est-elle changée en inquiétude et en défiance ?

« Nous espérions, Citoyens Représentants, et nous avions le droit d'espérer, qu'il ne serait touché à l'état social, tout spécial de notre pays, que par le pouvoir constituant de la République, auquel nous participerons par nos députés.

« Il était convenable de ne rien faire sans nous.

« Il était utile de ne faire qu'avec nous.

« Les questions coloniales sont mal comprises en France; les hommes qui connaissent les colonies manquent dans le sein du Pouvoir exécutif.

« Nos députés eussent ouvert d'utiles avis et donné de sages conseils.

« Le Gouvernement provisoire a pensé autrement.

« Au moment de remettre ses pouvoirs à l'Assemblée nationale, il a rendu des décrets qui bouleversent notre ordre social et compromettent l'existence du Pays.

« Nous ne sommes plus à ses yeux — puisqu'il adopte le rapport de la Commission chargée de l'examen des affaires coloniales — des citoyens dignes de l'estime de la République, des membres de la grande famille française; nous sommes des hommes coupables du crime d'avoir possédé d'autres hommes, mis hors la loi, privés de l'exercice de la liberté, soumis au bon plaisir d'un proconsul pouvant disposer à son gré de notre existence et de nos fortunes.

« Le Pays tout entier, à la nouvelle des décrets du 27 avril, rendus contrairement aux promesses du 26 février, s'est levé comme un seul homme, et a nommé des représentants pour prendre en commun telles mesures qu'ils aviseraient dans l'intérêt de tous.

« Citoyens, nous sommes ces représentants, nous sommes réunis, nous avons rédigé notre programme, nous vous l'envoyons.

« Vous verrez que nous respectons le pouvoir de la Métropole; nous n'entendons faire aucun acte d'usurpation; nous sommes une association libre, nous attendons le Commissaire de la République; nous voulons lui offrir notre concours.

« C'est une œuvre difficile dont il est chargé.

« Seul, il succombera à la tâche.

« Avec le concours du Pays, qui veut la liberté des noirs, sa mission est facile; l'organisation nouvelle de la société coloniale s'opérera sans secousses et sans malheurs.

« Nos réclamations sont justes:

« Nous voulons le temps de terminer la récolte commencée, dont le produit doit assurer l'existence de tous pendant la durée de la crise, suspension ou relâchement du travail, suites inévitables de l'émancipation ;

« Nous voulons que les hospices, salles d'asile, ateliers de discipline, décrétés mais non existants, soient établis ;

« Nous ne voulons pas d'un proconsul.

« Disposés à faciliter de tous nos efforts l'œuvre de l'émancipation, nous voulons être consultés pour toutes les mesures à prendre.

« Nous sommes du pays ou dans le pays, préparés depuis longtemps aux graves questions du moment; nous allons au devant des volontés de la République : nous ne comprenons pas la défiance que nous pourrions inspirer.

« Il est dangereux pour la tranquillité du Pays, que des hommes sans instruction, sans morale, esclaves aujourd'hui, demain libres, soient armés et investis de droits politiques qu'ils ne comprennent pas et dont, mal conseillés, ils pourraient faire un funeste usage.

« Nous voulons immédiatement une Représentation locale élue par toute la population libre, et une garde nationale constituée d'après les lois de la République.

« Nous voulons, pour assurer le calme pendant le temps de transition, que les créations ainsi formées avant l'émancipation ne reçoivent aucune modification pendant cinq ans.

« L'indemnité nous est due.

« Nous avons acheté nos esclaves ;

« Nous avons contracté des obligations dont le capital social répondait ;

« Nous avons besoin de l'indemnité pour y faire face, sauvegarder notre honneur engagé à nos créanciers, acheter les vivres que nous ne produisons pas, assurer l'existence de nos familles et des esclaves affranchis, organiser le travail.

« La propriété de l'esclave a été établie par la loi ;

« Elle est garantie par la loi :

« Nous nous mettons sous la protection de la loi.

« Une loi nouvelle n'a pas d'effet rétroactif.

« Les gouvernements qui se suivent ou se remplacent sont solidaires du respect de la loi et du maintien des droits acquis.

« La République ne peut, sans cesser d'être honnête, ce qu'elle veut être comme l'a proclamé à votre tribune un des membres du Pouvoir exécutif, décréter que la possession de l'homme par l'homme est un crime ; que la propriété de l'esclave, créée par les lois de la Monarchie, n'a jamais pu exister et ne saurait constituer un droit au profit du maître.

« Les colons ne croient pas avoir commis un crime.

« L'esclavage est une organisation du travail, qui a eu ses avantages, qui a ses inconvénients.

« C'est une institution qui a créé des Etats puissants, enrichi le commerce européen, préparé à la civilisation des hommes arrachés à la barbarie.

« Elle a fait son temps.

« La société a marché.

« La science économique a formulé d'autres systèmes.

« Les colons sont prêts.

« Justice et liberté pour les noirs.

« Justice et liberté pour les blancs.

« Il faut organiser et ne pas seulement détruire.

« Surtout, il ne faut pas spolier.

« Les colons demandent l'indemnité comme un droit, ils ne l'implorent pas comme une aumône.

« Le principe de l'indemnité, pour les colons dépossédés, a été reconnu par le droit public européen, admis par le gouvernement déchu, proclamé et appliqué d'une manière large par le gouvernement aristocratique de l'Angleterre, même au profit des colonies conquises par elle.

« La République seule sera-t-elle injuste, spoliatrice, et, par un odieux abus de la force, consommera-t-elle la ruine des colonies?

« Non!

« Toutefois, les principes émis par des hommes qui sont au pouvoir;

« La précipitation avec laquelle le Gouvernement provisoire a rendu les décrets du 27 avril, comme pour placer l'Assemblée nationale en face d'un fait accompli, et permettre à sa responsabilité d'ajourner à des temps meilleurs et indéterminés le payement de l'indemnité;

« L'ordre d'armer les noirs, comme pour prêter main-forte aux Commissaires de la République, contre la résistance présumée des colons;

« L'état des finances de la France;

« Tout nous fait craindre que l'indemnité soit refusée, ne soit pas payée, ou soit rendue illusoire sous la forme d'un dédommagement injurieux, dont la réalisation n'arriverait jamais, si nous n'avions foi en la loyauté de la France.

« Citoyens Représentants, nous voulons une indemnité juste et préalable; elle ne sera pas, si élevée qu'elle soit, l'équivalent de la perte subie; nous sommes prêts à des sacrifices: nous aurons toujours de mauvais jours à passer.

« Nous demandons l'indemnité parce qu'elle nous est due.

« Nous la voulons parce qu'elle est nécessaire.

« Avec elle nous payons nos dettes, achetons nos vivres, organisons le travail.

« Sans elle pas de travail,

« Pas de vivres,

« Pas d'argent pour en acheter;

« La misère partout,

« La famine pour tous,

« Le pillage, l'incendie, la guerre intestine!

« Avec l'indemnité, l'émancipation donne à tous l'espoir d'un avenir heureux et prospère.

« Sans elle, la réforme est l'ouragan qui porte partout la dévastation et ne répand la vie nulle part.

« Citoyens, nous ne sommes pas des sujets prosternés et suppliants, aux pieds d'un monarque;

« Nous sommes des hommes libres, parlant à des hommes libres: notre langage sera compris.

« Ne nous poussez pas au désespoir !

« Citoyens, nous sommes et nous voulons rester Français. Les enfants de ce Pays ont versé leur sang, dans l'Inde sous Suffren, au Grand-Port sous Duperré, sur tous les champs de bataille de l'Empire ; les têtes de nos frères sont encore sans sépulture sur la côte impunie de Tamatave.

« Dites un mot, calmez nos légitimes inquiétudes, et la République n'a pas de citoyens plus dévoués que nous.

« Nous vous avons fait, Citoyens Représentants, le tableau vrai de ce qui se prépare pour ce malheureux pays si nos demandes sont repoussées ; nous ne pouvons l'envisager sans effroi.

« Nous protestons, dès à présent, à la face du monde, contre la spoliation dont nous serions victimes, et nous rendons responsables, vous, Citoyens, et le Gouvernement provisoire, des désastres qui en seraient la suite fatale et inévitable. »

VI.

Ce Programme et cette Adresse qui en était le corollaire, ne furent pas votés, toutefois, sans controverse, deux opinions opposées s'étant trouvées en présence, au sein de l'Assemblée.

Ainsi la minorité voulait tout accepter les yeux fermés; la majorité, au contraire, en acceptant d'une manière pleine et entière l'acte d'émancipation, ne pouvait cependant se résoudre à accueillir, sans protestation, certaines mesures insolites du Gouvernement provisoire.

L'Adresse à l'Assemblée nationale a été votée sous cette impression. Ici encore, le système de la *résistance brutale*, pour rappeler une expression alors consacrée, se faisait jour à travers les termes ménagés qu'on avait employés.

Aussi, les journaux de la Colonie, le *Journal du Commerce* excepté, et pour cause, désapprouvèrent-ils et le Programme et l'Adresse.

Nous ne rencontrons pas, quant à nous, dans ces deux écrits, bien que le mot *protestation* se lise en tête du dernier, les menaces que la presse locale assurait y trouver. Il y a loin de la revendication d'un droit et d'un appel fait à la justice d'une nation, il y a loin de là à des menaces.

Menacer qui, d'ailleurs? la Métropole? c'eût-été risible; résister à quoi? au décret d'émancipation? on l'avait accepté.

Mais pourquoi donc n'eût-il pas été permis à des colons, auxquels on enlevait une propriété légale, de se plaindre de n'avoir pas été appelés à débattre leurs intérêts? Quel crime y avait-il donc de la part de Français, partie intégrante de la nation, bien qu'éloignés de leur métropole, de rappeler à un pouvoir qui était né la veille et qui allait mourir le lendemain, la précipitation inouïe qu'il avait apportée dans la mesure la plus grave qu'il pût prendre à leur égard?

Non ! assurément. Les reproches, les plaintes des habitants de Bourbon acceptant l'émancipation qui allait les dépouiller, mais appréhendant les conséquences d'un tel acte ; non, ces reproches et ces plaintes, se produisissent-ils même sous forme de protestation, ne pouvaient être des menaces !

Nous ne pensons pas devoir nous appesantir davantage sur l'opinion que les journaux de la Colonie ont formulée à ce sujet ; comme nous ne croyons pas également, après la reproduction du Programme et de l'Adresse que l'on vient de lire, qu'il soit nécessaire d'entrer dans de plus longs développements sur les travaux préliminaires de l'Assemblée des délégués.

Ces travaux ne donnèrent lieu, du reste, qu'à des discussions fort paisibles, tout important qu'en était l'objet. Et il ne pouvait en être autrement, puisqu'il s'agissait de questions touchant à la conservation du travail, à la création d'ateliers de discipline, à la réorganisation de la police, à l'introduction des travailleurs libres, toutes choses sur lesquelles les propriétaires avaient des idées conformes, et peu faites, dès lors, pour soulever entr'eux des contestations.

VII.

En même temps qu'elle examinait ces diverses questions, l'Assemblée avait nommé une Commission spéciale pour préparer un *mémoire* à présenter au Commissaire général, aussitôt après son débarquement à Saint-Denis.

Ce document, le plus important, évidemment, de tous ceux qui sortirent de la salle de la Loge, répondait-il à la pensée publique? Etait-il cet exposé sérieux et raisonné que le Pays attendait de ses délégués? Etait-ce là ce flambeau qui devait éclairer les écueils au milieu desquels, pour nous servir d'une métaphore classique, le Commissaire général aurait à gouverner le vaisseau colonial?

Nous ne le pensons pas.

Il ne s'agissait point, en effet, dans les graves conjonctures où se trouvait le Pays, de viser à faire de l'économie politique. Il ne suffisait pas de déplorer, dans une phraséologie plus ou moins récriminatoire, les mesures que le Gouvernement provisoire avait décrétées, on pourrait dire, contre nous; la logique et la prudence commandaient d'autres soins aux représentants des communes.

Certainement qu'il fallait édifier le Commissaire général sur l'état moral, politique et financier de notre île, et éveiller sa sollicitude sur ces divers points. Mais le mandat donné aux délégués ne devait pas s'arrêter là.

Ce qu'il importait d'indiquer au nouveau chef de la Colonie, c'était les moyens par lesquels il pourrait nous faire échapper aux terribles conséquences dont nous menaçait l'exécution de certains décrets de la Métropole.

Et c'était justement ce que le *mémoire* avait omis d'indiquer. Il est vrai qu'on devait le compléter par des explications verbales, mais les paroles s'envolent.

Les délégués, dans cet aperçu délayé de notre situation d'alors, avaient traduit l'émotion pénible des colons ; ils avaient reproché la précipitation avec laquelle on avait, sans leur intervention, disposé de leur propriété ; ils avaient énuméré les motifs de nos griefs, montré la légitimité de nos plaintes ; mais ils n'avaient pas offert au Commissaire général, pour parer aux éventualités du moment, ou pour conjurer les embarras à venir, ils ne lui avaient pas offert le moindre palliatif, le plus petit remède, pas même un expédient ingénieux.

VIII.

Nulle part, en effet, dans cette espèce de factum, vous ne rencontreriez un avis, un conseil, un moyen quelconque de tempérer l'inconséquence des décrets métropolitains destinés à la Colonie.

Ce document si important avait été voté, il est vrai, presque sans discussion, et au pas de course, par une partie seulement de l'Assemblée, la plupart des délégués, propriétaires dans des communes éloignées du chef-lieu, ayant déjà regagné leurs foyers qu'ils avaient quittés il y avait près d'un mois.

L'Assemblée adopta donc avec empressement ce long mémoire. Après quoi elle nomma, pour le présenter au Commissaire général, une députation composée de MM. Vinson, Auber, Sénac, Ch. Robin, A. de La Serve, Nas de

Tourris, Jules Hoareau, Paul Reilhac, Testart, Classun, Prosper de Greslan, Toulorge, Imhaus, E. Lafon, Delisle; de Kvéguen aîné, Bérard, Camille Deshayes et Marcelin Galon.

Hormis ces dix-neuf membres, les autres retournèrent sous leur toit, comme on y retourne après un devoir qu'on a eu hâte d'accomplir.

IX.

Ainsi se dispersèrent les délégués des communes, beaucoup se déclarant satisfaits, un plus grand nombre se croyant impuissants.

Et le Pays, avec cette vieille devise des honnêtes gens : « Fais ce que dois, » attendit, dans une attitude réfléchie, celui aux mains duquel sa fortune avait été remise.

Les correspondances particulières, reçues récemment de Paris, avaient d'ailleurs ramené un peu de confiance dans les esprits. Elles rassuraient les colons sur le caractère de M. Sarda-Garriga, en même temps qu'elles annonçaient les résolutions du Comité des colonies qui demandait : 1° une indemnité de 750 francs par tête d'esclave et payable en argent, immédiatement ; 2° une prime à l'introduction des riz dans la Colonie ; 3° une diminution des droits de douane sur les sucres à leur entrée en France ; 4° l'établissement d'un comptoir d'escompte ; 5° la faculté de prendre des travailleurs engagés *partout où l'on aurait voulu*.

Ces correspondances affirmaient, en outre, que le décret relatif à la garde nationale, c'est-à-dire à l'armement des nouveaux affranchis, avait été suspendu par des ordres formels, et qu'on sollicitait, avec l'espoir d'un succès, l'abandon ou l'ajournement de cette menaçante enquête sur les esclaves introduits depuis la loi de 1817, relative à la traite des noirs.

Enfin le Ministre de la marine, M. Casy, faisait connaître de son côté au Gouverneur qu'une commission avait été instituée auprès de son département, afin de présenter les propositions à soumettre à l'Assemblée nationale pour le réglement de l'indemnité. Dans cette commission, où se retrouvait encore M. Schœlcher, figurait heureusement notre compatriote, M. Hubert-Delisle, nommé représentant du peuple par le département de la Gironde.

Ces nouvelles étaient donc rassurantes, si l'on considère combien celles reçues précédemment avaient jeté de trouble et d'inquiétude parmi nous.

X.

C'est ici le lieu de se poser cette question diversement résolue alors, à savoir : si l'Assemblée générale des délégués avait accompli la mission que le Pays lui avait confiée; si elle avait, non pas tenu à ses promesses, elle n'en avait pas eu à faire, mais pris des mesures pour assurer l'avenir colonial.

Quelques-uns des organes de la publicité avaient répondu négativement à cette question, en déclarant que l'Assemblée n'avait rien fait; qu'elle s'était donnée elle-même son brevet d'incapacité et d'impuissance par la retraite volontaire du plus grand nombre de ses membres.

Nous ne trouvons pas ce jugement équitable; ce n'est pas à ce point de vue qu'il est judicieux d'examiner les résultats des délibérations de cette Assemblée. Ce n'est pas sur ce qu'elle a fait, mais bien sur ce qu'elle a empêché de faire, qu'il y a lieu de raisonner.

Il convient, dès lors, de se reporter aux circonstances dans lesquelles les délégués des communes ont été nommés.

D'abord, les électeurs ne leur avaient donné, proprement dit, aucun mandat, puisqu'on ne pouvait savoir ce qui allait sortir de la situation. De leur côté, et par la même raison, eux les délégués, ils n'avaient pu faire aucune promesse.

La Colonie venait de recevoir des nouvelles alarmantes, la population était inquiète, des clubs s'étaient formés à Saint-Denis et à Saint-Paul, on parlait d'en former dans les autres communes également, on disait déjà que les noirs eux-mêmes, à l'instigation de quelques ambitieux ou de quelques individus sans aveu, avaient des réunions clandestines, la nuit, dans certains lieux retirés de la ville; d'un moment à l'autre il pouvait surgir de cet état de choses quelques complications intestines que le moindre malentendu, la plus petite inconséquence pouvait provoquer; que des ambitions auraient favorisées, ou que de dangereuses impatiences auraient pu faire naître.

En l'état, il était donc aussi opportun qu'il était urgent de calmer les agitations, de quelque part qu'elles vinssent, de fermer la porte aux ambitions et d'enrayer les impatiences.

XI.

L'idée de constituer une Assemblée générale vint juste à ce moment critique. On peut dire qu'elle fut aussi politique qu'ingénieuse. En faisant nommer les délégués au moyen du vote universel, les intérêts du Pays entier allaient se trouver représentés ; car si l'élément esclave ne pouvait entrer dans ce grand comice colonial, la présence des ecclésiastiques qui y étaient appelés, des ecclésiastiques que les noirs nommaient *leurs pères* et qui avaient toute leur confiance, devait les rassurer complètement sur les faits et gestes des maîtres.

La formation de l'Assemblée générale eut ainsi pour effet immédiat de faire fermer les divers clubs ouverts dans la Colonie et qui pouvaient, à ce moment où le calme était le plus impérieusement commandé, fournir des causes d'agitation à la population blanche et des sujets d'inquiétude aux noirs. Constituée comme elle l'était, avec les éléments pris dans toutes les communes de l'Ile, elle réunit les diverses opinions qui, en s'éparpillant, auraient pu fractionner le Pays : elle fit avorter de la sorte, dans le sein même des deux populations qui devaient indubitablement leur donner le jour, d'une part les désirs subversifs, de l'autre les propositions dangereuses.

Tel a été le résultat — dont l'importance ne peut être contestée aujourd'hui — de l'heureuse pensée de former une Assemblée générale. Ceux qui ont réalisé cette pensée, ont donc bien mérité de la Colonie, non pour ce que l'Assemblée générale a fait, mais, nous le répétons, pour ce qu'elle a empêché de faire.

XII.

Pendant que cette Assemblée se démembrait de la façon que nous avons indiquée plus haut, laissant à la députation spéciale qu'elle avait nommée le soin de renseigner le Commissaire général sur la situation de la Colonie, M. Auguste Brunet, nommé Directeur de l'intérieur par arrêté ministériel du 27 avril 1848, entrait en fonctions.

Ce n'était pas sans quelque hésitation que M. Brunet prenait possession de cet emploi. Avocat très-occupé, jouissant d'une grande popularité, surtout dans une certaine classe de la population coloniale, il appréhendait non-seulement la responsabilité qui lui incomberait dans l'administration des affaires du Pays, au moment où des embarras de toutes natures devaient se produirent fatalement, mais encore il comprenait que l'abandon de son cabinet allait mettre en souffrance ses intérêts particuliers. Il pouvait craindre également pour la popularité que son indépendance d'avocat lui avait conquise, mais que ses devoirs de fonctionnaire gêneraient infailliblement.

Aussi, aurait-il refusé, disait-on, cette haute position que son frère, M. Sully Brunet, avait sollicitée pour lui, à Paris, et que M. Schœlcher lui avait fait octroyer comme un gage de souvenir républicain offert aux abolitionistes d'outre-mer, si la plupart de ses amis n'avaient trouvé, pour la lui faire accepter, une foule de considérations spécieuses.

On avait fait appel à son patriotisme, en lui assurant que personne n'était mieux placé que lui pour être utile à son pays, dans les circonstances difficiles qui se présentaient.

Ses ennemis n'en disaient pas autant; loin de là. Ils n'attendirent même pas qu'il fût à l'œuvre pour le juger. Les armes forgées par le *Journal du Commerce* leur servirent à souhait pour blesser l'amour-propre du nouveau Directeur de l'intérieur.

Déjà ils affirmaient que M. Auguste Brunet ne serait pas à la hauteur de ses fonctions. Ils lui accordaient, comme avocat, d'être versé dans la procédure, d'être familiarisé avec les questions de droit; mais ils lui déniaient la connaissance des affaires administratives.

Ils lui reconnaissaient toutes les vertus de l'homme privé, mais il lui refusait les qualités de l'homme public. Ses amis répliquaient qu'il s'était constamment occupé des questions coloniales, ayant fait partie, depuis vingt ans, de toutes nos assemblées délibérantes et participé ainsi à l'administration de la Colonie.

XIII.

M. Auguste Brunet succédait à M. de La Salle rappelé en France. Ici encore la malveillance se donna carrière. Elle disait que M. Brunet n'était pas étranger à ce rappel de l'ancien Directeur de l'intérieur. Elle citait, à ce propos, un article du journal clandestin *Le Cri Public*, publié à la fin de l'année 1847 et intitulé : *M. le Directeur de l'intérieur et l'adjudication des Guildives*, article qui avait motivé, affirmait-on, la mesure prise à l'égard de M. de La Salle. Il va sans dire qu'on l'attribuait à M. Brunet qui aurait ainsi employé, pour supplanter son prédécesseur, les perfides moyens du système « ôte-toi de là » inventé par les intrigants émérites.

Non, l'article publié contre M. de La Salle n'était pas de M. Auguste Brunet. Bien plus, il avait refusé de voter son insertion au *Cri Public* dont il était alors l'un des directeurs. N'ayant pu le faire supprimer en entier, il avait obtenu qu'on le modifiât. Une note mise au bas, note injurieuse pour plusieurs conseillers coloniaux, et déjà imprimée, avait, sur ses instances, été effacée au moment même de la distribution du journal.

Voilà comment des actes louables peuvent avoir, pour leur auteur, des effets injurieux.

Quant à M. de La Salle, il a laissé dans la Colonie, en dépit du journal *Le Cri Public*, la réputation d'un administrateur distingué à plus d'un titre.

XIV.

Nous avons conservé toute sa crudité à l'opinion exprimée contre M. Auguste Brunet, afin qu'elle montrât elle-même son exagération.

En vain des hommes bien pensants, des cœurs généreux voulurent-ils arrêter les fâcheux effets d'un pareil jugement. En vain firent-ils ressortir tout ce qu'il y avait d'impolitique à regretter une nomination échue à un créole, alors qu'on n'avait cessé jusque-là de reprocher à la Mère-Patrie de nous tenir constamment éloignés des charges de l'État. Rien n'y fit.

Nous verrons plus tard si M. Auguste Brunet a eu lieu de se féliciter d'avoir quitté le Palais de Justice pour l'Hôtel de la Direction de l'intérieur.

XV.

Malgré les controverses dont la nomination de notre compatriote à un poste aussi important avait été l'occasion, le Pays était trop préoccupé de l'arrivée du Commissaire général, attendu d'un moment à l'autre, pour garder longtemps l'émotion causée par cet incident secondaire.

L'agitation intérieure qui avait remué pour un instant notre petit coin de terre, s'était d'ailleurs éteinte dans un malaise général, le Commerce, devenu craintif, ne voulant plus courir les chances d'aucune opération lointaine, et l'Agriculture, dans son découragement, n'entreprenant rien au-delà de la récolte commencée.

Cependant la population, qui ne continuait pas moins à se fractionner, arrivait petit à petit à former deux camps bien distincts, non par le fait de la politique, puisqu'il n'y en avait qu'une seule et unique pour tous les colons, celle de préserver la Colonie des désastres dont elle était menacée, mais par le froissement des amours-propres et la jalousie des ambitions.

XVI.

Tel était l'aspect général que présentait l'île Bourbon, quand le 13 octobre 1848 la vigie du Cap Bernard signala « un navire de guerre. »

Quelques heures plus tard, la corvette *l'Oise*, commandée par le capitaine de vaisseau Febvrier-Despointes, jetait l'ancre en rade de Saint-Denis, tout près du rivage, en face même du pont débarcadère. Le Commissaire général était à bord. Une grande partie de la population afflua vers le Barachois.

XVII.

C'était vers six heures du soir, le temps était magnifique, et les derniers rayons du soleil couchant empourpraient l'horizon occidental de telle sorte qu'il semblait qu'un immense incendie enflammait un coin du ciel, là bas, par delà l'océan.

Et l'on aurait pu dire que la nature avait voulu favoriser l'arrivée de M. Sarda-Garriga, si parmi la foule des spectateurs stationnant sur la plage, quelques personnes n'avaient fait remarquer que ce jour là était un *vendredi* et le *13* du mois.

La molle brise qui régnait alors prêtait encore aux effets du hasard : elle avait enroulé le pavillon de la corvette à la corne du mât d'artimon, pour ne laisser voir qu'une seule de nos couleurs nationales.

Cette espièglerie du zéphyr avait fait du glorieux drapeau tricolore un effroyable drapeau rouge.

Ainsi le jour de la semaine, le quantième du mois, la couleur du pavillon de la corvette, le vent lui-même et jusques aux rayons sanglants du soleil, tout fournissait des sujets de remarques aux superstitieux du Barachois.

Mais, comme pour effacer ces fâcheux pronostics, la corvette, calme et gracieuse, se balançait coquettement sur des flots tranquilles et sous un ciel d'azur......

FIN DE LA PREMIÈRE PARTIE.

DEUXIÈME PARTIE.

CHAPITRE Ier.

SOMMAIRE.

Arrivée du Commissaire général. — Réception qu'on lui fait. — Sa proclamation. — Attitude des deux populations. — Les délégués des communes. — Enregistrement du décret d'émancipation. — Protestation de l'Assemblée des délégués. — Divers décrets inexécutables. — L'impôt sur les rhums. — L'arrêté sur les engagements de travail. — M. Massot. — M. Auguste Brunet. — Projet de décret pour le règlement de l'indemnité.

I.

Le 14 octobre 1848, à huit heures du matin, le Commissaire général de la République avait quitté la corvette *l'Oise*, mouillée la veille au soir sur la rade de Saint-Denis.

Au bruit du canon qui saluait son arrivée, une foule considérable de spectateurs appartenant à toutes les classes de la population accourut au Barachois et couvrit le rivage.

M. Sarda-Garriga, monté dans le canot-major de la corvette, aborda au pont débarcadère où l'attendait le Conseil municipal. Le premier adjoint du Maire, M. Candide Azéma, le complimenta en ces termes:

« Citoyen Commissaire général,

« Le Conseil municipal de Saint-Denis vient rendre hommage au Représentant de la France républicaine, et vous dire ce que toute la population attend et espère de votre mission.

« Cette mission est de la plus haute importance.

« Vous venez inaugurer chez nous toute une transformation sociale, et la situation dans laquelle vous trouvez la Colonie que vous êtes appelé à administrer, après l'avoir réorganisée, est la plus grave, la plus difficile, la plus décisive où jamais elle ait été placée.

« Vous avez, nous n'en doutons pas, citoyen Commissaire, étudié trop loyalement les questions coloniales, pour que nous ne soyons pas persuadés que vous apporterez dans l'œuvre délicate qui vous est confiée, toute la prévoyance et toute la maturité qu'elle commande.

« Aucune des idées larges, généreuses, réellement philanthropiques que la Révolution de 1848 a fait surgir n'est étrangère aux colons de l'île de la Réunion.

« Ils en avaient prévu l'application au régime colonial, et ils sont prêts à en faciliter le succès de tous leurs efforts.

« Ils espèrent que ce grand changement confié à votre sagesse et à votre habileté s'effectuera sans perturbation, et que personne n'aura à en regretter les conséquences.

« Vous pouvez compter sur le concours loyal de notre population. Elle est trop éclairée et trop intelligente pour ne pas comprendre le besoin de se rallier à vous, et de vous seconder en tout pour le bonheur du Pays.

« Elle compte donc sur votre prudence et, au besoin, sur votre fermeté.

« VIVE LA RÉPUBLIQUE. »

II.

Le Commissaire général, après avoir répondu à cette allocution par de rassurantes paroles, se rendit à l'hôtel du Gouvernement, marchant au milieu d'une haie formée par des miliciens et par des soldats. Il était accompagné du Conseil municipal, de l'aide-de-camp du Gouverneur et des états-majors de la milice et de la garnison.

Bien que la foule qui se pressait sur son passage dût être agitée par des impressions diverses ; bien que l'apparition sur nos bords d'un pareil envoyé, fût tout à la fois le triomphe des négrophiles et la défaite définitive du vieux colonialisme, les blancs et les noirs, témoins intéressés de ce mémorable débarquement, continrent cependant assez leurs sentiments pour ne point les laisser éclater. Cette multitude resta émue mais silencieuse et grave.

III.

M. Graëb reçut son successeur, selon l'usage, au perron de l'hôtel, et une fois arrivé dans le salon officiel, il lui présenta les membres des différents corps constitués, dont il était entouré.

Puis l'ancien et le nouveau Gouverneur, encore selon l'usage établi, allèrent passer en revue et la milice et les troupes de la garnison réunies sur la place du Gouvernement, qui offrait un coup d'œil des plus animés.

Sur le mur élevé en forme de gradin autour de ce petit champ de Mars, se montraient des figures de toutes les couleurs, sous des coiffures de toutes sortes.

Quelques dames de la société avaient voulu, elles aussi, voir de leurs propres yeux, entendre de leurs propres oreilles ce républicain que nos vieux créoles croyaient venu directement du club des Jacobins.

IV.

M. Sarda-Garriga, parcourant la place, pouvait être parfaitement vu du lieu élevé où la population se trouvait agglomérée. Aussi tous ceux qui ont assisté à la revue du 14 octobre 1848, ont-ils gardé dans la mémoire les traits de sa personne et l'arrangement de son costume.

C'était un homme aux larges épaules, paraissant âgé de 45 à 48 ans. Le regard brillant de ses yeux noirs, sous des sourcils prononcés, donnait à sa physionomie quelque chose d'énergique heureusement tempéré par un sourire fréquent.

Son buste long et fort lui faisait une désinvolture

lourde, malgré ses mouvements vifs et presque brusques. Il portait les cheveux bouclés, tombant sur le cou, à la façon de ceux des républicains du Directoire.

En somme il avait une belle tête, rappelant beaucoup celles que nous connaissons par les gravures de quelques célébrités de la Convention; mais cette ressemblance n'effrayait pas trop; on se souvenait que plus d'un de ces fiers tribuns, après avoir été des torches incendiaires et des marteaux de démolitions à la tribune, se trouvaient être souvent des hommes doux et sensibles, rentrés dans leurs foyers.

V.

M. Sarda portait un habit noir, boutonné sur un gilet blanc, coupé à la mode de 93, dont les revers révolutionnaires s'étalaient en éventail sur sa poitrine.

Ajoutez, pour compléter ces détails de costume, un chapeau rond à la forme haute, aux bords démesurément retroussés; une écharpe tricolore passée en sautoir; à la boutonnière le *chou* ponceau des représentants du Peuple, et vous aurez l'ébauche fidèle du portrait en pied de M. Sarda-Garriga, le jour de son débarquement à l'île Bourbon.

Il n'y avait pas assurément grande distinction dans son maintien; mais on y rencontrait une certaine étrangeté qui ne déplaisait pas, mêlée à l'air de franchise qui régnait dans toute sa personne.

Du moins, voilà ce que traduisaient les murmures qu'on entendait, çà et là, autour de la place du Gouvernement.

Après avoir vu le Commissaire général, on ne craignait plus un sectateur de Robespierre; après l'avoir entendu, on espérait presque un émule de Labourdonnais.

Nous saurons lequel, du démolisseur ou de l'organisateur, il devait prendre pour modèle : si c'était le politique douloureusement célèbre par ses crimes, ou l'administrateur doublement illustre par ses travaux et ses malheurs.

VI.

Cette mémorable journée se termina, pour le Commissaire général, par un banquet que lui offrit M. Graëb et par une sérénade que les musiciens de la milice avaient improvisée à son intention.

Le lendemain, dimanche, jour de la fête patronale de la ville de Saint-Denis, il fut reçu à la porte de la Cathédrale, sous le dais, et salué d'une harangue de bien-venue prononcée solennellement par le Préfet apostolique.

On n'avait donc tenu aucun compte du caractère républicain dont le nouveau Chef de la Colonie était revêtu, et qui, aux yeux de certaines personnes, devait faire exclure à son égard le cérémonial en usage sous la Monarchie, pour l'installation des gouverneurs coloniaux. On lui avait prodigué toutes les démonstrations prescrites par les règlements et la bienséance.

Aussi, avec le calme qui régnait dans la cité, l'arrivée du Commissaire général au milieu de notre population, ressemblait-elle, en tout point, à celles de ses prédécesseurs. M. Sarda fut dès lors complètement rassuré sur les dispositions des colons, et il crut qu'il ne lui suffisait pas de les en remercier seulement par des paroles dites dans des conversations particulières et empreintes, du reste, du plus chaleureux dévouement à la Colonie; il voulut en outre, d'une manière générale et plus officielle, donner à son tour au Pays un témoignage des bonnes intentions dont il était animé. Il fit en conséquence publier le 17 octobre une *Proclamation* dont voici le texte.

RÉPUBLIQUE FRANÇAISE.

Liberté, Égalité, Fraternité.

« Chers concitoyens mes amis,

« Organe de la République et dépositaire de ses pouvoirs, j'arrive au milieu de vous, non pour assister à la décomposition de votre société, mais pour l'organiser dans une pensée d'union, de fraternité et dans des vues d'ordre, de prospérité et de développement agricole.

« Notre révolution si pure trouvera, dans ce beau pays, de l'imitation, de chaleureuses sympathies.

« Je sais combien, dans des temps difficiles et à ces époques de luttes terribles entre les nations, la Métropole a rencontré de ressources dans le patriotisme et la bravoure des créoles. Je sais aussi que j'y trouverai moi-même, au besoin, le secours de ces nobles sentiments de dignité nationale.

« La France nouvelle, enfin dégagée de tout intérêt dynastique, ne consultera plus désormais que ce qui est droit, que ce qui est justice.

« Toutefois, en présence d'une paix que la grande politique de la République tend à consolider de plus en plus, c'est aux pacifiques et douces inspirations de vos cœurs que je fais appel aujourd'hui. Oui.... appel à vous tous, colons déjà libres et colons qui le serez bientôt, car Dieu vous a créés frères et je vous confonds dans mon affection.

« Je compte sur votre concours loyal, propriétaires du sol et industriels.

« Je compte sur vous aussi, hommes de labeur jusqu'ici asservis.

« Si ceux qu'une triste classification avait constitués les maîtres doivent apporter un esprit de fraternité et de bienveillance dans leurs rapports avec leurs anciens serviteurs, s'ils doivent être animés de sentiments de charité chrétienne pour les malheureux que l'âge et les infirmités accablent.... n'oubliez pas, vous, frères qui allez être les nouveaux élus de la cité, que vous avez une grande dette à payer à cette société dans laquelle vous êtes près d'entrer. La liberté, c'est le premier besoin de l'humanité, oui ; mais ce suprême bienfait impose d'importantes obligations : la liberté élève le travail à la hauteur du devoir. Etre libre, ce n'est pas avoir la faculté de ne rien faire, de déserter les champs, les industries. Etre libre.... c'est l'obligation d'utiliser son temps, de cultiver son intelligence, de pratiquer sa religion. Le travail, en effet, est une mission imposée à l'homme par Dieu : il le relève à ses propres yeux, en fait un citoyen ; il l'appelle à fonder la famille.

« Ecoutez donc ma voix, mes conseils, moi qui ai reçu la noble mission de vous initier à la liberté.... Si, devenus libres, vous restez au travail, je vous aimerai ; la France vous protégera. Si vous le désertez, je vous retirerai mon affection ; la France vous abandonnera comme de mauvais enfants.

« Je fais publier les institutions que la République destine à ce pays. Je ne les considère que comme les premiers pas dans la voie d'une complète assimilation avec les institutions de la mère-patrie. Quand cette terre si éminemment française ne portera plus d'esclaves, elle formera, j'en ai l'assurance, dans la grande unité nationale, un département d'outre-mer gouverné par les lois générales de la Métropole.

« Et vous qui allez bientôt recevoir de ma main, comme un présent de la France régénérée, la liberté que vous méritez si bien, vous n'aurez que deux mois à attendre l'avènement du jour si solennel qui vous fera citoyens.

« Patience donc et confiance. J'irai sous peu vous voir dans vos ateliers, connaître le Pays et ses besoins.

« Chers concitoyens, le Gouvernement provisoire, en décrétant l'abolition immédiate de l'esclavage, a consacré votre droit à l'indemnité. J'ai la confiance que l'Assemblée nationale, dans laquelle vous comptez de nombreux amis, achèvera généreusement cette œuvre.

« Je puis vous donner l'assurance que le Gouvernement s'occupe avec sollicitude de l'établissement de banques locales et de la diminution du tarif de vos sucres.

« Depuis longtemps déjà les bras font défaut à votre agriculture ; ce sera l'objet de mes constantes préoccupations.

« Bientôt la Colonie sera appelée à élire ses représentants ; que leur vie soit soumise à un examen équitable et sévère.

« De cette épreuve solennelle sortiront, je n'en doute pas, des hommes sincèrement dévoués à la République et aux fortes institutions qu'elle nous prépare.

« Fonctionnaires de tous rangs, vous aurez à me seconder. J'ai le droit de vous demander du zèle sans hésitation, car la République veut être servie avec dévouement et sans arrière-pensée. Je donnerai l'exemple, en la servant moi-même avec bonté comme sans faiblesse.

« Ministres du Christ, nous avons à accomplir une œuvre de moralisation et de civilisation. Que le zèle dont vous avez donné tant de preuves dans votre rude apostolat se ravive, s'il en était besoin, au souvenir de ce prélat que la République vient d'inscrire au nombre de ses saints. J'ai foi en vous, comptez sur moi.

« J'ai salué la vue de ce pays avec bonheur. Mon âme, en proie aux émotions les plus vives, s'est ouverte à l'espérance de faire votre bien. Permettez donc, mes chers compatriotes, qu'en acclamant ces paroles : *Vive la République*, je vous remercie avec effusion de l'accueil cordial que j'ai reçu de vous.

« Grâce à la confiance que le digne Gouverneur auquel je succède, avait su vous inspirer, grâce à la patriotique résignation des maîtres et aussi à la sagesse et au bon sens de la population esclave, j'ai trouvé votre colonie calme et tranquille ; je n'ai entendu partout que des paroles de concorde et de fraternité.

« Gloire et merci à vous tous, mes chers concitoyens ! Cette paix est votre ouvrage ; c'est à vous que vous devez la sécurité de vos familles.

« Le concours que toutes les classes de la population m'ont si spontanément offert, m'est un gage certain que l'alliance de l'ordre et de la liberté cimentée par le travail est enfin fondée dans votre belle colonie. Remercions-en l'auteur de toutes choses, et soyons toujours dignes de la protection qu'il accorde à vos heureux climats, en consolidant par nos efforts fraternels l'établissement de la nouvelle société coloniale.

« VIVE LA RÉPUBLIQUE ! VIVE LA COLONIE !

« *Le Commissaire général de la République,*

« SARDA-GARRIGA. »

VII.

De nombreuses visites furent faites au nouveau Gouverneur pendant les deux jours qui suivirent son débarquement. La Commission des délégués, chargée de lui présenter le mémoire dont nous avons parlé au chapitre précédent, eut également son audience.

Il la reçut d'une façon très-courtoise et écouta avec beaucoup d'attention les observations qu'elle lui adressa. Mais il ne voulut pas, contrairement à ce qu'elle lui demandait, reconnaître l'Assemblée générale des délégués des communes ni retarder l'heure de l'émancipation jusqu'à l'entier achèvement de la récolte commencée.

C'est en vain que les délégués firent valoir leur expérience, leur bon vouloir et lui démontrèrent le parti qu'il pouvait en tirer; le Commissaire général, tout en acceptant leur concours officieux, qu'il avouait devoir lui être profitable, se retirait derrière ses instructions pour refuser leur intervention officielle dans les affaires administratives; intervention qui, une fois acceptée par lui, deviendrait, pensait-il, quelque chose émanant d'un pouvoir, c'est-à-dire justement ce qu'il ne voulait pas. Il ne niait point que leurs avis pourraient être utiles à son administration, il les sollicitait même; mais en présence des ordres formels de la Métropole, touchant la dissolution du Conseil colonial, il ne pouvait recevoir ces avis que de leur dévouement de propriétaires et non de leur titre de délégués du Pays.

VIII.

De là un certain mécontentement chez quelques-uns de ceux que nous appellerons les membres de la Commission du mémoire. L'un d'eux, M. Prosper de Greslan, traduisit ce mécontentement dans un article de journal qui d'ailleurs ne manquait pas de portée, en raison des circonstances au milieu desquelles se produisait le refus du Commissaire général. Il répétait cette question que chacun s'adressait alors : M. Sarda voulait-il accomplir avec le concours des colons bien intentionnés, l'acte important qu'il était chargé de mettre à exécution, ou entendait-il agir sous ses seules inspirations ? « Le *Journal du Commerce*, écrivait M. de Greslan, ne peut que protester contre les deux résolutions importantes émanées de l'hôtel du Gouvernement, et par lesquelles M. le Commissaire général Sarda-Garriga a inauguré la prise de possession de ses pleins pouvoirs.

« Ces deux résolutions sont celles-ci : le refus de fixer la libération définitive des travailleurs encore esclaves, sans autre retard, à l'époque précise où la récolte sera achevée ; le refus d'autoriser provisoirement la Colonie à se mettre légalement en rapport avec lui par l'intermédiaire d'une Représentation directe et régulière de toutes les classes de la population libre, émanant du grand principe républicain, le suffrage universel, afin de rendre utile, efficace, un concours loyalement offert avant qu'il n'arrivât, offert de nouveau à son arrivée, avec lequel il peut faire beaucoup de bien, sans lequel il court le risque de faire beaucoup de mal.

« Par le premier de ces refus, M. le Commissaire du Gouvernement a discrédité sa mission; par le second il l'a compromise. »

IX.

Pour confirmer l'opinion de leur collègue journaliste, les délégués se réunirent le 19 octobre et votèrent l'Adresse qu'on va lire plus loin, laquelle était presque une mise en demeure, mais une mise en demeure pleine de convenance et de logique.

Les délégués avaient compris, cette fois, qu'ils devaient être explicites dans leurs demandes, et ils rédigèrent leur Adresse en conséquence. Les omissions qui se remarquaient dans le *mémoire* présenté quelques jours auparavant au Commissaire général, se trouvèrent ainsi réparées.

« Citoyen Commissaire général,

« L'Assemblée générale des communes de l'île de la Réunion, *constituée en vertu du droit incontestable d'association qui appartient à tous les Français, est l'organe vrai et légitime de la Colonie*. Le suffrage direct et universel dont elle émane lui donne le droit de parler *au nom du Pays tout entier.*

« C'est en vertu des pouvoirs constitués par tous les citoyens, que l'Assemblée vous a présenté un Mémoire qui renferme le tableau de la détresse générale causée par les événements politiques, en même temps qu'il résume les vœux de la population.

« Nous venons de nouveau aujourd'hui appeler votre attention sur l'urgente nécessité de convoquer, avant la libération définitive des esclaves, une Assemblée coloniale provisoire élue par tous les citoyens, et destinée à vous offrir l'appui et le concours qui vous sont indispensables pour l'accomplissement de la mission délicate et hérissée de difficultés que vous avez acceptée.

« Le calme et la tranquillité qui ont accompagné votre arrivée sur nos rivages, l'accueil cordial que la ville de Saint-Denis vous a fait au nom de toute la Colonie, ont touché votre âme patriotique : pareille réception vous attend dans chaque commune de l'Ile.

« Votre proclamation, empreinte de l'esprit de sagesse et d'équité, d'ordre et d'amour que vous puisez dans vos principes républicains, est arrivée déjà dans nos campagnes et rallie toutes les sympathies au Représentant de l'immortelle révolution de février parmi nous. Vous trouverez donc les esprits disposés à accorder à votre administration le concours le plus loyal et le plus dévoué.

« Mais quelle que soit la confiance que nous inspirent votre caractère et les témoignages nombreux de sympathie que vous donnez à ceux qui vous approchent, le Pays dont nous sommes l'organe, et qui depuis 17 ans est habitué à intervenir dans la direction intérieure de ses affaires, ne peut admettre que la République soit moins généreuse, moins confiante en lui que le gouvernement déchu ; le Pays ne peut admettre que dans des circonstances graves, aussi solennelles que celles qui nous attendent, sa participation légale aux mesures qui vont décider de notre sort soit complètement méconnue ; le Pays ne peut admettre enfin que sous le régime de la *liberté*, de l'*égalité*, de la *fraternité*, l'arbitraire de la Restauration remplace le régime protecteur de 1833.

« Nous n'avons point à juger devant vous les décrets du Gouvernement provisoire. Quels que soient nos griefs sur la précipitation dangereuse dont on a fait preuve vis-à-vis de nous, nous avons accepté franchement, loyalement, sans arrière-pensée, la grande mesure libératrice dont ce gouvernement a pris l'initiative au nom de la France d'outre-mer comme de la France continentale.

« Abusé par d'odieuses calomnies sur le caractère et les opinions des colons, le Gouvernement provisoire s'attendait à trouver une résistance opiniâtre dans les Conseils coloniaux, il les a brisés. Vous pouvez juger de l'ignorance profonde où l'on était de l'état des esprits aux colonies. Nous venons vous demander la réparation d'une injustice, nous venons, armés des principes éternels de la République française, vous demander l'abolition du régime anti-républicain auquel nous a soumis le Gouvernement provisoire.

« Croyez-le bien, citoyen Commissaire, les colons de

l'île de la Réunion, malgré leur détresse, malgré le retard apporté dans la liquidation de la juste et préalable indemnité à laquelle ils avaient et ont encore droit, sont disposés à vous venir en aide et à fortifier le Gouvernement local; mais ils sont convaincus que, quelles que soient vos généreuses intentions, quels que soient les lumières et les talents des administrateurs et des conseillers qui vous entourent, eux seuls peuvent, par leurs représentants librement élus, donner à votre administration une marche ferme et assurée, sanctionner aux yeux de tous les décrets et arrêtés nombreux que réclame la rénovation sociale, et surtout légitimer aux yeux des contribuables les mesures financières qui sont à la charge du Pays. N'oubliez pas, vous qui êtes fier à juste titre du nom de véritable républicain, qu'une des premières maximes des hommes qui ont combattu 18 ans pour la République, c'est que l'impôt ne peut être consenti que par les représentants de tous.

« Nous n'avons point à nous préoccuper des faibles objections que certains esprits fanatiques de légalité pourraient, contrairement à la volonté du Pays, opposer à notre juste demande. Le droit que vous avez, de concert avec tous les citoyens de la Colonie, de convoquer ici une Assemblée législative, est écrit dans l'histoire de la mémorable révolution de 1789, dans le cœur des patriotes de tous les pays; sa sanction, ce sont les principes de la nouvelle République française: *liberté, égalité, fraternité*; c'est la maxime en vigueur à toutes les époques de révolution, « *le salut du peuple est la loi suprême ;* » c'est enfin la conduite d'un de vos prédécesseurs, M. Duvaldailly, représentant de la Restauration et du gouvernement du 7 août, et qui, dans des circonstances bien moins périlleuses que celles où nous nous trouvons et avec des pouvoirs bien plus restreints et limités que ceux dont on vous a investi, convoqua de sa propre autorité les représentants du Pays pour aviser aux dangers qui nous menaçaient.

« Les hommes dont le patriotisme et l'énergie triomphèrent des scrupules de M. Duvaldailly sont encore parmi nous, citoyen Commissaire. Leurs fils suivent tous la ligne tracée en 1832 par leurs pères. Le Pays tout entier a fait taire les querelles, les animosités particulières, pour marcher avec eux.

« M. Duvaldailly agissait au nom d'une monarchie et à une époque de réaction anti-libérale, et l'Assemblée des délégués des communes ne peut admettre que l'envoyé de la République refuse en 1848 ce que le vice-roi n'hésita point à accorder en 1832. Nous avons pour garants de notre adhésion, citoyen Commissaire, les loyales intentions que vous avez manifestées, et vos rassurantes paroles à la députation de l'Assemblée : « *Je n'hésiterai point à engager « ma responsabilité quand il s'agira du salut de la Colonie.* »

« Vive la République! Vive la Colonie! »

X.

Le même jour, et pendant que les délégués protestaient contre leur mise à l'écart et contre la promulgation immédiate du décret d'abolition, la Cour d'appel enregistrait solennellement cet acte important.

Le Commissaire général assistait à cette formalité : il avait tenu à en expliquer, lui-même, la prétendue précipitation. Le discours qu'il prononça à cette occasion, se trouva être ainsi une réponse toute faite aux reproches qui lui étaient adressés de la salle de la Loge.

On y remarquait le passage suivant:

« .... Le décret de la République qui appelle, dans deux mois, à la liberté tous les esclaves de la Colonie, va être promulgué dans quelques instants. Cette promulgation était nécessaire, urgente, et un plus long retard aurait pu menacer la tranquillité des ateliers ; les vrais intérêts du Pays, aussi bien que les ordres dont je suis porteur m'en faisaient une loi.

« Il est doux à mon cœur de proclamer l'émancipation des esclaves, au milieu du calme des populations et sans que les paisibles travaux des champs et de la fabrication s'en soient ressentis. J'aime à le répéter à l'éternel honneur des maîtres et des esclaves !

« J'ai déjà dit comment j'entendais la liberté et la mission que je viens de remplir au milieu de vous. A mes yeux, la liberté, l'ordre et le travail forment un tout inséparable, et j'espère, avec l'aide de Dieu et l'assistance des habitants de la Colonie, réussir à les empêcher de se séparer jamais.

« Sous peu de jours, j'irai visiter les divers quartiers de l'Ile, m'enquérir des besoins des maîtres et des esclaves, m'éclairer, à leur contact, sur les conditions de travail les plus propres au maintien de l'agriculture et des industries du Pays.

« La liberté ne doit être qu'une répartition et une rémunération plus équitable du travail, condition providentielle de l'homme sur la terre.

« Aussi, ma sollicitude ne perd pas de vue les mesures que mon administration devra prendre pour assurer la continuation du travail, dans l'intérêt bien entendu des maîtres et des esclaves.... »

XI.

Ce discours fut très favorablement accueilli par la population. Il ne satisfit pas cependant ceux des délégués qui venaient de s'élever contre la promulgation immédiate du décret d'émancipation. Mais M. Sarda était trop complètement tranquillisé, dès cet instant, sur les dispositions de la généralité des colons à son égard, pour se préoccuper beaucoup de cette improbation partielle. Il annonçait, du reste, vouloir aller s'assurer par lui-même, en visitant les habitations, des sentiments des propriétaires et surtout du caractère des travailleurs.

Cette tournée du Commissaire général dans nos campagnes où il retrouverait le calme qu'il louait au chef-lieu, allait le fixer définitivement sur ce qu'il avait à attendre du bon esprit des habitants de la Colonie.

Combien même, déjà, ne devait-il pas être heureusement impressionné par l'aspect que lui présentait le Pays? Il avait cru arriver au milieu d'une population agitée par les résistances des uns et par les impatiences des autres : il rencontrait une noble résignation d'un côté, et de l'autre, une complète soumission. Il croyait avoir à subir la défiance et les reproches des blancs en même temps que les brutales exigences des noirs : les premiers l'accueillaient avec des ovations et l'assuraient de leur concours, les seconds s'en remettaient entièrement à lui pour leur liberté.

En présence de cet état de choses si remarquable et si rassurant, qu'il dut trouver loin de la réalité les songes inquiétants qu'il avait eus, disait-on, pendant sa traversée de France à l'Ile Bourbon!

XII.

Mais nous l'avons dit : les promesses que le Commissaire général venait de faire solennellement au Pays, ne satisfirent pas assez pleinement les délégués des communes : elles ne purent fermer la blessure qui avait été faite, autant à leur amour-propre qu'à leur patriotisme. Ils s'obstinèrent à se donner comme étant indispensables à la réussite de l'œuvre confiée à M. Sarda.

L'Adresse qu'ils lui avaient envoyée le 19 octobre, ne leur parut pas renfermer toute leur pensée, ils voulurent préciser encore, d'une manière plus caractéristique et plus éclatante, l'intention qui la leur avait dictée. A cet effet, trois jours après, le 22 octobre, ils formulèrent le vote suivant :

« L'Assemblée des délégués des communes de l'île de la Réunion déclare que le Commissaire général de la République ayant refusé d'accepter le concours légal du Pays qu'elle lui offrait, elle proteste et se retire sans se dissoudre, laissant au Commissaire général la responsabilité de tous ses actes. »

XIII.

Cette déclaration eût été hardie si elle n'avait été un non-sens. Même la menace de *laisser* au Commissaire général *la responsabilité de tous ses actes*, ne voulait rien dire, en regard des pouvoirs extraordinaires dont il était porteur et de l'omnipotence que lui donnaient les instructions de la Métropole.

Les délégués, en se retirant sous leur tente, semblèrent défier M. Sarda de vaincre sans eux, c'est-à-dire de sortir seul de la position délicate où le plaçaient les intérêts divers qu'il avait mission de concilier. Ce fut un tort. Les représentants des communes devaient, au contraire, s'attacher à rendre nécessaire cette intervention officieuse que le Commissaire général avait dit devoir accepter. En renonçant à profiter de ce qui pouvait encore y avoir d'actif dans le rôle qui leur était bienveillamment offert, ils restaient écartés à jamais de l'action administrative. Ils se tuèrent eux-mêmes.

Ce fut alors au Conseil privé seul qu'il appartint d'éclairer le Chef de la Colonie. M. Sarda trouva dans l'un de ses membres, le Procureur général Massot, un bienfaisant inspirateur.

XIV.

L'attitude que venait de prendre l'Assemblée des délégués vis-à-vis du nouveau Pouvoir, ne pouvait d'ailleurs avoir l'importance qu'elle aurait eue sans doute, dans des temps moins calmes. Mais la Colonie jouissait de la plus parfaite tranquillité, les événements suivaient un cours régulier et tout à fait rassurant. On prévoyait déjà que l'esclavage sortirait sans éclats de nos institutions. Partant, l'inutilité de l'Assemblée des délégués se constatait d'elle-même.

Aussi, malgré la solennité dont elle avait entouré sa retraite, la population y fut assez indifférente; et même, pour tout dire, beaucoup de colons s'en félicitèrent, cette retraite devant laisser toute liberté d'action au

Commissaire général et le préserver des préoccupations que donne toujours, au Pouvoir agissant, la présence d'un corps quelconque, érigé en contrôleur ou en surveillant.

Ils estimaient, ceux-là qui pensaient de la sorte, qu'il convenait, surtout, de ne point enlever à la nouvelle Administration son unité, comme il était politique, en montrant à M. Sarda une confiance que lui méritaient d'ailleurs ses bonnes intentions, de ne pas amoindrir l'heureuse influence que sa personnalité acquérait chaque jour sur l'esprit des noirs.

XV.

Il était en outre facile d'expliquer, et même de justifier, les refus que le Commissaire général avait faits aux délégués des communes.

Débarqué de la veille; investi de pouvoirs illimités donnés justement pour rompre toute résistance et lever tout conflit; mis en garde par conséquent contre tout empiétement d'autorité; qui lui aurait assuré, qu'à un jour donné, l'Assemblée générale ne se fût pas trouvée en opposition avec lui, quand déjà elle se montrait contraire à ses premiers actes ? Pouvait-il raisonnablement courir le risque d'un pareil tiraillement administratif? Convenait-il, dès lors, qu'il acceptât l'offre des délégués, d'être ses conseillers officiels ?

Et par cela même qu'il voyait les choses marcher à souhait, autant par la soumission des esclaves que par le bon vouloir des maîtres, il était sans doute désireux de garder pour lui seul le bénéfice du résultat heureux dont il était à peu près sûr pour sa mission.

D'un autre côté, il avait encore à la main, appuyées de décrets, les instructions du Gouvernement central, lesquelles lui enjoignaient de faire table rase sur les Assemblées délibérantes de la Colonie.

A ce double point de vue, le refus fait aux représentants des communes, qui demandaient une Assemblée coloniale, était on ne peut plus rationnel.

Quant à la promulgation du décret d'émancipation, l'arrêté ordonnant cette formalité rappelait les instructions ministérielles du 7 mai 1848, numérotées 82, qui la voulaient *immédiate*.

Il est vrai qu'une note du *Moniteur Universel* avait fait espérer aux colons que la libération des noirs n'aurait lieu qu'après l'achèvement de la récolte ; mais que pouvait être cet espoir donné par un simple avis, bien qu'il fût officiel, à côté du décret même dont le premier article contenait la résolution suivante : « L'esclavage sera entièrement aboli dans toutes les colonies et possessions françaises, deux mois après la promulgation du présent décret dans chacune d'elles. »

XVI.

On dira qu'il fallait promulguer le décret deux mois plus tard ; mais on oubliera alors que M. Sarda avait quitté la France, imbu de cette idée, dont la Commission Schœlcher elle-même s'était montrée préoccupée, que les noirs ne voudraient pas attendre leur liberté, quand ils apprendraient qu'elle avait été décrétée. Les scènes qui avaient affligé la Guadeloupe, étaient bien faites, il faut en convenir, pour justifier cette préoccupation.

Ce sont les mêmes appréhensions qui avaient dicté l'un des considérants du décret d'émancipation où il était dit :

« Que, si des mesures effectives ne suivaient pas de très-près la proclamation déjà faite du principe de l'abolition, il en pourrait résulter, dans les colonies, les plus déplorables désordres. »

Le Commissaire général avait trouvé, il est vrai, les esclaves confiants et soumis ; mais, n'était-ce pas, à son point de vue, une raison de plus pour leur offrir un gage de la promesse qui leur avait été faite par la Métropole ? Il fixa donc le jour de la liberté ; et les noirs de l'île Bourbon, qui ne connaissaient pas l'histoire du Ier Empire, reçurent ce gage comme donnant au décret d'abolition une irrévocabilité qui leur fit prendre en patience les deux mois d'épreuve auxquels on les soumettait.

Eussent-ils attendu avec la même résignation deux autres mois ? Nous n'hésitons pas à répondre affirmativement;

l'époque de l'émancipation, étant naturellement marquée, dans leur pensée même, par celle de l'achèvement de la manipulation des cannes déjà commencée. Quoi qu'il en soit, l'Administration avait eu ses motifs pour agir comme elle a agi.

XVII.

Ainsi s'expliquent, et la promulgation immédiate du décret d'abolition et le désappointement des colons, puisque d'une part le Commissaire général ne pouvait retarder cette promulgation, qui lui était ordonnée, autant par ses préoccupations dont nous venons d'indiquer la nature, que par les instructions dont il était porteur ; et que, d'autre part, après la promesse du Ministre de la marine, les propriétaires devaient compter sur un délai suffisant pour achever leur récolte.

La précipitation de l'un comme les plaintes des autres avaient donc leur raison d'être.

XVIII.

L'époque de l'émancipation une fois fixée, il restait à l'Administration le soin d'organiser le travail.

Pourrait-elle, dans l'espace de deux mois, prendre des mesures pour conserver aux habitations leurs ateliers ? On ne comptait pas trop sur les décrets rendus en vue de l'y aider, bien qu'ils parussent former une législation complète pour la transformation qui les avait nécessités. Plusieurs même de ces décrets avaient été, dès leur apparition, déclarés inexécutables, notamment : celui qui instituait des jury cantonaux ; celui relatif aux vieillards, aux infirmes et aux orphelins, et celui réprimant la mendicité et le vagabondage.

Quant au décret concernant l'impôt à établir sur la fabrication et la vente des spiritueux ; celui-là, nous le croyons du moins, promettait un autre résultat que celui donné par l'arrêté local du 28 décembre 1850, qui a fait élever le nombre des cantines de la Colonie, de 89 qu'il était en 1848 à 1676 qu'il est aujourd'hui, 1er septembre 1863, et qui fait augmenter tous les jours, dans des proportions déplorables, le nombre des ivrognes.

Les négresses elles-mêmes, qui, à l'exemple de leurs maîtresses créoles, ne buvaient que de l'eau au temps de l'esclavage, et qui stigmatisaient par la qualification de *soulaise* celles de leurs camarades qu'elles surprenaient buvant du rhum, les négresses elles-mêmes, aujourd'hui, s'enivrent comme père et mari.

Il est vrai que la consommation des spiritueux, qui était de 483,575 litres en 1848, a été de 1,997,876 litres l'année dernière. Il est vrai que l'impôt sur la fabrication et la vente des spiritueux, qui était de 300,000 francs en 1848, a donné au trésor et aux caisses communales, en 1862, une somme de 2,094,410 francs 92 et qu'il doit produire en 1863, suivant le budget, la somme de deux millions cent cinquante mille francs ; mais le travail rural, la discipline domestique, la santé des engagés, n'ont-ils pas à souffrir de cette profusion d'alcools versés dans les cantines ? Et la morale publique n'a-t-elle rien à redire à cette magnifique recette budgétaire ?

XIX.

L'Administration, qui avait à peine deux mois devant elle pour préparer les voies à l'émancipation, se mit à l'œuvre avec une louable ardeur.

Son premier soin fut de déclarer le travail obligatoire, quoique libre, afin d'assurer les moyens d'existence aux 60,000 individus qui allaient le même jour, à la même heure, se trouver sans feu ni lieu.

Il fallait bien avoir de la prévoyance pour ces grands enfants imprévoyants qui avaient été, depuis leur naissance ou depuis leur arrivée dans le Pays, nourris, vêtus, logés et soignés par leurs maîtres. La plupart d'entr'eux pensaient que la liberté leur enlèverait seulement la pioche, en leur laissant ce qu'ils considéraient comme les bonnes choses de l'esclavage. Il était opportun de les détromper au plus vite, et de leur faire comprendre que la société impose une obligation impérieuse à chacun de ses membres : l'obligation de travailler. Que c'était en s'y soumettant qu'ils acquerraient, eux les nouveaux affranchis, une place au soleil de tout le monde.

XX.

L'arrêté du 24 octobre avait été rédigé à ce point de vue, onze jours après l'arrivée du Commissaire général dans la Colonie ; il prouva aux colons que M. Sarda-Garriga ne leur avait pas vainement promis sa sollicitude. C'était le gage, et le gage non équivoque de ses promesses. Après l'avoir donné, le nouveau Chef du pouvoir local se trouvait plus à l'aise vis-à-vis de ses administrés ; il pouvait, dès lors, prendre l'allure qui lui conviendrait : on était fixé sur le but vers lequel il marchait.

Mais si cet acte, le plus important, assurément, que le Conseil privé eût à élaborer pendant toute la période dont nous nous occupons, satisfaisait les propriétaires, il avait inquiété assez vivement les noirs, pour amener quelques-uns d'entr'eux en députation à l'hôtel du Gouvernement.

Le Commissaire général puisa les explications qu'il crut devoir fournir à ceux qui avaient entrepris cette démarche, dans les considérants même de l'arrêté. Et, quant au livret, qui, disait-on, avait éveillé la susceptibilité des futurs affranchis, il n'eut pas de peine à leur démontrer que, loin d'être, comme le prétendaient quelques malintentionnés, un anneau devant les rattacher à la chaîne brisée de l'esclavage, cette institution, au contraire, leur assurait le travail et protégeait la liberté individuelle, puisque le livret, en constatant la qualité du travailleur, repoussait la prévention de vagabondage.

Ces quelques noirs s'en retournèrent à leurs travaux habituels en promettant au Commissaire général d'exécuter franchement l'arrêté du 24 octobre.

Leurs promesses étaient d'autant moins trompeuses que déjà sur plusieurs points de la Colonie des engagements se contractaient. Dès cet instant, l'achèvement de la récolte était assuré ; on ne doutait pas que l'heureux exemple donné par les ateliers qui venaient de prendre l'initiative, ne fût promptement suivi. Cette persuasion enlevait une grave préoccupation au Pays ; elle redonnait du courage aux planteurs.

XXI.

L'acte qui avait eu pour conséquence un résultat aussi important, était contre-signé par M. Auguste Brunet.

Les amis de celui-ci avaient donc pu espérer un retour de l'opinion en faveur du nouveau Directeur de l'intérieur ; mais le *Journal du Commerce*, ou plutôt son rédacteur, M. de Greslan, toujours en vedette, ne leur laissa pas longtemps cette espérance. Il trouva le moyen d'initier ses abonnés aux discussions auxquelles cette sage mesure avait donné lieu.

L'avis exprimé par M. Auguste Brunet en Conseil privé, fut rapporté. Jusqu'aux termes qu'il voulait faire adopter pour la rédaction de l'arrêté, M. de Greslan les releva et les discuta. Dès lors, on perdit de vue la part que le Directeur de l'intérieur avait nécessairement dans cet acte destiné à maintenir le travail.

XXII.

Il faut être juste, c'est notre devoir; ce n'était pas, dans la circonstance, une pure chicane que M. de Greslan faisait à M. Brunet.

Ce dernier avait voulu, en effet, introduire dans l'arrêté du 24 octobre des expressions qui auraient pu rendre illusoire l'obligation, et l'obligation formelle, à imposer aux affranchis.

Ainsi, l'article qui disait d'une manière absolue que les personnes *non libres seraient tenues* de se pourvoir d'un engagement de travail, n'eût certainement pas rempli sa destination, s'il avait, selon le désir du chef de la Direction de l'intérieur, *seulement autorisé* ces mêmes personnes à contracter des engagements.

Comme le faisait judicieusement remarquer le rédacteur du *Journal du Commerce*, « la faculté de faire une chose, exclut nécessairement l'obligation de la faire. » Le Directeur de l'intérieur se préoccupait de la liberté individuelle qui n'était nullement compromise, et il oubliait le travail qui était en péril, et la société qui était menacée. De sorte qu'en cherchant à sauvegarder un principe, il allait porter atteinte à d'autres principes non moins sacrés.

XXIII.

Le Conseil privé ne pouvait partager les scrupules exagérés du Directeur de l'intérieur. Il n'entendait pas, certes, restreindre la liberté individuelle des affranchis futurs, qui avaient le choix de leurs engagistes et la fixation de leurs salaires, mais il voulait qu'ils vécussent d'une manière régulière, c'est-à-dire qu'ils ne se livrassent pas au vol, qu'ils ne fussent point jetés, par le rien-faire, dans le vagabondage : toutes choses aussi dangereuses pour la Colonie que pour les travailleurs eux-mêmes. Et comment pouvait-on espérer de les préserver de ces écueils, qu'une liberté brusquement octroyée dressait fatalement autour d'eux? Il n'y avait qu'un moyen à employer, un moyen juste, conséquent et moral : c'était de les obliger au travail.

Le Conseil privé avait donc parfaitement compris les difficultés et les avantages de la position. Il sut écarter les unes et profiter des autres.

Quant à M. Auguste Brunet, l'opinion publique, qui revenait à lui, rebroussa chemin. Le simple reproche qui lui avait été adressé au sujet des quelques mots dont il avait demandé l'introduction dans l'arrêté sur les engagements, avait produit instantanément ce résultat.

XXIV.

Tout ce que M. Auguste Brunet perdait en popularité, M. Massot le gagnait. On désignait déjà ce magistrat comme l'âme des conseils du Gouvernement, le conservateur judicieux et logique de l'ordre et du droit, le défenseur du bon sens public.

Lui qui avait été l'objet, peu de mois auparavant, d'injustes critiques, peut-être même de calomnies, voilà que tout d'un coup il était devenu le plus vrai et le plus puissant ami de la Colonie.

Oh! retour des choses humaines, combien serais-tu souhaitable si tu favorisais toujours et la droiture et la raison!

XXV.

En même temps que le Commissaire général réglait les engagements de travail, il instituait des gardes-champêtres pour la surveillance des propriétés particulières; il chargeait une commission spéciale de rechercher et d'indiquer les mesures qui pourraient faciliter l'exécution des décrets d'émancipation. Ici encore le nouveau Directeur de l'intérieur joua de malheur. Il avait fait nommer de cette commission, du moins on le disait, MM. Adrien Bellier et Alexandre de La Serve, deux de ses amis et de ses anciens collaborateurs au *Cri public;* et M. Adrien

Bellier et M. Alexandre de La Serve ne voulurent point accepter cet honneur, ou remplir ce devoir.

Décidément M. Auguste Brunet n'était pas heureux dans ses inspirations. Les plus avoués de ses coreligionnaires politiques l'abandonnaient; ils ne répondaient pas même à ses prévenances administratives. MM Bellier et de La Serve n'entendaient pas déserter la cause coloniale, nous en sommes persuadés; cependant ils ne consentaient à travailler pour le Pays qu'avec l'Assemblée générale: hors de là ils étaient inexorables. Le Pays, ceci est une fiction, pouvait tomber à l'eau; ils l'auraient sermonné, mais ils ne lui auraient pas tendu la main pour l'en retirer, si leurs collègues, les délégués des communes, ne leur avaient pas prêté assistance. Nous ne savons comment ces deux colons républicains conciliaient leurs sentiments patriotiques avec une pareille manière de voir.

XXVI.

Pendant que l'Administration locale, avec une si louable initiative, cherchait à conjurer les périls dont la société coloniale allait tout à l'heure être entourée, la Métropole, c'est-à-dire la Commission de l'indemnité, nous traitait en pays conquis.

Voici le projet de décret rédigé par cette Commission pour le réglement de l'indemnité; il avait été présenté à l'Assemblée nationale, comme étant « le projet ministériel.»

« Art. 1ᵉʳ. — Dans les colonies :

« La Martinique,

« La Guadeloupe et dépendances,

« La Guyane,

« La Réunion,

« Le Sénégal et dépendances,

« Nossi-Bé et Sainte-Marie,

« Il est alloué une indemnité aux colons dépossédés en exécution des décrets du Gouvernement provisoire des 4 mars et 27 avril derniers.

« Art. 2. — L'indemnité ci-dessus stipulée est fixée à la somme de 90 millions de francs, pour laquelle un crédit est ouvert au Ministre de la marine et des colonies; elle sera payée en numéraire et en dix années.

« Chaque annuité sera payée en deux termes égaux et dans les proportions ci-après :

1ʳᵉ annuité,	1848 à 49		12,000,000
2ᵉ	—	1849 à 50	12,000,000
3ᵉ	—	1850 à 51	12,000,000
4ᵉ	—	1851 à 52	10,000,000
5ᵉ	—	1852 à 53	10,000,000
6ᵉ	—	1853 à 54	10,000,000
7ᵉ	—	1854 à 55	8,000,000
8ᵉ	—	1855 à 56	8,000,000
9ᵉ	—	1856 à 57	4,000,000
10ᵉ	—	1857 à 58	4,000,000
			90,000,000

« Art. 3. — Tous les noirs affranchis en vertu des décrets des 4 mars et 27 avril derniers, donneront droit à l'indemnité, à l'exception des individus âgés de plus de soixante ans, et des enfants de cinq ans et au-dessous ; seront également exceptés les noirs qui auraient été introduits dans les colonies postérieurement à la promulgation de la loi du 4 mars *(textuel)*.

« Les engagés à temps du Sénégal, libérés par le décret du 27 avril, donneront aussi droit à une indemnité.

« Art. 4. — Sur la somme totale de l'indemnité, il est attribué savoir :

A la Martinique	22,618,286
A la Guadeloupe et dépendances	29,207,477
A la Guyane	5,588,578
A la Réunion	31,165,503
Au Sénégal et dépendances	1,245,051
A Nossi-Bé et Sainte-Marie	175,105
	90,000,000

« Art. 5. — Les bases de la répartition dans chaque colonie, le mode de paiement et la justification à exiger tant des colons que de leurs créanciers, seront déterminés par arrêté du Pouvoir exécutif, le Conseil d'Etat entendu.

« Art. 6. — Les deux tiers de la portion d'indemnité qui aura pour cause l'affranchissement des noirs attachés à la culture, à la fabrication et à l'exploitation des produits agricoles, devront être exclusivement employés en salaires payés aux affranchis, ou en améliorations opérées dans les usines et les instruments d'agriculture ; les administrations coloniales devront surveiller cet emploi et en constater la réalité.

« Art. 7. — Cette portion de l'indemnité, ci-dessus réservée, sera incessible et insaisissable ; le droit de cession et de saisie sur le tiers restant sera entièrement suspendu à l'égard des deux premières annuités, proportionnellement au montant de chacune d'elles.

« Art. 8. — Pour assurer le travail et le salaire dans les colonies, la première annuité, montant à 12 millions, sera, sous la réserve ci-après stipulée, immédiatement distribuée aux colons dépossédés, en proportion approximative de leurs droits, à titre d'escompte, imputables sur le règlement définitif de l'indemnité, et à charge d'emploi, comme il est dit à l'article 6.

« Art. 9. — Sur les deux premières annuités, la portion afférente aux colonies de la Martinique, de la Guadeloupe et de la Réunion, sera soumise à des prélèvements qui serviront à la formation d'un comptoir d'escompte qui devra être établi dans chacune des colonies. Ces prélèvements auront lieu successivement en trois termes, savoir :

« Sur la première annuité, moitié du second terme ;

« Sur la seconde annuité, un quart de chacun des deux termes.

« Seront exempts de ce prélèvement, les colons dont la part d'indemnité n'excède pas en totalité 1,000 francs. Le

Gouvernement pourra appliquer les présentes dispenses dans les autres colonies.

« Tout colon indemnitaire recevra des actions du comptoir d'escompte de sa colonie, jusqu'à concurrence de la retenue qu'aura subie sa part dans l'indemnité.

« Art. 10. — Un crédit de 6 millions de francs est ouvert sur l'exercice de 1848, au Ministère de la marine et des colonies, pour le premier terme de la première annuité fixée par l'article 2. »

XXVII.

Ainsi cette indemnité, qui depuis si longtemps et dans toutes les langues honnêtes avait été appelée une *indemnité préalable*, allait être payée en *dix années*.

Ainsi les vieillards et les enfants esclaves ne devaient pas donner droit à cette indemnité. Pourquoi? on n'en sait rien; peut-être parce qu'ils avaient été des charges pour leurs maîtres !

Ainsi les deux tiers de cette indemnité allaient être retenus pour assurer les salaires des affranchis.

Voit-on cette prévoyance aussi paternelle pour les nouveaux citoyens qu'elle était injurieuse pour les colons suspects de ne pas vouloir rétribuer le travail libre.

Ce n'était pas tout. Les deux premières annuités devaient, en outre, être soumises à des prélèvements pour la formation d'un comptoir d'escompte.

Tel était le mode de règlement adopté par la Commission pour la répartition de l'indemnité. C'était sans doute la première fois qu'un débiteur, et quel débiteur, la France, osait imposer des conditions à son créancier. Aussi ce créancier, l'île Bourbon, était-il bien décidé à rejeter énergiquement ces conditions ridiculement spoliatrices.

Les auteurs, ou l'auteur impartial de ce projet de décret mémorablement injuste, avait-il calculé ce qui resterait, après ces retenues et ces prélèvements, aux mains des colons dépossédés ?

XXVIII.

C'était donc une indemnité illusoire que celle qu'on voulait bien nous promettre, ou plutôt c'était le *dédommagement* rêvé par la Commission Schœlcher.

Une réprobation générale accueillit ce projet de décret. Il n'y eut pas jusqu'au journal *la Démocratie Coloniale*, applaudisseur habituel de tout ce que produisaient les républicains de la Métropole, qui n'en fut indigné.

Mais, heureusement, ce n'était là qu'un projet, et un triste projet : il avorta.

La France ne pouvait adopter une œuvre pareille. Non! elle ne pouvait vouloir qu'à l'occasion d'un grand acte comme celui de l'émancipation des esclaves, on parodiât un mot célèbre et répudié, et que l'on dît : l'indemnité c'est le vol !

CHAPITRE II.

SOMMAIRE.

Exécution de l'arrêté sur les engagements de travail. — Tournée du Commissaire général dans l'Ile. — Incidents de son voyage. — Son retour à Saint-Denis. — Départ de M. Graëb pour la France. — Révolte du Lycée. — Election des conseillers municipaux. — Les affranchissements antérieurs à l'émancipation.

I.

Après avoir promulgué l'arrêté sur les engagements de travail, il était d'autant plus important de veiller à sa mise en vigueur, que certains ateliers, dans l'arrondissement Sous-le-Vent, notamment, paraissaient ne l'accepter qu'avec hésitation. Des instigateurs de bas étage (on cite deux européens) étaient parvenus à y faire suspecter l'institution du livret.

La présence du Commissaire général était donc impérieusement réclamée dans cette localité. Aussi entreprit-il immédiatement la tournée qu'il avait projeté de faire dans les communes. Il la commença par Saint-Paul, le 13 novembre, accompagné du Directeur de l'intérieur, M. Auguste Brunet, et du Procureur général, M. Massot.

La marche de M. Sarda, à travers nos campagnes, fut une marche triomphale. Partout, depuis Saint-Paul jusqu'à Saint-Philippe, et depuis Saint-Philippe jusqu'à Saint-

Denis, où il fit sa rentrée le 7 décembre, partout les travailleurs, plusieurs centaines à la fois, couraient à sa rencontre sur les grandes routes et l'accompagnaient, dansant autour de sa voiture, acclamant son nom, agitant des bâtons, poussant des hourras. C'étaient des ovations sauvages. Une joie qui faisait peur !

Chose particulière, les Africains et les Madécasses étaient ceux qui manifestaient le plus bruyamment leur enthousiasme. Les noirs créoles qui, plus civilisés, devaient mieux apprécier le bienfait de la liberté, se montraient plus calmes dans leurs démonstrations. Voulaient-ils paraître supérieurs à leurs camarades de la côte d'Afrique et de Madagascar en sachant imposer silence à leur émotion ? Etaient-ils plus dissimulés dans leur joie ; ou était-ce par un reste de respect humain qu'ils ne faisaient pas éclater leur allégresse, en face des appréhensions que donnait à leurs maîtres la question de l'indemnité ? Il y avait peut-être un peu de tout cela dans leur contenance.

Qui ne se souvient, en effet, de ce je ne sais quoi — remarquable dans leur façon d'être, surtout chez les domestiques — qui était sans doute de la dissimulation, mais qui ressemblait à de la déférence ? Jusqu'au jour de l'émancipation, rien ne décelait dans leurs dehors l'enivrement de leur cœur.

Pendant ces deux longs mois d'épreuve, où ils n'étaient plus esclaves, bien qu'ils ne fussent pas encore libres, ils restèrent respectueux et soumis. Ils laissaient pousser leurs ailes.

II.

On avait eu la précaution de désigner dans chaque commune, pour lieux de rassemblements, les habitations les plus centrales. Des masses de noirs s'y transportèrent. Le Commissaire général, qu'ils appelaient déjà leur *père*, les haranguait dans un langage simple, mais clair et vif qu'ils comprenaient à merveille, et auquel ils répondaient par des promesses qui se réalisaient souvent sur l'heure même.

Ainsi à Saint-Paul, là où, disait-on, était le foyer de l'opposition au livret, après la revue du bataillon des milices, deux ou trois mille noirs se trouvant réunis sur la place d'armes, le Commissaire général leur adressa des recommandations si sensées et si pressantes pour le maintien du travail, que le jour même ils se munirent de livrets. Les employés de la Mairie ne pouvaient suffire à la rédaction des contrats d'engagement.

Parfois les auditeurs ne se contentaient pas d'applaudir à ce que leur disait le Commissaire général; à l'imitation d'une nommée Victorine, de Saint-Paul, ils le complimentaient sur sa mission, le remerciaient d'être venu leur apporter la liberté et lui promettaient une entière soumission.

III.

Les correspondances venues de tous les points de la Colonie étaient unanimes pour louer l'attitude que M. Sarda avait prise vis-à-vis des travailleurs. Les propriétaires, qui accueillaient d'ailleurs avec empressement le Commissaire général, se réjouissaient d'autant plus de l'influence magnétique qu'il acquérait sur ces milliers d'individus, qu'ils y trouvaient une garantie pour l'ordre et la tranquillité du Pays.

« A Saint-Paul particulièrement, écrivait un correspondant du journal le *Moniteur*, il existait depuis plusieurs jours des symptômes de méfiance et d'hésitation qui faisaient craindre que les engagements ne se fissent point avec empressement; les travaux étaient en souffrance, l'indiscipline pénétrait dans les ateliers et les maîtres n'étaient plus assurés du travail de chaque jour. La parole de M. Sarda a fait tomber tous les doutes. Mardi soir, tous les noirs du quartier se sont rendus dans le jardin et devant l'habitation du Maire, où ils ont donné une sérénade au Commissaire général. Après avoir écouté dans un recueillement religieux les explications chaleureuses de M. Sarda sur la liberté, sur leurs devoirs, sur le livret que chacun devait posséder, ils se sont retirés en jurant de s'engager et en protestant de leur intention d'être fidèles à l'ordre et au travail.

« La revue d'hier, mercredi, a été magnifique. Plus de

2,000 noirs, attirés par ce spectacle, étaient réunis sur la place d'armes ; pendant près d'une demi-heure, le Commissaire général les a harangués. Tous disaient que c'étaient des misérables qui avaient voulu les tromper sur la nature du livret. Si l'on avait eu des livrets, et si la chose eût été possible, ils se seraient engagés sur le lieu même. »

IV.

Un témoin oculaire écrivait de Saint-Pierre :
« Les propriétaires de ce quartier ont fait acte de bienveillante prévoyance, en autorisant leurs noirs à se rendre au devant du Commissaire. Ils sont allés à sa rencontre jusque sur le bord de la rivière Saint-Etienne. Là ils étaient réunis au nombre de 4 à 5,000 ; tout en témoignant leur enthousiasme par des cris de joie, ils ne laissaient pas que d'être munis de bâtons. Ils devançaient ou suivaient la voiture du Commissaire, luttant de vitesse avec les chevaux qui allaient au triple galop. C'était une escorte magnifique. Cependant ils brandissaient leurs bâtons, comme s'ils avaient à se défendre contre une attaque secrète. »

V.

Après avoir dit de quelle façon M. Sarda avait, ce jour là, harangué son nombreux auditoire; après avoir loué les paroles sages, affectueuses et en même temps pleines de fermeté dont il s'était servi, l'effet merveilleux que ses paroles avaient produit sur les noirs du quartier qui allaient en masse à la Mairie demander des livrets d'engagement, le correspondant du *Moniteur* continuait ainsi :

« Quelques malfaiteurs eurent la perfidie de profiter de cette agglomération imposante pour faire circuler que la vie du Commissaire était menacée.

« Cette nouvelle se rapportant si bien avec le soupçon qui avait mis les bâtons à leurs mains, en un clin-d'œil tous les ateliers furent abandonnés, dépeuplés, et la demeure du Commissaire investie de la garde la plus fidèle, la plus dévouée et la plus nombreuse peut-être qui ait jamais veillé sur les jours d'un souverain.

« Cette vigilance si admirable, ce dévouement si absolu ne firent point oublier au Commissaire général ce qu'il devait aux deux populations.

« En effet, à quelques minutes de là, se transportant sur un établissement de sucrerie, accompagné de ce cortége si considérable et si inquiet, il leur adressa d'abord des paroles de reconnaissance pour leur dévouement; mais il leur fit comprendre en même temps qu'on se plaisait à les abuser, et qu'ils ne devaient être ni assez crédules, ni

assez défiants pour penser qu'on en voulait à ses jours, puisqu'ils étaient témoins, au contraire, de l'accueil gracieux qu'il recevait partout chez leurs maîtres. « Prenez-
« garde, leur dit-il ensuite d'un ton plus sévère, que ce
« péril imaginaire dont vous me croyez entouré, ne soit
« qu'un prétexte dont vous vous servez pour abandonner
« vos travaux. Vous me prouverez bien mieux votre affec-
« tion et votre dévouement, en retournant dans vos ate-
« liers, qu'en me suivant comme vous le faites. J'irai
« vous voir partout où vous serez ; attendez-moi sur vos
« habitations et rentrez-y immédiatement. »

« Aussitôt ils se sont dispersés, pleins de respect et d'effusion dans le cœur ; et le troisième jour tous les travaux étaient repris, toutes les sucreries fonctionnaient, et plus un noir d'habitation n'était vu dans les rues du quartier. »

VI.

A ces détails nous en ajouterons un autre à l'occasion du passage de la rivière Saint-Etienne. C'était à cet endroit que les craintes chimériques des noirs de Saint-Pierre avaient placé un éminent danger pour le Commissaire général ; c'était là qu'on devait attenter à ses jours précieux. Aussi, au moment où ils y arrivèrent, se pressèrent-ils autour de la voiture de leur père. Aux cris de joie et aux gestes d'enthousiasme succéda le silence, mais un silence agité. Ces figures noires s'illuminèrent alors des feux de l'audace et laissèrent pressentir que si une attaque avait lieu, la résistance serait énergique.

Voit-on cette multitude armée de bâtons, jetant de tous côtés des regards d'inquiétude et de défi, comme si les roches de la rivière cachaient des ennemis nombreux.

Enfin la rivière fut franchie, et une immense clameur s'échappant de ces quatre ou cinq mille poitrines haletantes, on entendit : *l'a passé ! l'a passé !*

Ce cri d'étonnement était comme un cri de victoire.

C'est à la suite de cet épisode émouvant que M. Sarda fit comprendre à sa formidable escorte ce qu'il y avait d'absurde dans les craintes qu'elle manifestait à son égard, alors qu'il était partout accueilli avec déférence et sympathie.

VII.

Les lettres reçues de l'arrondissement du Vent n'étaient pas moins satisfaisantes que celles venues de l'autre partie de la Colonie. Partout on constatait le même esprit de sagesse chez le Commissaire général et la même soumission chez les noirs.

Telles étaient les nouvelles des quartiers que l'on recevait à Saint-Denis.

Nous avons tenu à reproduire les extraits de correspondances que l'on vient de lire, rien ne pouvant mieux nous aider à caractériser les circonstances au milieu desquelles avait été entreprise et s'achevait la tournée officielle du Commissaire général. Les auteurs de ces fragments épistolaires écrivaient sous l'impression des faits : la vérité doit donc se retrouver tout entière dans leur récit.

VIII.

C'était au milieu de ces ovations, de cette foule qui se renouvelait à chaque instant, de ces discours, de ces promesses, de tout ce mouvement enfin qui se faisait autour de lui, et dont nous ne venons de donner qu'une idée imparfaite, que le Commissaire général accomplissait son voyage autour de l'Ile. Dans chaque commune où il arrivait, il prêchait aux noirs le travail, la tranquillité, la soumission ; et dans chaque commune qu'il quittait, le travail, la tranquillité et la soumission étaient assurés !

Aussi, plus il avançait dans nos campagnes, mieux il y était accueilli, plus il était félicité. Nous l'avons déjà écrit, c'était une marche triomphale que la sienne.

M. Sarda, nous en sommes sûr, gardera un long et vivace souvenir de cette mémorable pérégrination à travers notre colonie, où des milliers d'individus, dont la figure aussi bien que le langage lui étaient étrangers, venaient embrasser ses mains, s'attelaient à sa voiture, mêlaient son nom à d'immenses acclamations d'allégresse que les échos de nos montagnes renvoyaient de coteau en coteau, de ravine en ravine.

Ce n'est pas sans un sentiment de juste et noble orgueil qu'il doit se rappeler ce prestige dont il était entouré, cette influence extraordinaire qu'il exerçait sur ces soixante mille âmes, un flot humain qu'avec un mot, un geste ou un regard il faisait rentrer dans l'ordre et la discipline, comme un de ces prophètes de l'Ecriture eût fait rentrer dans leur lit des ondes un instant débordées. Ne pouvait-il pas croire alors, M. Sarda, lui qui venait d'assister aux entraînements et à l'enthousiasme du peuple de Paris pour M. de Lamartine, ne pouvait-il pas croire que lui aussi il était l'idole de toute une population. Devait-il penser, à ce moment de triomphe, qu'il serait un jour oublié de cette colonie, qu'il avait peut-être sauvée du drapeau noir, comme on a oublié en France, aujourd'hui, le grand poète, le grand orateur, le grand citoyen qui sauva Paris d'un autre drapeau de deuil!

IX.

Le Commissaire général avait mis vingt-quatre jours à visiter nos habitations. Parti le 13 novembre de Saint-Denis, il y rentrait le 7 décembre. Jamais il n'emploiera son temps plus honorablement pour lui et plus utilement pour les autres. Le chef-lieu voulut lui faire une réception digne des travaux qu'il venait d'accomplir. On mit de côté le vieux programme officiel suivi en semblables occasions, pour déployer un appareil sans exemple dans la Colonie.

Il avait d'ailleurs bien gagné cet honneur, celui qui, par la conduite qu'il tenait depuis son arrivée dans notre pays, par les services qu'il venait de lui rendre et qu'il était prêt à lui rendre encore, sauvait le vaisseau colonial d'un naufrage imminent. Du reste, on fit les choses convenablement pour M. Sarda; non-seulement les troupes de la garnison et la milice étaient sous les armes, bordant la voie publique jusqu'à près d'un demi kilomètre hors ville, mais encore toute la population; les blancs et les noirs, se tenait sur son passage. La compagnie des chevau-légers et un piquet de gendarmerie, qui galopaient aux portières de sa voiture, avaient animé la route depuis le *Chaudron*.

X.

Arrivé au commencement de la haie d'honneur, c'est-à-dire au pont du Butor, le Commissaire général mit pied à terre, au bruit des tambours, des clairons et de l'artillerie. Il fut aussitôt entouré par les membres du Conseil municipal, par les états-majors de l'infanterie de marine et de la milice. Le maire, M. Gustave Manès, le complimenta au nom de la Cité, et le cortège se dirigea vers l'entrée de la ville, encombrée d'une foule de spectateurs comme ce lieu n'en avait pas vu jusqu'à ce jour.

Pendant ce temps, et pour l'apercevoir plus tôt, on forçait la ligne formée de soldats, on se juchait sur les marchepieds des voitures, on montait sur les bornes ; les noirs grimpaient sur les toits des boutiques environnantes. Combien y avait-il de monde aggloméré en cet endroit ? Nous avons dit que toute la ville y était ; c'est-à-dire sept ou huit mille personnes, dont les sourires, les regards exprimaient la satisfaction et la reconnaissance.

Quelle différence de cette réception avec celle faite au Commissaire général le jour de son débarquement !

A la rue de l'Est, M. Sarda remonta en voiture pour se rendre à l'hôtel du Gouvernement ; et toute cette population s'agita ; les soldats défilèrent musique en tête ; les noirs coururent afin d'arriver en même temps que lui sur la place d'armes où ils savaient qu'il allait les haranguer.

En effet, après avoir reçu les compliments des fonctionnaires qui s'étaient réunis à l'hôtel du Gouvernement pour le recevoir, le Commissaire général, s'avançant sur le grand perron du côté de la mer, renouvela à cet auditoire de quatre à cinq mille noirs les recommandations et les conseils qu'il venait de prodiguer si fructueusement aux ateliers des habitations.

« Mes amis, leur dit-il, je viens de visiter vos frères des quartiers. J'ai laissé partout l'ordre et le travail. On semblait, dans certaines communes, attendre mon passage pour s'engager, mais je vous apprends avec satisfaction qu'aujourd'hui tout le monde est engagé ou s'engage. Il faut qu'il en soit de même ici, à Saint-Denis. » Il leur démontra que le livret était le certificat de bonnes vie et mœurs des travailleurs. Il les mit en garde contre les tromperies de l'embauchage, les invitant à rester avec leurs anciens maîtres et à ne pas demander des salaires trop élevés, en raison de la gêne générale.

Comme dans les habitations, les noirs de la ville accueillirent avidement les exhortations du Commissaire général, lui promirent de s'engager, firent de chaleureuses protestations de soumission et de dévouement. Puis, cette masse s'écoula aux cris de *vive le Commissaire !*

XI.

M. de Barolet, commandant militaire, qui a laissé d'honorables souvenirs dans notre colonie, profita de cette occasion pour faire connaître publiquement au Commissaire général, en présence de l'état-major, les sentiments qui animaient les officiers de la garnison à l'égard du Pays.

M. Sarda lui répondit « qu'il rapportait de la tournée qu'il venait de faire, l'espoir consolant que la transformation qui s'opérait dans le Pays s'accomplirait sans trouble regrettable, sans désordre. Mais si, ce qu'à Dieu ne plaise ! — ajouta-t-il, en se tournant vers les officiers — cet espoir était trompé; si j'avais besoin de votre secours, Messieurs, pour rendre la tranquillité au Pays, à cette belle colonie, à laquelle je me suis, comme vous, dévoué de toutes les forces de mon âme, je compterais sur vous en toute confiance, comme l'on peut compter sur moi. »

XII.

Le lecteur, nous le croyons, ne trouvera pas ces détails superflus. Il était intéressant, le fait en étant digne au plus haut point, de constater l'entente parfaite qui régnait alors entre l'Administration et les administrés, entre le militaire et le civil. Les noirs acceptaient sans arrière-pensée les sages obligations qui leur étaient imposées; les maîtres, malgré leurs soucis, montraient le meilleur vouloir possible ; le Commissaire général était plein de sollicitude, les miliciens pleins de zèle, les troupes de la garnison dévouées.

D'un autre côté, le Commandant de la station navale apportait à la Colonie, lui aussi, sa part de secours.

« Citoyen Commissaire général, — écrivait le capitaine de vaisseau Febvrier-Despointes — sur votre demande, je viens de donner l'ordre à la corvette de charge, l'*Oise*, d'être prête à prendre la mer vers les premiers jours de décembre, elle sera disposée pour recevoir le plus de riz possible.

« Je suis heureux de trouver cette occasion pour vous donner de nouveau l'assurance que la station de l'Océan Indien ne vous fera pas défaut, toutes les fois qu'il s'agira du bien-être de la Colonie qui vous est confiée. Les officiers et les équipages sous mes ordres sont bien décidés, ainsi que moi, à partager la bonne ou mauvaise fortune de la Colonie. Nous n'oublierons jamais qu'avant tout nous sommes Français et frères. »

Le *Moniteur de l'île de la Réunion*, en publiant cette lettre, ajoutait les judicieuses réflexions suivantes :

« Le public verra, dans cette démarche, et surtout dans la noble expression des sentiments fraternels qui animent M. Febvrier-Despointes, un nouveau témoignage du zèle et du dévouement de toute l'Administration à l'égard du Pays.

« Il nous est impossible de ne pas établir un parallèle entre la conduite affectueuse du Commandant actuel de la station navale et celle de son étrange prédécesseur, l'invisible capitaine Page. »

XIII.

En présence d'un tel accord et des hommes et des choses, la Colonie, si elle était inquiète à l'endroit du réglement de l'indemnité, était néanmoins rassurée sur le fait même de l'émancipation. Elle était sûre d'avoir de l'Administration locale tous les ménagements, tous les secours que réclamait sa situation, ainsi qu'en donnait l'assurance le journal officiel de Saint-Denis. Et, à cet égard, les journaux étaient unanimes. Nous nous trompons, un seul, le *Journal du Commerce*, gardait le silence sur les bonnes dispositions de l'Autorité. Bien plus, pendant que M. Sarda obtenait, dans sa tournée, les résultats satisfaisants que nous venons de relater, M. de Greslan faisait publier une lettre émanée d'un négociant de Bordeaux, correspondant d'une maison de commerce de Saint-Denis, qui contenait ce passage : « Nous avons poursuivi (auprès du Ministère) et tous nos successeurs ont la mission de poursuivre la révocation de tous les Commissaires envoyés dans les colonies par la Révolution de Février, comme étant incapables et indignes de gouverner des populations qui ne demandent que l'ordre, la tranquillité et la paix : ceux qu'on y a envoyés, n'ont ni capacité ni moralité, et sont d'une prévention tellement forte contre les colons, qu'ils seront toujours portés à prendre le parti de l'affranchi contre les blancs et les mulâtres. »

XIV.

Cette reproduction de la lettre du délégué de Bordeaux eût été un acte de flagrante perversité à l'égard de M. Sarda, si la conduite de celui-ci n'y avait donné, au moment même, un éclatant démenti. Mais elle n'en était pas moins une grave et gratuite inconvenance.

Décidément M. de Greslan, qui avait la direction exclusive du *Journal du Commerce*, ne voulait pas de bien au Commissaire général.

Il critiqua si habilement quelques-uns de ses actes, commenta avec tant de verve les faits et gestes du nouveau

Chef de la Colonie, en passant même par dessus les murs de sa vie privée, qu'il fut bien et dûment constaté qu'il lui était hostile.

Le *Journal du Commerce* voulait se donner, dans le Pays, la mission, à moitié justifiée, que le journal *La Presse* remplissait avec tant de talent et d'énergie à Paris : la mission de faire le procès aux hommes de Février ; et pour laquelle il était, d'ailleurs, merveilleusement favorisé par les circonstances.

XV.

On est généralement frondeur sur ce petit rocher appelé l'île Bourbon, et quoiqu'il y ait sans cesse, autour du Pouvoir local, beaucoup de flagorneurs intéressés, cependant on est enclin à la critique dans notre société coloniale.

D'un autre côté, si les colons louaient les actes de M. Sarda, ils n'avaient pas grande sympathie pour sa personne ou plutôt pour son individualité. Pour eux, il était toujours le révolutionnaire chargé, aux premiers et aux plus vilains moments de la République, de proclamer chez eux l'émancipation des esclaves et de promettre une indemnité illusoire ; c'est-à-dire de mettre en péril l'existence même de la Colonie, en compromettant l'Agriculture et en ruinant une partie des propriétaires.

Bien qu'il n'eût pas plus été l'inspirateur que le créateur des mesures qui lésaient les intérêts généraux du Pays et affectaient les idées particulières de quelques-uns d'entre les colons, il n'en restait pas moins, lui Commissaire général de la République, l'exécuteur complaisant de ces mêmes mesures.

On ne le rendait pas responsable des choses accomplies, puisqu'il n'avait dû, qu'il n'avait pu en aucune façon, ni de près ni de loin, influer sur la Commission d'émancipation et sur celle de l'indemnité; cependant, les possesseurs d'esclaves, avec cette logique qui n'admet pas l'alibi, se disaient mentalement : « Si ce n'est lui, ce sont ses frères. »

On comprend combien il était facile à un esprit subtil et souple de tirer parti de cette antipathie silencieuse, qu'inspirait aux intéressés le caractère donné à M. Sarda-Garriga par sa mission même. M. de Greslan profita avec un art diabolique de ces dispositions de l'esprit public pour créer, au milieu d'une tolérance générale, une secte de mécontents quand même. Il devint dès lors, aux yeux de ceux-ci, l'indépendant défenseur de leurs droits et le traducteur ingénieux de leurs sentiments. A ce double titre, il devait leur être cher autant qu'utile. De là leur reconnaissance qui l'a envoyé à la Chambre des Représentants du Peuple.

Il faut dire cependant qu'un peu plus tard M. de Greslan a loué convenablement le Commissaire général.

XVI.

Tandis que M. Sarda-Garriga achevait sa tournée, son prédécesseur, M. Graëb, s'embarquait pour la France, le 29 novembre, sur la corvette l'*Egérie*. Nous regrettons de ne pas avoir à rappeler quelque manifestation sérieuse de gratitude, au sujet du départ de cet homme de bien, de ce marin distingué dont le dévouement à la Colonie amena l'injuste et prématurée mise à la retraite.

Des fonctionnaires et un certain nombre d'habitants allèrent, il est vrai, l'accompagner jusqu'au pont embarcadère, mais nous aurions voulu que les regrets et la reconnaissance des colons se fussent montrés par un témoignage plus significatif.

Les préoccupations du moment auraient pu expliquer sans doute cette indifférence de la population. Toutefois, la Colonie se devait à elle-même, à l'heure où son ancien Gouverneur, disgrâcié à cause d'elle, quittait ses rivages, elle se devait de protester par une démonstration quelconque, mais éclatante, contre l'inique mesure qui venait de le frapper si inopinément.

M. Graëb, lui aussi, était arrivé à Bourbon avec une délicate mission à remplir. Porteur des lois de 1845 qui réglaient le patronage des esclaves, lois que les colons considéraient comme vexatoires dans leur application journalière, il sut en assurer la difficile exécution, aidé de l'honorable Procureur général, M. Barbaroux.

Au premier jour de la nouvelle des événements de Février, jusqu'à l'arrivée dans la Colonie du Commissaire général, par sa sagesse, par la confiance qu'il inspirait, il avait assis au milieu de nous, pour le présent et pour l'avenir, l'ordre et la tranquillité.

XVII.

Mais c'est surtout dans une circonstance mémorable que M. Graëb donna au Pays une preuve énergique de son dévouement. Nous voulons parler de « l'affaire Monet, » (de M. Monet, vice-préfet apostolique) laquelle affaire, exploitée en France par les abolitionistes *de la veille*, récemment arrivés au Pouvoir, avait servi de prétexte à l'acte injuste dont il était la victime.

Aussi disait-il avec un sourire amer :

« J'ai brisé mon épée contre une soutane. »

Une coïncidence particulière : c'est M. Graëb, objet d'une disgrâce inouïe, qui, le premier, proposa d'ériger à l'île Bourbon une statue à la mémoire de Labourdonnais, l'un de ses prédécesseurs, dont les nombreux services furent également récompensés par une disgrâce restée célèbre dans les annales de l'injustice. N'y a-t-il pas toute une méditation philosophique dans ce simple rapprochement?

Ainsi, M. Graëb, arrivé dans la Colonie avec une preuve de la confiance du Gouvernement ; chargé d'opérer, sinon une transformation, du moins une modification dans nos institutions coloniales, s'en retournait en France, après avoir justifié la confiance que la Métropole avait eue en lui, sans emploi, mis en suspicion, arrêté dans une carrière où il aurait encore rendu des services, où il aurait encore trouvé de la gloire, lui qui en avait rapporté des combats livrés au cap Finistère, à Trafalgar, aux bords de l'Escaut, aux côtes de la Morée, du Maroc et de l'Algérie...

La Colonie, nous le savons, n'a pas oublié les actes de l'Administration ferme, intelligente et dévouée du regrettable M. Graëb; mais nous le répétons, nous aurions aimé à constater, ici même, un témoignage sérieux du souvenir qu'elle en a gardé, alors surtout que plusieurs de ses prédécesseurs et successeurs ont emporté de l'île Bourbon, les uns des épées d'honneur, les autres des plats d'argent et des vaisselles en vermeil.

XVIII.

Si le calme et la résignation étaient dans nos demeures, l'agitation et la révolte étaient au Lycée. Si les pères courbaient la tête sous la fatalité des événements, les enfants voulaient secouer le joug collégial et s'affranchir de la discipline universitaire. Et c'était dans le Lycée même que cet esprit de révolte se révélait. Des troubles graves venaient, en effet, d'éclater au sein de notre premier établissement d'instruction publique.

On avait tant crié contre son nouveau proviseur, M. Drouhet, qui, pendant son naufrage à l'*Ecole Joinville*, avait trouvé une planche de salut dans le provisorat; le *Journal du Commerce* mettait tant de persistance à vouloir le décrier, tantôt en prétendant qu'il n'avait écrit et fait écrire dans le *Cri public*, sur les vices de l'administration du collége, que pour s'emparer plus facilement de la provisorerie, tantôt en le désignant comme l'acolyte obligé et têtu de M. Auguste Brunet, chef des républicains de notre Ile où il n'y a pas de républicains.

Enfin le *Journal du Commerce* fit tant et si bien, ou si mal, que la plus grande partie de la population ne vit plus dans M. Drouhet, l'ancien chef d'institution qui avait eu naguère sa confiance, le proviseur dont les capacités étaient incontestables, mais un despote et un ambitieux. Les élèves qui lisaient le *Commerce* et qui entendaient les discours tenus sous la varangue paternelle, furent bien vite de l'avis de leurs parents pour déclarer M. Drouhet *proviseur impossible.*

XIX.

De son côté, M. Drouhet, avec plus de patriotisme que de tact, excitait l'imagination inflammable des élèves par des *speech* hebdomadaires prononcés les dimanches à l'issue de la messe. De sa voix claire et vibrante, il parlait à son jeune auditoire des avantages qu'offraient les institutions républicaines, avec lesquelles rien n'était impossible au talent et à la jeunesse. Il démontrait par des exemples que, sous le Gouvernement nouveau, le premier soldat heureux pouvait être général à vingt ans, et que le plus simple citoyen avait le droit d'aspirer à la présidence de la République française.

Toutes ces choses étaient assurément vraies au fond, mais comme il n'est pas toujours bon d'ouvrir la main qui contient les vérités, il arriva que les harangues libérales de M. Drouhet, dictées pour encourager les élèves dans leurs études, leur montèrent la tête pour la liberté. Ils se dirent entr'eux : puisque nous pouvons devenir des généraux dans un temps de..... nous allons faire de la stratégie dès maintenant. Ils avaient entendu parler *des petits de la mobile*, et ils se formèrent en carré. On leur avait assuré que l'accès de la Présidence leur était ouvert, ils conclurent de là qu'ils n'avaient plus besoin de proviseur.

On leur avait inculqué ce principe, que les gouvernements unitaires ne pouvaient pas vivre, que les Rois et les Empereurs avaient fait leur temps, que la souveraineté légitime régnait exclusivement dans la pluralité, c'est à dire dans le peuple ; ils en déduisirent, ces politiques mathématiciens, que la pluralité c'était eux, le peuple du Lycée, et que l'unité c'était le proviseur. Dès lors, périsse le Lycée plutôt qu'un principe ; et ils crièrent : *A bas Drouhet*, et ils demandèrent son renvoi. Ils avaient opéré suivant les procédés de M. Proudhon ; ils avaient créé des abstractions à l'aide d'une science exacte.

On avait beau leur dire : mais il va s'amender, votre proviseur, il sera moins sévère, moins injuste, moins acerbe à l'avenir ; ils répondaient par ce mot que l'on trouve dans la bouche de tous les révolutionnaires : « il est trop tard. »

XX.

Ces faits se passaient pendant la tournée du Commissaire général. M. Lebeaud, qui, en sa qualité de conseiller privé, remplaçait le Directeur de l'intérieur, fut obligé, pour rétablir l'ordre, de se rendre au milieu des élèves, qui ne le reçurent pas très-bien du reste. Il y parvint presque, le premier jour ; mais il ne put prévenir les autres scènes qui se renouvelèrent le lendemain avec plus de violence encore, et au milieu desquelles le proviseur fut assailli de coups de pierres jusque dans son domicile. Il n'y avait plus d'enfantillage alors. Une mesure énergique devenait nécessaire.

Comment les choses étaient-elles arrivées à ce point ? Etait-ce à cause du despotisme de M. Drouhet, ainsi que le disaient très-fort les élèves, ou bien par suite des encouragements blâmables donnés à la rébellion par les parents de ceux-ci ? Nous sommes bien près de répondre affirmativement à cette double question.

Une mesure énergique était devenue nécessaire, disons-nous, surtout après la visite du Commissaire général, qui s'était empressé, en rentrant de sa tournée, d'aller s'assurer par lui-même de ce qui se passait au Lycée, mais dont la présence n'avait pu apaiser l'effervescence révolutionnaire de nos jeunes compatriotes. Les grands sabres des grands gendarmes, qui furent un moment dégaînés, les baïonnettes d'un piquet d'infanterie qu'on avait également introduites dans la cour du Lycée, ne purent y rétablir l'ordre. Ce déploiement de la force armée ne devait pas, du reste, être très-effrayant. On sait que le soldat français n'est terrible que devant l'ennemi. La preuve, c'est que les militaires commandés pour cette démonstration, arrivèrent en souriant en face de nos émeutiers imberbes. On raconte même qu'un vieux caporal, en faisant résonner son arme, leur cria tout haut : « Ah ça ! ne flanquez pas de pierres, les fusils sont ici seulement pour faire peur. »

XXI.

Il n'y avait plus à hésiter. L'Autorité, par le fait même, était mise en demeure d'agir ; elle ne pouvait laisser se perpétuer, là où doivent régner le calme et la soumission, des désordres qui duraient déjà depuis près d'un mois, et qui allaient chaque jour en augmentant.

Le Commissaire général, après la tentative faite, sans succès, pour ramener les élèves à la discipline, rendit en Conseil privé, le 19 décembre 1848, un arrêté qui licenciait le Lycée sur les motifs : « que des désordres graves y avaient éclaté dans les soirées des 27 et 28 novembre et dans celle du 18 décembre ; qu'il importait, dans l'intérêt de la discipline et des familles, que des mesures immédiates et sévères fussent prises pour prévenir le retour de ces désordres qui compromettaient même l'existence du Lycée. Enfin, que l'insubordination des élèves avait été générale et poussée jusqu'à la révolte. »

XXII.

Aussitôt après ce licenciement, on chargea la Commission d'instruction publique de la réorganisation du Lycée. Elle devait s'occuper « de tout ce qui concernait l'enseignement, la discipline, le personnel, l'admission de nouveaux élèves et proposer tous les projets d'arrêtés qu'elle croirait nécessaires. »

On voulait profiter de cette occasion pour rapprocher, autant que faire se pourrait, le règlement du Lycée colonial de celui des lycées de la Métropole. « Le bien allait découler du mal, » disait le *Journal du Commerce*.

La Commission se mit à l'œuvre avec ardeur ; et après quelques jours d'un travail assidu, elle livra au Directeur de l'intérieur un projet de règlement qui paraissait satisfaire aux exigences de la situation. Mais le Directeur de l'intérieur tint peu compte, après les avoir sollicitées, des propositions de la Commission d'instruction publique. Il fit signer au Commissaire général, le 12 janvier 1849, un arrêté que l'on attribuait à M. Drouhet. Nous n'avons pas à revenir sur cette œuvre modifiée et améliorée depuis. Les vives polémiques auxquelles elle a donné lieu, ne nous ont d'ailleurs que médiocrement édifié sur la révolte du Lycée, objet principal du présent paragraphe. Ces polémiques ne soulevèrent réellement que des questions de personnes.

XXIII.

La Commission d'instruction publique, après une enquête, avait formé deux catégories d'élèves. Elle proposait le renvoi des meneurs et sollicitait l'indulgence de l'Autorité pour ceux qui n'avaient été qu'entraînés. Les collégiens assuraient cependant avoir agi tous comme un seul homme. C'était se déclarer tous coupables. La Commission ne crut pas à cette complicité dénoncée par la camaraderie. Elle disait : « Ainsi que la vertu, l'émeute à ses degrés. »

Ce fut le dernier avis qu'elle eut à exprimer au sujet de la révolte du Lycée. On ne la consulta plus.

La plupart des élèves furent rappelés, moins les mal notés. On réintégra tout le personnel de l'établissement, excepté les maîtres d'étude qui n'avaient pas, disait-on, les sympathies du proviseur, et M. Drouhet, grâce à l'amitié bien connue du Directeur de l'intérieur, fut maintenu dans les fonctions intérimaires qu'il occupait en remplacement de M. Crivelli, en congé. Il y fut maintenu, il faut bien l'avouer, en dépit du mécontentement des élèves et contrairement aux vœux de leurs parents.

Est-ce à dire que M. Drouhet ne soit pas un proviseur habile? La manière remarquable dont le Lycée est administré répond à cette question. Il en a fait, avec l'aide des professeurs distingués qui s'y trouvent actuellement, un établissement de premier ordre: les succès obtenus en France par nos jeunes compatriotes qui en sont sortis, l'ont définitivement classé en première ligne.

Mais on reprochait à M. Drouhet une sévérité excessive et tracassière qui restait sourde aux plus justes réclamations des élèves; une raideur qui ne se détendait jamais dans ses rapports avec le personnel sous ses ordres. On lui reprochait encore de vouloir être un homme politique.

Aujourd'hui que les règlements du Lycée, parfaitement établis, font rendre justice à M. Drouhet, on a oublié les reproches articulés contre le proviseur de 1848. On ne voit que l'administrateur à qui notre premier établissement d'instruction publique doit son organisation et sa prospérité.

XXIV.

Nous nous sommes peut-être trop arrêté sur cette révolte du Lycée. Il n'était pas sans intérêt, cependant, de rappeler les causes qui avaient amené ce fait inouï dans les annales collégiales de l'île Bourbon; et, non pas de justifier — on ne peut justifier une révolte — mais expliquer ces scènes regrettables, au fond desquelles on aurait trouvé, à la fois, l'abus des pensums, des antipathies personnelles, voire même les passions politiques de cette époque, qui avaient pénétré jusqu'aux salles d'étude de la rue du Barachois.

La révolte du Lycée nous a paru, dès lors, devoir être racontée avec quelques détails.

XXV.

Après l'important arrêté sur les engagements de travail, d'autres actes avaient été également promulgués. Ainsi celui qui réorganisait la Police pour la mettre en rapport avec le nouvel état de choses, mais qui l'a laissée insuffisante jusqu'ici; celui qui ordonnait l'inscription des esclaves, afin d'établir leur indentité et de constater leur existence; un autre concernant l'organisation des Conseils municipaux, conformément aux principes du nouveau Gouvernement; un autre sur le domicile politique des électeurs; puis celui relatif à l'établissement des recensements; celui qui prorogeait jusqu'au 20 janvier 1849 le délai accordé pour les engagements des travailleurs, et enfin plusieurs mesures qui, pour être de moindre importance, n'étaient pas moins utiles.

XXVI.

C'est en exécution de l'un de ces actes que les colléges électoraux furent convoqués le 15 décembre 1848, à l'effet de nommer les conseillers municipaux.

L'époque du renouvellement biennal, fixée par la législation de 1834, était arrivée depuis le mois d'octobre, mais M. Graëb avait laissé en fonctions les anciens conseillers, en raison de la prochaine arrivée du Commissaire général.

L'arrêté du 12 novembre, signé par M. Sarda, avait été calqué sur la législation métropolitaine. En vertu de cet arrêté, tous les citoyens français réunissant les conditions d'âge et de domicile, étaient appelés à voter.

On pensait que les prolétaires s'empresseraient, eux que la loi du cens avait écartés jusque-là de l'urne électorale, d'user d'un droit qui leur était octroyé pour la première fois. Il n'en fut pas ainsi. On peut dire que le contraire eut lieu; et, pour n'apporter qu'une preuve de cette assertion, nous n'aurons qu'à rapprocher deux chiffres: par exemple celui des électeurs inscrits à la 3ᵉ circonscription, c'est-à-dire le centre de la ville, qui était de 1,037, et celui des votants qui n'a atteint que 350. C'était là de l'indifférence. Aussi, à part quelques petites irrégularités, ces premières élections, accomplies par le vote universel, n'ont-elles offert aucun incident méritant de trouver place dans ce paragraphe. Il ne s'est agi pour nous que d'une simple constatation. Nous avons voulu montrer combien devaient être vives alors les préoccupations des habitants de la Colonie, pour qu'ils restassent si indifférents à la composition de leurs Conseils communaux.

XXVII.

Avant de clore ce chapitre qui finit, pour ainsi parler, avec l'esclavage, nous croyons devoir dire un mot des affranchissements accordés dans la Colonie avant l'année 1848.

Il y en avait de quatre sortes : les affranchissements *ordinaires* ou volontaires, c'est-à-dire ceux demandés par les maîtres pour récompenser les bons services de leurs esclaves (ils étaient les plus nombreux); les affranchissements *de droit*, découlant, pour les enfants, de la qualité de leurs mères devenues libres; les affranchissements *de fait*, c'est-à-dire ceux qui profitaient aux esclaves emmenés de la Colonie par leurs maîtres, et enfin les affranchissement par *rachat forcé*, prononcés en vertu de la loi et des ordonnances de 1845 sur le patronage.

La promulgation du décret d'abolition n'avait pas arrêté les formalités commencées alors en faveur des esclaves en état de manumission; jusqu'au jour de sa mise à exécution, les *actes de liberté*, comme on disait, furent concédés. Les derniers sont à la date du 9 décembre 1848, onze jours avant l'émancipation générale: leur chiffre total, pour les onze mois et demi de 1848, s'est élevé à 346.

XXVIII.

N'oublions pas de faire remarquer la différence que les noirs établissent aujourd'hui encore, après quinze années, entre ceux des leurs qui ont été affranchis du temps de l'esclavage et les libérés de la République. Eux-mêmes ils ont inventé des qualifications pour cette différence qui crée deux catégories dans leur population.

Ainsi les anciens affranchis sont des *libres avant la liberté*, et les nouveaux sont des *citoyens*, ou mieux des *noirs M'sié Sarda*.

Les libres avant la liberté s'enorgueillissent d'être les premiers en date sur les registres de l'État civil, et il faut convenir qu'ils en ont le droit, puisque c'est en raison de leur bonne conduite, des services rendus et de la reconnaissance de leurs maîtres, qu'ils ont été appelés à la vie civile, par la société même, tandis que les autres ont été affranchis en masse, indistinctement, sans choix, bons et mauvais, et qu'ils n'ont même pas eu à fournir le certificat de bonnes vie et mœurs exigé pour les permis de séjour et les changements de résidence.

La distinction dont les libres avant la liberté sont l'objet, n'a donc pas été empruntée uniquement à la vanité.

CHAPITRE III.

SOMMAIRE.

Le 20 décembre 1848. — Proclamation du Commissaire général. — L'émancipation proclamée mais l'indemnité non réglée. — L'attitude des maîtres. — Celle des esclaves. — Le premier jour et le lendemain de l'émancipation. — Les actes de l'Administration. — M. Massot.

I.

Pendant que s'accomplissaient les faits que nous venons de rappeler aux deux chapitres précédents, le temps avait marché; le 20 décembre était arrivé, c'est-à-dire le jour de la liberté, l'heure de la délivrance, la naissance à la vie civile de soixante mille individus.

Voici dans quels termes le Commissaire général apprenait aux affranchis leurs nouveaux devoirs. On retrouve dans son langage l'esprit de sagesse, de fermeté et à la fois de bienveillance qui avait caractérisé ses proclamations antérieures.

RÉPUBLIQUE FRANÇAISE.

Liberté, Égalité, Fraternité.

20 décembre 1848.

AUX TRAVAILLEURS.

« Mes amis,

« Les décrets de la République française sont exécutés:

vous êtes libres. Tous égaux devant la loi, vous n'avez autour de vous que des frères.

« La liberté, vous le savez, vous impose des obligations. Soyez dignes d'elle, en montrant à la France et au monde qu'elle est inséparable de l'ordre et du travail.

« Jusqu'ici, mes amis, vous avez suivi mes conseils; je vous en remercie. Vous me prouverez que vous m'aimez en remplissant les devoirs que la société impose aux hommes libres.

« Ils seront doux et faciles pour vous. Rendre à Dieu ce qui lui appartient; travailler en bons ouvriers comme vos frères de France, pour élever vos familles : voilà ce que la République vous demande par ma voix.

« Vous avez tous pris des engagements de travail; commencez-en dès aujourd'hui la loyale exécution.

« Un homme libre n'a que sa parole, et les promesses reçues par les magistrats sont sacrées.

« Vous avez vous-mêmes librement choisi les propriétaires auxquels vous avez loué votre travail; vous devez donc vous rendre avec joie sur les habitations que vos bras sont destinés à féconder et où vous recevrez la juste rémunération de vos peines.

« Je vous l'ai déjà dit, mes amis, la Colonie est pauvre : beaucoup de propriétaires ne pourront peut-être payer le salaire convenu qu'après la récolte. Vous attendrez ce moment avec patience. Vous prouverez ainsi que le sentiment de fraternité, recommandé par la Repubique à ses enfants, est dans vos cœurs.

« Je vous ai trouvés bons et obéissants, je compte sur vous.

« J'espère donc que vous me donnerez peu d'occasions d'exercer ma sévérité; car je la réserve aux méchants, aux paresseux, aux vagabonds et à ceux qui, après avoir entendu mes paroles, se laisseraient encore égarer par de mauvais conseils.

« Mes amis, travaillons tous ensemble à la prospérité de notre Colonie. Le travail de la terre n'est plus un signe de servitude depuis que vous êtes appelés à prendre votre part des biens qu'elle prodigue à ceux qui la cultivent.

« Propriétaires et travailleurs ne forment plus désormais qu'une seule famille dont tous les membres doivent s'entr'aider. Tous libres, frères et égaux, leur union peut faire seule leur bonheur.

« La République, mes amis, a voulu faire le vôtre en vous donnant la liberté. Qu'elle puisse dire que vous avez compris sa généreuse pensée, en vous rendant dignes des bienfaits que la liberté procure.

« Vous m'appelez votre père, et je vous aime comme mes enfants; vous écouterez mes conseils: reconnaissance éternelle à la République française qui vous a fait libres! et que votre devise soit toujours: *Dieu, la France et le travail.*

« Vive la République!

« SARDA-GARRIGA. »

II.

La volonté du Gouvernement provisoire était donc exécutée : « l'esclavage était entièrement aboli dans toutes les colonies et possessions françaises. »

Mais si les anciens esclaves se trouvaient en pleine possession de la liberté, les anciens maîtres étaient encore à attendre l'indemnité, l'indemnité *préalable*.

Qu'étaient donc devenues les longues promesses de la Métropole ? Qu'avait-on fait de l'opinion unanime des hommes d'État de tous les partis et de tous les pays, l'ancien M. Schœlcher compris (car il y avait eu un ancien M. Schœlcher); qu'avait-on fait de cette opinion, que M. de Lamartine, avec sa loyauté habituelle, avait érigée en principe dans ces mémorables paroles recueillies par les colons comme une sentence de la Justice même : « Il faut que la France se présente à ses colonies, l'émancipation d'une main, et l'indemnité de l'autre. »

Hélas ! notre généreuse mère-patrie n'avait suivi qu'à moitié le conseil du grand orateur. Il est vrai que ce n'était pas la France, mais bien le Gouvernement provisoire qui se présentait ainsi aux colons avec seulement l'émancipation d'une main.

III.

Peut-être objectera-t-on que M. de Lamartine faisait partie de ce même gouvernement: nous répondrons que les questions coloniales se traitaient ailleurs qu'à l'Hôtel de Ville, c'est-à-dire dans l'officine des quelques abolitionistes, adhérents du nouveau Pouvoir : ils s'en étaient exclusivement réservé la solution ; on la leur avait laissée, afin qu'ils eussent aussi à enlever quelques pierres de cet édifice social qu'il s'agissait de démolir promptement. Ce sont eux, ces abolitionistes émérites qui créèrent précipitamment cette Commission d'émancipation qui se montra si malveillante à l'égard des maîtres et si étrangement généreuse envers les esclaves. Ce sont eux qui griffonnèrent tous ces décrets dont la plupart inexécutables sont restés inexécutés. Ce sont eux enfin qui, à la hâte, comme on commet les mauvaises actions, et abrités derrière les onze signatures du Pouvoir, ont fait usurper au Gouvernement provisoire le droit suprême, dévolu à la Nation seule, de toucher à la constitution du Pays, en même temps qu'ils lui faisaient violer un autre droit imprescriptible, défendu par nos lois: le droit de propriété.

C'est ici le lieu de faire remarquer tout ce qu'il y avait de monstrueusement illégal dans cet acte subreptice, au moment où l'on respectait si scrupuleusement, en France, tout ce qui dépendait de la Nation; où l'on pensait que, même pour la consécration de la République, il était nécessaire que la République fût acclamée par l'*Assemblée nationale* sur le perron du Palais Bourbon.

Oui! il faut le dire, le Gouvernement provisoire avait laissé faire ses amis les abolitionistes. Il était d'ailleurs trop préoccupé, M. de Lamartine particulièrement, des embarras de toutes sortes qui surgissaient à chaque instant autour de lui, pour distraire quelque chose de son temps et de son attention au profit des colonies dont il n'avait rien à espérer et rien à craindre. Qui sait? La plupart des hommes qui siégeaient à l'Hôtel de Ville, ne connurent peut-être le décret d'émancipation que par le *Moniteur Universel*.

IV.

On le voit, les propriétaires de l'île Bourbon n'avaient aucune raison, en ce jour heureux pour les noirs, de faire éclater de la joie. Ils ne montrèrent cependant ni colère ni regrets. On aurait trouvé au fond de leur légitime tristesse, plutôt de la déception que du ressentiment. Et si, dans leur attitude, on démêlait quelque indice qui révélât une pensée de blâme, ce blâme était à l'adresse des hommes. Les événements étaient acceptés. C'est-à-dire que l'acte considérable de l'émancipation, s'il lésait les intérêts matériels des colons, donnait satisfaction à leurs sentiments d'humanité.

La dignité des créoles de Bourbon, quoique blessée, ne

faiblit pas ; et leur générosité héréditaire sortit victorieuse de l'injuste épreuve à laquelle elle avait été condamnée.

Ils furent, à ce moment décisif, ces colons prétendus arriérés, encroutés dans le vieux colonialisme, que les négrophiles avaient représentés naguère comme endurcis dans l'exploitation de l'homme par l'homme et pour lesquels ils avaient accouplé deux mots — *barbare* et *inhumain* — pour en faire un pléonasme de réprobation, ces colons furent, à ce moment décisif, ce qu'ils avaient toujours été jusque-là : calmes et dignes, humains et généreux.

V.

Mais les noirs, eux qui s'étaient couchés esclaves le 19 décembre, et qui se réveillaient libres le lendemain, combien ils durent se trouver légers à ce réveil du 20 décembre 1848!

Certes, ils n'eurent pas besoin, ce jour là, du tintement de la cloche pour s'arracher au sommeil, et ce n'était point pour répondre à l'appel qu'ils se trouvèrent sur pied à cette première aurore de la liberté.

Ceux de Saint-Denis allèrent entendre le *Te Deum* chanté officiellement à la Cathédrale, en présence du Commissaire général et des fonctionnaires qui y avaient été convoqués. On leur avait fait bien commencer la journée.

Adresser ses premiers remercîments à Dieu, c'était accomplir, tout à la fois, un acte de haute convenance religieuse et reconnaître tacitement les grands principes de la société : la religion, le respect des lois, l'honnêteté et le travail, ces grandes et bonnes choses prêchées par l'Eglise.

Assurément nous ne voulons pas dire que ces hommes ignorants, affranchis depuis quelques heures seulement, mesuraient toute la portée que des esprits élevés auraient pu trouver dans le tribut de reconnaissance et d'humilité qu'ils apportaient au pied des saints autels. Il ne faudrait pas, cependant, leur refuser l'instinct de la compréhension pour une partie de la sublime morale de notre immortelle religion. Le Clergé avait d'ailleurs développé cet instinct dans lequel le Commissaire général et les colons eux-mêmes avaient puisé un espoir fondé pour le maintien de l'ordre et la conservation du travail.

VI.

Après la cérémonie, en sortant de l'église, ils se rendirent à l'hôtel du Gouvernement et chez les chefs d'administration. Ils y reçurent de sages recommandations et de vifs éloges pour l'attitude pleine de convenance qu'ils gardaient à ce moment dont ils avaient deviné toute la solennité.

Puis ils firent par la ville des promenades processionnelles, marchant en ordre, d'un pas réglé, portant des rameaux de palmiste, comme on porte des branches d'olivier, ces étendards de la paix, et entonnant en chœur, mais sans éclat, la *Parisienne*, un chant dont ils ne comprenaient pas tout le sens que Casimir Delavigne y avait mis, et dont ils écorchaient les paroles, mais dans lequel ils retrouvaient deux mots qu'ils croyaient exprimer une allusion significative à leur passé et à leur présent. Ils chantaient :

« On nous disait: soyez *esclaves* »
. . . .
« La *liberté* rouvre ses bras. »

Ils allèrent ainsi par les rues, quelques-uns criant *Vive le Roi !* jusqu'à neuf ou dix heures du matin ; dans la soirée ils étaient rentrés chacun chez son engagiste. Ils n'avaient pris qu'un jour de liberté.

Pas le moindre trouble, pas le plus petit désordre ne vint faire perdre à cette grande journée son caractère imposant ; on put même remarquer que, contrairement à leur vieille habitude de célébrer leurs joies par des libations, les noirs, au 20 décembre, s'abstinrent complètement de visiter les cantines.

VII.

A midi, sauf quelques tam-tams qui faisaient entendre leur bruit sur une ou deux places publiques, la tranquillité la plus parfaite régnait dans toute la ville. Et, si quelque voyageur était débarqué à Saint-Denis, il n'aurait pu croire que le fait le plus considérable qui se pût produire dans un pays à esclaves, venait de s'accomplir ce jour-là même, au milieu de cette population qu'il aurait vue calme et paisible.

Quel plus magnifique éloge peut-on faire des noirs et des blancs ? Et quel événement pourrions-nous trouver dans l'histoire de notre Colonie, qui constaterait d'une manière plus éclatante l'excellent esprit de nos anciens esclaves et les bons sentiments de leurs anciens maîtres ?

Que n'a-t-il été donné aux colons d'avoir parmi eux, à cette heure, quelques-uns de ces anciens négrophiles ignorants des choses coloniales, afin de leur demander : sont-ce là ces esclaves qui ont été abrutis par les mauvais traitements ? Sont-ce là ces maîtres qui ont été barbares et inhumains ?

VIII.

Ce grand acte, qui avait été l'objet de tant d'appréhensions de la part des propriétaires, s'était donc accompli dans le calme le plus parfait, dans la plus entière sécurité. Pas un reproche de part et d'autre, pas une allusion aux choses de l'esclavage qui pût donner l'idée d'une récrimination quelconque.

On ne pourra pas croire, dans cent ans, que l'historien contemporain de cette époque n'ait pas eu sujet d'en parler davantage. Nous n'avons cependant aucun fait extraordinaire à enregistrer ; ceux qui viennent d'être relatés sont pâles assurément, mais rien n'est plus glorieux pour notre colonie que cette constatation même. « Heureux le peuple qui n'a pas d'histoire, a dit un écrivain philosophe. » Celle de l'émancipation des noirs de l'île Bourbon peut être écrite en deux mots. On n'y trouvera rien à reprendre au double point de vue de la politique et de la philanthropie.

Cette transformation sociale qui d'un même coup changeait les mœurs et les habitudes du Pays, enlevant aux uns leur fortune, donnant aux autres des droits qu'ils ne connaissaient même pas, élevant ceux-ci et abaissant ceux-là, cette transformation se fit à l'île Bourbon d'une manière si rapide, si naturelle et si pacifique à la fois, pour l'immortel honneur de ses habitants, qu'à peine en avait-on calculé les conséquences. Ce ne fut que plus tard qu'on put les découvrir, comme on ne découvre qu'après la tempête les dégâts qu'elle a occasionnés.

IX.

Ainsi du soir au matin, c'est-à-dire du 19 au 20 décembre 1848, les noirs étaient passés de l'esclavage à la liberté. Ils ne prirent qu'un jour de repos, un seul, pour se remettre des émotions que leur avait fait éprouver cette bienheureuse nuit : le lendemain ils étaient à leurs travaux ordinaires.

Les habitations n'avaient donc point changé d'aspect, et à part quelques nouvelles figures qui se montraient dans le personnel des ateliers, tout y était comme l'avant-veille. Quant aux vieillards et aux infirmes, ils n'avaient pas bougé de place pour ainsi dire. Il y en eut même très-peu qui se donnèrent la peine d'aller trouver le propriétaire pour savoir s'ils devaient continuer à se faire nourrir et loger gratis sur la propriété.

A l'heure où nous écrivons, il y a encore quelques-uns de ces invalides que le temps a respectés pour montrer, on le dirait, la perpétuelle générosité des colons de l'île Bourbon. Ils vont, comme par le passé, tous les dimanches au matin, une tente en vacoa à la main, chercher au magasin des vivres leur ration de la semaine.

X.

Chez un de nos amis, il y a sept ou huit ans, à Sainte-Marie, nous avons vu un vieux macoa qu'un bras paralysé n'empêchait pas d'entretenir un petit jardin autour de sa demeure, et qui ne laissait échapper aucune occasion de faire acte de propriétaire, en paroles du moins, disant : *mon zardin, mon case.*

Un jour que nous voulions savoir quelle pensée il nourrissait à l'égard de son domicile, et que nous souvenant d'une certaine fable de Lafontaine nous lui demandions : eh! bonhomme Vilbrod, vous plantez toujours, mais qui vous dit que demain on ne vous renverra pas de l'habitation ; pourquoi vous donner tant de peine pour les autres?

Est-ce vous seulement qui mangerez les légumes que vous semez devant votre porte ?

Qui ça va renvôye à moin ? nous répliqua-t-il.... *m'sié ? non va ! Zamai moi quitte mon case. Quand moi sorte ici là, moui ça va cimitière.*

La confiance que ce vieux noir avait dans la générosité de son maître, était aussi touchante que la manière simple dont il l'exprimait.

Quand nous disions que certains décrets du Gouvernement provisoire n'avaient pas été exécutés !

XI.

Mais ce n'était pas tout que d'avoir promulgué le décret d'émancipation, d'avoir rédigé l'arrêté du 24 octobre sur les engagements de travail ; une tâche plus laborieuse incombait à l'Administration : il lui fallait encore maintenir la discipline dans les ateliers, empêcher le vagabondage, obliger les travailleurs à exécuter leurs contrats. Certes, ce n'étaient pas les décrets incomplets du Gouvernement provisoire qui pouvaient satisfaire à de pareilles nécessités. Des arrêtés vinrent y suppléer. Les plus importants et les plus utiles, évidemment, furent : 1° celui qui créait un atelier de discipline pour les condamnés, par suite de vagabondage et de mendicité ; 2° celui qui conférait aux juges de paix les attributions des juges cantonaux.

Ces arrêtés, promulgués alors pour être exécutés provisoirement, n'ont pas cessé d'être en vigueur depuis quinze années, le décret du 13 février 1852, réglant les engagements de travail, les ayant plutôt consacrés qu'il ne les a abrogés.

Ce petit rouage de la justice répressive est du reste le seul dans la Colonie qui fonctionne pour le maintien de la discipline domestique ; il est donc utile de l'y conserver. (Nous voudrions toutefois qu'on apportât plus de discernement dans les arrestations qui alimentent les tribunaux disciplinaires du chef-lieu.) Aussi, en constatant les services qu'il rend, nous ne pouvons nous empêcher de faire remonter notre reconnaissance à son auteur. Nous voulons parler du Procureur général Massot, l'inspirateur, pendant l'administration de M. Sarda-Garriga, de tous les actes qui ont servi à sauver l'agriculture, à maintenir l'ordre, à rassurer les colons.

XII.

Et que l'on nous permette de rapporter un fait qui consacre notre opinion à cet égard.

En 1851, quelque temps après la mort de M. Massot, sa femme et ses deux filles arrivaient à l'île Bourbon. Elles étaient assurément bien loin de supposer qu'au moment où le navire qui les portait jetait l'ancre sur notre rade, celui qu'elles venaient chercher au milieu de nous reposait déjà, depuis deux mois, là bas, sous le sable de la grève, à l'ombre des filaos du cimetière de l'Est. Elles étaient venues, la mère rejoindre un époux, les enfants embrasser un père qui les désirait avec une joie impatiente. Elles s'attendaient à être reçues sous un toit où elles devaient rencontrer l'amitié conjugale et l'amour paternel ; et, au lieu de cet époux, de ce père, de cette affectueuse réception au foyer domestique, elles ne trouvaient qu'un tombeau !

La ville entière s'émut en présence de cette cruelle déception qui avait attendu la famille Massot à son débarquement sur nos bords ordinairement si hospitaliers ; elle s'émut surtout de la position difficile que lui faisait le fatal événement que nous rappelons ici. En effet, M. Massot était mort ne laissant à ses enfants d'autre héritage qu'un nom à citer honorablement dans l'histoire de notre colonie.

C'est alors qu'un de nos compatriotes, M. Jules Geslin, Procureur général par intérim, proposa au Conseil privé de voter, au nom du Pays, une pension viagère à madame Massot.

Parmi les membres du Conseil, un ou deux, sans faire positivement d'opposition à M. Geslin, semblaient toutefois hésiter à accueillir sa proposition. Ils objectèrent que tous les hommes de l'ancien Conseil privé ayant concouru aux mesures qui avaient préservé la Colonie de désastres plus ou moins grands, il n'y aurait pas de raison, le cas échéant, à ne point accorder à leurs veuves des témoignages de reconnaissance, si l'on devait en accorder un de cette nature à madame Massot, en souvenir des services rendus au Pays par son mari.

Mais les sentiments de justice et d'équité de l'honorable M. de Barolet, commandant militaire, qui avait fait partie de l'ancien Conseil privé, se révoltèrent en face de cette espèce de fin de non-recevoir présentée par ses deux nouveaux collègues. Il vint en aide à M. Geslin ; et, sans enlever aux membres de l'ancien Conseil la part qui leur revenait dans les actes de l'Administration intelligente et énergique de 1848, M. de Barolet, cependant, déclara solennellement que ces actes étaient dus, presque tous, à M. Massot ; que c'était à son initiative que le Pays en était redevable.

Et le Conseil privé, présidé par un homme de cœur, M. le Gouverneur Doret, vota à l'unanimité la pension demandée pour madame Massot.

L'opinion publique ratifia hautement cette équitable décision.

FIN DE LA DEUXIÈME PARTIE.

TROISIÈME PARTIE.

CHAPITRE Ier.

SOMMAIRE.

Aspect général. — Les sacrifices d'argent. — Répartition d'un secours de 500,000 francs. — La petite propriété absorbée par la grande. — Projet de colonisation à Madagascar. — Les habitants de Nossi-Bé repoussent l'émancipation. — L'engagement de travail : moyens employés pour y échapper, efforts de l'Administration pour le maintenir. — Maladie des cannes. — Introduction et fécondation du vanillier à Bourbon.

I.

L'émancipation des esclaves, décrétée par le Gouvernement provisoire et acceptée franchement par la Colonie le 20 décembre 1848, était donc un fait entièrement accompli à l'ouverture de l'année 1849.

Mais pour n'avoir, en apparence, apporté aucun changement à la surface des choses, cet événement considérable ne remuait pas moins profondément la société coloniale.

L'ignorance complète dans laquelle les colons étaient laissés à l'égard du réglement de l'indemnité, devait nécessairement leur causer les plus vives inquiétudes pour l'avenir. Aussi, l'Agriculture était-elle découragée, le Commerce défiant, et, par suite, les industries secondaires qui dépendent de ces deux grands moteurs de l'activité humaine, se trouvaient-elles paralysées en même temps.

Les capitalistes, ces peureux de toutes les révolutions, avaient fermé leurs coffres-forts à double tour ; les agents de change refusaient des avances ; les négociants ne répondaient plus aux demandes des planteurs ; les marchands avaient inscrit en gros caractères, sur leurs enseignes, ces désespérants avertissements : *tout au comptant, Crédit est mort.*

On parlait déjà de petits propriétaires qui voulaient aller avec leurs quelques travailleurs engagés, demander des vivres au Commissaire général ; même de grands habitants, comme on disait alors, étaient à la veille, assurait-on, ne pouvant plus nourrir les hommes de leurs ateliers, de mettre la clef sur la porte de leurs sucreries.

II.

Alors commencèrent les exigences d'une part et les sacrifices de l'autre.

Les coupons d'esclaves, c'est-à-dire le titre de propriété ou de possession, furent transformés en billets de banque et proposés en paiement des objets de première nécessité. C'était la seule ressource qui restait aux quatre cinquièmes de la population libre. Mais ces titres n'avaient aucune valeur déterminée, le chiffre de l'indemnité n'étant pas connu ; aussi n'eurent-ils, à ce premier moment, que de rares preneurs.

Devenus ainsi des titres fictifs, les coupons d'esclaves furent cédés pour un morceau de pain, c'est le cas de le dire. Les marchands les acceptaient sans trop de répugnance — il leur fallait vendre — mais les capitalistes les refusaient inexorablement, ne voulant pas donner leur métal monnayé en échange de *chiffons de papier*, suivant leur dédaigneuse expression. Quant aux spéculateurs, qui les guettaient pour s'en rendre acquéreurs en temps opportun, et qui ne manquaient pas de démonétiser ces lettres de change tirées sur un gouvernement *provisoire*, ils ne se montraient pas encore ; ils voulaient être assurés du vote de l'indemnité avant d'*acheter*, moyennant 50, 100, 200 et 300 francs au plus, — ainsi qu'ils les ont payés — des coupons qui devaient valoir, à quelques mois de là, 711 francs 33 centimes.

III.

La situation était donc des plus critiques, ou plutôt des plus menaçantes, surtout à ce moment où une crise monétaire, qui a semblé pendant longtemps ne devoir pas finir, commençait à sévir dans notre colonie. L'Administration ne pouvait rester indifférente à un pareil état de choses, sans manquer à ses devoirs les plus impérieux. Il fallait agir, et agir vite. Le Conseil privé décida, en conséquence, qu'une somme de 500,000 francs serait affectée, savoir : 350,000 francs aux propriétaires nécessiteux, et 150,000 francs à former le premier fond d'un Comptoir d'escompte et de prêts dont le capital était fixé à 850,000 francs.

Le remboursement des avances à faire aux propriétaires devait être garanti par les coupons d'esclaves ; et, pour compléter le capital du Comptoir, on appelait des actionnaires.

Cette double mesure, dictée par une généreuse initiative, fut très utile à la Colonie ; elle ramena dans la circulation une partie des capitaux qui en étaient sortis ; elle rassura les possesseurs de coupons sur la valeur de ces titres considérés jusque-là comme les signes illusoires d'une indemnité incertaine.

On apprenait en même temps qu'un décret de l'Assemblée nationale, en date du 4 août 1848, allouait au département de la Marine un crédit extraordinaire de 1,500,000 francs pour concourir à l'approvisionnement des colonies. Sur cette somme, un million était affecté à l'île de la Réunion, comme « se trouvant placée dans des conditions particulières, » ainsi que l'indiquait une dépêche ministérielle adressée à la Chambre de commerce de Nantes. Partie de cette allocation devait être employée en achats directs, opérés dans l'Inde par les soins de l'Administration, et partie convertie en primes allouées au Commerce. Ce dernier emploi ne devait pas s'élever au-delà du cinquième de la somme totale, ce qui donnait une proportion de 200,000 francs.

« En ce qui touche les achats de subsistances — disait le Ministre dans sa dépêche du 4 septembre — j'ai déjà transmis à l'Administration de l'Inde des instructions aux termes desquelles elle devra successivement y pourvoir dans la proportion nécessaire pour assurer à l'île de la Réunion, concurremment avec les importations du Commerce, un approvisionnement mensuel d'environ 22,000 balles de riz. »

IV.

On le voit, la sollicitude de l'Administration métropolitaine et celle de l'Autorité locale se manifestaient en même temps par des mesures qu'on peut appeler bienfaisantes puisque, si elles n'ont pas répondu, pour la Colonie, aux exigences du moment, du moins elles lui sont venues en aide.

Le Pays n'a pas été insensible à ce double bon vouloir dont le Gouvernement républicain lui donnait simultanément, ici et là bas, des preuves évidentes, malgré les quelques-uns de nos anciens antagonistes qui rodaient encore dans les couloirs du Ministère de la Marine. Il est vrai que les récents et déplorables événements survenus aux Antilles, nous avaient singulièrement rendus intéressants aux yeux de la Métropole.

Toutefois, cet intérêt dont elle était l'objet ne faisait pas sortir l'île Bourbon des nombreux embarras dans lesquels elle se trouvait.

La gêne était partout. La misère menaçait les petits propriétaires; eux qui, hier encore, vivaient facilement du travail de deux ou trois esclaves, ils allaient être obligés de chercher, dans une industrie quelconque, les moyens d'existence que la petite culture ne pouvait plus leur offrir; le produit de leur morceau de terre, pour nous servir d'une expression locale, ne couvrant pas les frais que leur occasionnait le travail rétribué.

On jugea dès lors comme inévitable et forcée l'absorption, qui est aujourd'hui presque complète, de la petite propriété par la grande.

Les esprits clairvoyants comprenaient, dès cette époque, qu'à un moment donné, une partie des co-possesseurs du sol de notre Colonie, jouissant d'un bien-être qui les y attachait fortement naguère, allaient devenir des prolétaires, voire même des gens sans feu ni lieu.

V.

C'est alors que quelques hommes ardents tournèrent les yeux vers Madagascar, et formèrent le projet de fonder une colonie dans le nord de notre France Orientale. Un comité fut constitué à Saint-Denis pour régler cette expédition ou pour mieux dire cette émigration.

Il s'agissait de réunir un millier de volontaires et d'aller s'établir soit à Vohémare, soit au port Louquez. Les émigrants n'entendaient point attaquer les naturels, c'était une conquête pacifique qu'ils entreprenaient, mais ils étaient fermement décidés, cependant, à repousser par les armes toutes tentatives qui auraient eu pour but de les troubler dans leur projet de colonisation; et, à cet effet, ils demandaient au Gouvernement de les faire suivre de quelques centaines d'hommes de troupe, pour protéger au moins le premier établissement, sauf à les lui renvoyer après avoir assuré la prise de possession. On comptait surtout sur l'appui que devait prêter aux colonisateurs bourbonnais certaine peuplade de Madagascar, dont les sympathies sont depuis longtemps acquises aux Français, et que le joug des nouveaux dominateurs tenait, sous la reine défunte, dans un état permanent de révolte. On prétendait même que des propositions venaient de nous être faites dans ce sens, par un des chefs de la tribu amie.

Plusieurs de nos concitoyens, et notamment un praticien très-distingué et très-estimé, un esprit sagace, un cœur résolu, le docteur Bernier, mort depuis, qui avait séjourné plusieurs années à Madagascar, offraient de se mettre à la tête de cette expédition dont le projet était moins téméraire qu'on pourrait le penser.

Les immenses ressources que les colons dépossédés devaient trouver à Madagascar, les droits que nous avons sur ce magnifique pays, les dégoûts et les craintes qui gagnaient nos prolétaires; et jusqu'à l'espoir chevaleresque de venger, si l'occasion s'en présentait, nos frères tombés sous la sagaïe madécasse, dans la fatale attaque de 1845, et dont les têtes, trophées humaines, étaient encore sur des piquets de la plage de Tamatave, tout nous poussait vers la grande Ile africaine. Un prêtre même, se laissant gagner par l'enthousiasme, avait dit : « Dieu le veut, allons à Madagascar ! »

On y aurait couru si le Gouvernement avait pu faire soutenir cette entreprise par cinq ou six cents hommes de troupes régulières. Ce renfort venant à manquer, les plus décidés des colonisateurs futurs se refroidirent, et le projet fut abandonné, au grand regret de quelques esprits convaincus qui, aujourd'hui encore, assurent que l'île Bourbon, avec un peu d'aide, eût opéré sur un point de Madagascar une véritable prise de possession.

VI.

Nous ne pouvons parler de Madagascar sans nous souvenir d'un fait oublié sans doute de nos compatriotes, mais que nous devons rappeler ici, en raison de sa singularité et de son invraisemblance même.

Qui se souvient, en effet, de la résistance que les naturels de Nossi-Bé se proposaient de faire à l'acte d'émancipation ? Il est cependant très-vrai que les Sakalaves de cette possession française voulurent un moment s'opposer à l'exécution du décret du Gouvernement provisoire.

Nous copions textuellement, dans le *Journal du Commerce* du 16 janvier 1849, ce qui a été écrit à cette occasion :

« Par le navire le *Colon*, arrivé sur la rade de Saint Paul le 13, nous recevons des nouvelles de Nossi-Bé du 14 décembre.

« En voici la substance :

« C'est le 18 janvier courant qu'aura lieu dans cette île l'émancipation des esclaves.

« Les Sakalaves ont fait une grande démonstration contre la mise à exécution de cette mesure, qui, disent-ils, ne peut les atteindre. Nous ne savons jusqu'à quel point leurs arguments sont fondés ; ceux-ci, toutefois, ne manquent pas d'une certaine logique.

« Ainsi les principaux chefs de Nossi-Bé même, et des îles environnantes, se sont rendus avec les populations qu'ils gouvernent, au nombre d'environ dix mille âmes, sur le plateau de Hell-Ville, siége de l'établissement français. Ils étaient tous armés, et là, ils auraient déclaré au Commandant que la mesure projetée serait la violation flagrante de leurs coutumes, de leurs usages, de leurs lois, et qu'ils ne devaient pas y souscrire.

« Lorsque nous vous avons cédé notre pays, disaient-
« ils, vous avez promis de respecter nos lois, et aujour-
« d'hui c'est vouloir les violer que de nous contraindre à
« donner la liberté à nos esclaves. »

« Vous deviez respecter nos propriétés, et sans respect
« pour ces engagements sacrés, pris au nom d'une grande
« nation, vous venez, vous Français, nous dépouiller,
« nous misérables Sakalaves, du peu que nous possédons,
« et qui nous a été transmis de père en fils. C'est le seul

« héritage que nous aient légué nos ancêtres, et vous
« voudriez nous l'enlever! Mais cela n'est pas posssible
« et cela n'aura pas lieu, car nous ne le souffrirons pas. »

« Ce qu'il y a de singulier dans cette démonstration, c'est que les esclaves ont fait cause commune avec les maîtres, et que tous, sans exception, repoussent l'émancipation comme attentatoire à leur *liberté*.

« Voilà, certes, de quoi stupéfier les abolitionistes *quand-même*, et il faut avouer qu'ils étaient loin de s'attendre à une semblable résistance. »

VII.

C'est de cette façon que les Sakalaves accueillaient — au double point de vue de la politique et du socialisme malgaches — le bienfait que les républicains français leur envoyaient de quatre mille lieues.

Ils voulaient avoir des esclaves, eux les Sakalaves, imitant en cela les peuples les plus civilisés et les plus républicains de l'antiquité, et la nation la plus démocrate de nos jours, la nation Américaine. Ce n'est donc pas de ce côté que ces sauvages se montraient barbares.

Il y avait, toutefois, une particularité qui sauvait leurs principes de l'imitation. C'était cette singulière résistance des serviteurs, cette volonté inconcevable, mais ferme des esclaves de rester dans les liens de l'esclavage et de ne pas vouloir de la liberté. C'était assurément une manière originale et imprévue de repousser le grand acte humanitaire du Gouvernement provisoire.

Mais chez nous-mêmes, ne voyons-nous pas, tous les jours, de vieux noirs, au souvenir des bons traitements qu'ils recevaient de leurs anciens maîtres, regretter presque l'esclavage et s'exprimer en termes peu révérencieux à l'égard d'une émancipation qui les a retirés d'une situation exempte de soucis, dans laquelle le vivre, le coucher et les soins leur étaient assurés, pour les jeter dans les privations et même le dénuement, ce compagnon inséparable du grand âge chez les pauvres de tous les pays.

Leur dire sur ce grave sujet est-il sincère, et n'est-ce pas là encore une réminiscence de leurs habitudes courtisanesques ? Qui peut répondre de la véracité d'un noir ?

VIII.

Pendant que les Sakalaves de Nossi-Bé refusaient l'émancipation, les affranchis de l'île Bourbon commençaient à fuir le travail. A peine avaient-ils accepté les obligations auxquelles les soumettait le livret d'engagement, qu'ils s'ingéniaient à les rendre illusoires ou à les esquiver. Des industriels d'un nouveau genre arrivèrent à point, pour leur offrir un moyen simple et facile d'échapper à l'engagement sérieux : c'était l'engagement fictif. Ils l'accueillirent avec reconnaissance. Voilà comment tel qui, la veille de l'abolition de l'esclavage, ne possédait pas un noir, se trouvait tout à coup, deux ou trois mois après, avoir plusieurs engagés à son service.

Ces sortes de compromis entre des personnes, pour la plupart prolétaires, et les nouveaux citoyens, laissaient ceux-ci maîtres de leur temps et donnaient des rentes à ceux-là.

Il n'est pas inutile de rappeler de quelle façon les parties procédaient, avec cette observance des conventions qui préside ordinairement à l'exécution des contrats illicites.

L'engagé, sous le plus futile prétexte, demandait la rupture de son engagement, quand il ne quittait pas la propriété clandestinement ou quand il voulait bien se servir d'un semblant de motif ; il cherchait un *répondant,* presque toujours trouvé d'avance, lequel, moyennant une redevance mensuelle de deux ou trois francs, engageait pour ne rien faire le travailleur fuyard. Le livret était cependant sérieusement présenté à l'Autorité municipale et dûment régularisé. Mais après avoir quitté la Mairie, l'affranchi, libre de son temps, allait où bon lui semblait. La faible somme de deux ou trois francs était gagnée dans deux ou trois jours, payée régulièrement au répondant, et tout le reste du mois appartenait au faux engagé, qui se livrait alors à un travail plus ou moins licite, plus ou moins facile, ou plutôt ne travaillait pas du tout. Ces répondants se créaient ainsi des revenus certains, obtenus seulement avec le prêt de leur nom pour la perpétration d'un délit. Aussi, peut-on dire qu'ils ont été les adversaires ingénieux du travail; et si, au début de l'émancipation ils ne purent, en raison de leur petit nombre, dépeupler nos ateliers, ils furent cependant les organisateurs de cette émigration vers la ville, des travailleurs de la campagne, et les premiers qui poussèrent notre ancienne population noire vers l'oisiveté dans laquelle elle est restée depuis si fatalement pour l'agriculture coloniale et pour elle-même.

IX.

Telles ont été les manœuvres employées par les travailleurs valides, de concert avec les répondants, pour échapper à l'exécution de l'arrêté sur les engagements de travail. Quant aux femmes, cet arrêté même, en leur ouvrant la porte de la case conjugale, les enlevait à la domesticité. Nous disons à la domesticité, parce qu'il y avait peu de négresses affectées à l'agriculture, tandis que nos maisons étaient généralement encombrées de couturières, de blanchisseuses et de bonnes d'enfants.

En effet, aux termes de l'article 2 de l'arrêté du 24 octobre 1848, le mariage les exonérait de l'obligation de travailler pour autrui. C'était la partie morale et religieuse de cette législation. L'Administration avait établi le principe, il était dans l'esprit et le devoir du Clergé de s'occuper de l'application; il poussa au mariage.

Nous devons croire cependant que le législateur colonial attendait du privilége matrimonial qu'il avait accordé aux nouvelles citoyennes, un résultat autre que celui recueilli. Cependant n'aurait-il pas dû prévoir les inconvénients attachés à la faculté qu'il octroyait? Mais, sans doute, la bonne et haute pensée de constituer la famille, là où une promiscuité séculaire la repoussait; sans doute, ce louable désir lui avait fait juger que pour un pareil succès on devait faire quelques sacrifices, on pouvait laisser écorner quelque peu les principes de l'économie politique.

L'Administration et le Clergé se trompèrent. Il arriva que les femmes, pour jouir de cette faculté qui leur était offerte, s'empressèrent d'aller jurer fidélité et constance devant M. le Maire et M. le Curé. C'est à qui de ces demoiselles, dont la plupart étaient déjà mères, voulaient se marier, peu importait avec qui. On vit alors de jeunes négresses épouser de vieux noirs, de jeunes noirs s'unir à de vieilles négresses. Des caractères les plus opposés, des habitudes les plus contraires s'associèrent en toute hâte. Mais à peine la lune de miel s'était-elle levée sur ces unions favorisées par l'Église et consacrées par l'État civil, que les reproches, les antipathies, les querelles désunirent les époux pour rire, que l'intérêt avait un instant fait entrer dans le lit nuptial.

Ce que le législateur ne demandait pas aux femmes, les maris le leur réclamaient énergiquement, c'est-à-dire un travail quelconque. Mais les femmes, avec l'article 2 de l'arrêté, refusaient l'obéissance que l'article 213 du Code Napoléon leur avait fait promettre aux nouveaux maîtres qu'elles s'étaient donnés. Elles ne voulaient rien faire, même pas, souvent, s'occuper des soins du ménage. Elles s'étaient mariées, disaient-elles, pour se reposer.

Bref, la plupart des contractants se séparèrent, et la plus belle moitié des associés courut à la découverte de commanditaires et de bailleurs de fonds. Les maris redevinrent garçons comme devant, leurs dames restèrent libres, livrées à elles-mêmes ; nos maisons n'eurent plus de blanchisseuses, plus de femmes de chambre, plus de bonnes d'enfants. Un oui et trois mots latin, comme aurait dit Béranger, avaient amené ce déplorable résultat.

Ainsi, après quatre ou cinq mois d'une obligation acceptée d'abord franchement, les affranchis trouvaient moyen de s'y soustraire, les hommes par les engagements fictifs, les femmes par le mariage. On peut donc s'en convaincre, l'abandon de l'agriculture et de la domesticité, dont nous nous plaignons si justement aujourd'hui, et les séparations de corps des nouveaux citoyens, datent de loin. Ils avaient commencé dès le lendemain de l'émancipation des esclaves. Le législateur, les curés, les officiers de l'État civil, tout le monde, à peu près, a été complice des répondants, pour avoir, sans s'en douter, aidé, assisté et facilité les engagés dans l'inexécution des règlements sur le travail et dans l'inaccomplissement des promesses qu'ils avaient, sur le Code civil et sur l'Évangile, juré d'accomplir loyalement.

X.

C'est ainsi que la désorganisation du travail se consommait à l'aide même des mesures qui avaient été prises pour la prévenir.

On pense bien que l'Administration ne resta pas impassible en présence de ce résultat qui changeait en déceptions les espérances données au Pays, il y avait quelques mois à peine, par « l'engagement obligatoire. » Elle voulut courir au devant du péril; mais par quel moyen aurait-elle pu l'arrêter? Quel est la loi qui peut empêcher la fraude et réprimer le subterfuge? On punit les délits, on ne les prévient point, bien que les pénalités édictées dans nos Codes y aient été insérées à cette fin. Aussi, ce fut en vain que le Commissaire général, comptant un peu trop, cette fois, sur l'autorité de sa parole, essaya de ramener les nouveaux affranchis au devoir, en leur rappelant leurs promesses envers lui-même et leurs obligations envers leurs engagistes. Revenus du premier entraînement qui les avait faits pour un moment si obéissants, les noirs n'entendaient plus la voix de celui qu'ils appelaient encore leur père, mais pour lequel ils n'étaient plus des fils soumis.

M. Sarda leur avait dit, le 17 février 1849, dans sa proclamation *aux travailleurs*, que « sans le travail la liberté ferait leur malheur; » que « le travail c'était l'ordre; » que « le travailleur qui avait bien rempli sa journée avait la conscience tranquille, qu'il jouissait d'un contentement intérieur, première récompense que Dieu accorde à l'homme sur la terre; » qu'il savait que beaucoup d'affranchis avaient « lâchement abandonné les travaux de la grande culture » pour prendre des engagements de travail « avec des gens qui ne possédaient pas une gaulette de terre, qui n'avaient pas un grain de riz, pas une obole à leur donner; que ces gens-là voulaient louer leurs bras à des tiers, c'est-à-dire exploiter l'homme par l'homme; » que c'étaient des engagements fictifs, « punis par la loi, » ceux qu'ils contractaient ainsi.

Enfin il disait: « ma protection aux travailleurs; l'atelier de discipline pour les paresseux. »

Ces conseils et ces menaces du Commissaire général touchèrent peu les nouveaux affranchis: ils n'écoutèrent pas plus les uns qu'ils ne s'effrayèrent des autres.

XI.

La *Proclamation aux travailleurs*, toute paternelle et tout énergique qu'elle était, offrait d'ailleurs peu d'espoir, pour l'agriculture, aux colons qui connaissaient les instincts et les mœurs des anciens esclaves.

L'Administration ne s'était pas bornée cependant à conseiller et à menacer. En même temps que l'*ultimatum* du Commissaire général — le travail ou l'atelier de discipline — était affiché aux quatre coins de la Colonie, le journal officiel publiait, les 7 et 17 février, trois arrêtés complémentaires des règlements sur le travail.

Le premier, contre-signé du Directeur de l'intérieur, instituait des *surveillants ruraux*, « chargés spécialement de la recherche et de la constatation des faits de vagabondage et de mendicité et d'indue possession des terrains appartenant soit à l'État, soit aux particuliers. »

Les deux autres arrêtés, rendus sur la proposition du Procureur général, édictaient des peines et contre les travailleurs qui se seraient refusés à exécuter leurs engagements et contre les personnes qui auraient engagé des affranchis cultivateurs ou domestiques ayant déjà un engagement antérieur.

XII.

Ce n'était donc pas le bon vouloir qui manquait à l'Administration pour conjurer le péril dans lequel allait se trouver l'agriculture coloniale. Ainsi, les engagés cherchaient à se soustraire aux obligations qu'ils avaient contractées volontairement, elle les forçait à les exécuter sous peine d'être condamnés à l'amende et à l'emprisonnement; certains engagistes se livraient à l'embauchage et certains autres favorisaient, ou pour mieux dire provoquaient l'engagement fictif, elle édictait également contre eux des pénalités.

Mais il faut l'avouer, ces mesures arrivaient trop tard.

Les affranchis comme les embaucheurs, comme les inventeurs de l'engagement fictif, avaient eu le temps de se familiariser avec les ingénieux détours par lesquels ils pouvaient échapper au règlement sur le travail obligatoire: ils se servirent des mêmes moyens pour échapper aux mesures prises en vue d'assurer ce travail. Et les actes qui réglementaient cette importante matière, pour être devenus, avec les arrêtés dont nous venons de parler, aussi complets que possible, n'en restèrent pas moins insuffisants autant par les échappatoires qu'ils offraient à ceux qui y étaient soumis, que par le fait des agents auxquels leur exécution avait été confiée. L'apathie des uns, l'ignorance des autres et le laisser aller de tous, permirent aux délinquants de se perpétuer dans une impunité qu'ils croyaient résulter du silence de la loi ou de l'impuissance de l'Autorité.

Il est facile de comprendre, dès lors, comment les travailleurs indigènes sont arrivés, à un jour donné, à ne plus travailler, bien qu'ils parussent sérieusement engagés et en règle vis-à-vis de la police et de la mairie.

XIII.

Mais ce n'était pas seulement la désertion des ateliers qui inquiétait les propriétaires sucriers; ils étaient bien autrement préoccupés de ce qu'on appelait alors la maladie des cannes. Les mieux venus de ce précieux roseau, arrivés à leur seconde pousse, s'étiolaient tout à coup; et, si tous ne mouraient pas, tous étaient frappés. On aurait dit des cannes malades de la peste.

Etait-ce l'épuisement du sol ou la dégénérescence de la plante qui amenait ces désastreux effets?

On doit les attribuer à l'une et à l'autre de ces causes. La preuve, c'est que la maladie avait disparu aussitôt après qu'on eut remplacé la vieille canne blanche de Batavia par la canne rouge de Ceylan et qu'on eut employé le guano péruvien, l'un des plus fertilisants engrais connus et des plus spéciaux pour notre principale culture.

Toutefois, cette vigueur que nos terres à cannes semblaient, grâce au guano, avoir retrouvée il y a quelques années, n'a pas duré longtemps. Ce n'était qu'une vigueur factice, rien qu'une effervescence. Le guano devait d'autant plus fatiguer ces terres appauvries déjà, qu'il les obligeait à une fertilité forcée. Il a été pour elles identiquement ce que les excitants sont pour un homme affaibli: s'ils lui rendent des forces, ce n'est que pour un moment, et le moment passé, l'homme est plus affaibli que jamais. C'est ainsi que la maladie, depuis l'année dernière, a reparu dans nos champs de cannes avec le *borer* ou le *procérate perce-canne (proceras-sacchariphagus)* et un autre insecte, improprement appelé *pou*, un petit *aphidien* qui paraît appartenir à la famille des *aleurodes* ou *aleyrodes* pour écrire selon Latreille.

L'un, comme en se jouant, va perforer la canne à sa racine; l'autre s'attache à sa feuille pour en sucer la sève. L'un tue, l'autre empêche de vivre.

La Colonie est donc aujourd'hui en proie aux mêmes inquiétudes qui l'agitaient en 1849. Il y a quatorze ans, la maladie des cannes provenait de l'appauvrissement du sol et de la dégénérescence de la plante. A l'heure où nous écrivons ces lignes, ce sont les mêmes causes, nous le croyons du moins, qui se sont révélées de nouveau, bien que les effets en soient différents.

Que faut-il donc faire ? Ce que faisaient nos pères, ce que l'on fait en France et partout où les agriculteurs songent au lendemain. Renouveler les souches, laisser reposer les terres, les traiter par des assolements, par des fumures; et nous souvenir un peu plus, dans notre colonie, que si la mère nourricière du genre humain doit rester toujours féconde, c'est à la condition que nous lui rendrons, de temps en temps, quelque chose de ce qu'elle nous donne tous les jours.

Autrement il arrivera une époque où le guano, tout actif, tout puissant qu'il est, ne sera plus assez actif et assez puissant pour communiquer à notre sol fatigué par plus de trente années d'une culture appauvrissante, même cette fertilité éphémère qui aveugle nos planteurs de cannes.

Bien cultiver la terre, ce n'est pas seulement lui faire produire beaucoup, c'est surtout la faire produire longtemps. Nos agronomes d'autrefois ne l'entendaient pas différemment quand ils disaient : « tant vaut l'homme, tant vaut la terre. »

XIV.

Par ce qui précède, on peut apprécier toute la gravité de la situation d'alors; on peut se rendre compte des réflexions auxquelles se livraient les colons placés ainsi sous la double menace de manquer de travailleurs et de ne pas avoir de récoltes.

Nous ne voudrions pas, certes, attribuer à cette désespérante perspective pour les propriétaires de notre Ile, l'extension prise tout à coup dans la Colonie par la culture du vanillier : ce serait par trop affirmatif. Il n'est pas moins vrai, cependant, que de cette époque datent les premiers envois faits en France de ce parfum recherché.

Une petite quantité de gousses de vanille, récoltées au *Champ-Borne*, chez M. David de Floris, avaient été adressées, comme échantillon, à notre délégué à Paris, M. Dejean de La Bâtie, qui s'était empressé de soumettre à l'examen des hommes compétents ce nouveau produit de notre Colonie. Il avait en outre appelé sur l'envoi de M. de Floris l'attention des Ministres de la Marine et du Commerce; ceux-ci s'y intéressèrent vivement et encouragèrent, par leurs bienveillants avis, ceux de nos rares compatriotes qui suivaient, des premiers, l'exemple donné par l'honorable habitant du Champ-Borne.

« En réponse à votre lettre du 20 courant, écrivait à M. de La Bâtie le Ministre de l'Agriculture et du Commerce, alors M. Tourette, j'ai l'honneur de vous annoncer que l'échantillon de vanille de l'île de la Réunion, que vous avez adressé le mois dernier à mon département, a été soumis à l'examen des commissaires experts et que, sur leur avis favorable, j'ai proposé à mon collègue au département des Finances, d'établir le droit modéré de 1 franc par 100 kilog. sur la vanille provenant de l'île de la Réunion, au lieu du droit de 5 francs exigible aux termes de la législation actuelle. »

M. Verninac, Ministre de la Marine et des colonies, répondait dans le même sens à M. de La Bâtie. Il ajoutait :

« Le rapport des experts signale l'existence de nombreuses analogies entre la vanille de la Réunion et celle du Mexique, connue dans le commerce sous le nom de *Chica*. MM. David de Floris et Patu de Rosemont, que vous indiquez comme se livrant spécialement à la culture du vanillier, et les autres habitants qui, sur leurs traces, voudraient s'occuper sérieusement de cette nouvelle branche d'industrie agricole, ne pourraient donc que tirer un parti fort avantageux de la connaissance des méthodes de préparation de la vanille, en usage au Mexique. J'ai l'intention d'inviter le chargé d'affaires de France près de cette République, à me procurer à cet égard des renseignements qui seront ultérieurement transmis à l'Administration locale et qui viendront se combiner utilement avec ceux que les producteurs auraient pu recueillir de leur côté.

« Je dois aussi, à cette occasion, vous faire savoir qu'il est à la connaissance de mon département, qu'il se pratique sur le vanillier, au Jardin des Plantes de Paris, un procédé de fécondation artificielle au moyen duquel on arrive à en augmenter considérablement les produits. Peut-être vous serait-il possible d'obtenir des administrateurs de l'établissement, d'observer la pratique de ce procédé au profit de l'industrie qui tend à se naturaliser à la Réunion. »

Chose particulière, ce procédé que M. le Ministre de la Marine annonçait aux colons de Bourbon comme une découverte récente, était déjà employé dans la Colonie. Il paraît même que c'était de notre Jardin du Roi qu'il avait été transmis au Jardin des Plantes de Paris. (A moins que ce ne fût de l'ancien procédé de M. Morren dont le Ministre de la Marine entendait parler.)

XV.

Un jeune noir, un enfant, le nommé Edmond, appelé Edmond Albius depuis l'émancipation, esclave d'un honorable habitant de Sainte-Suzanne, avait trouvé l'ingénieux moyen de féconder les fleurs du vanillier.

Elevé dans la maison de M. Féréol Beaumont Bellier, vivant à côté de cet homme instruit, et témoin assidu de ses études dirigées vers les sciences naturelles, Edmond s'éprit de la botanique, et ses facultés, bien qu'elles ne pussent acquérir, en raison d'une absence complète d'instruction, le développement qu'elles méritaient, ne tardèrent pas cependant à attirer l'attention de M. Bellier. Il prit en affection ce petit négrillon qui avait des goûts si semblables aux siens et l'initia aux secrets de la vie des plantes. L'esclave s'intéressa tellement aux leçons de celui qui devenait ainsi doublement son maître, qu'il avait douze ans à peine que déjà il était presque un naturaliste; et pour ajouter encore à ce phénomène, M. Bellier apprit à Edmond les noms scientifiques des arbres et des fleurs qu'il possédait à son habitation de « Belle-Vue. » De sorte que le botaniste africain qui ne parlait que le patois créole, qui ne connaissait même pas la valeur des lettres de notre alphabet, ne désignait les plantes que dans la langue savante des Linnée et des Jussieu.

Certes, ce n'était pas le côté le moins original et le moins surprenant de l'aptitude de ce singulier disciple de Flore.

XVI.

Edmond avait vu son maître pratiquer des rapprochements entre certaines fleurs : ses observations constantes et sagaces le portèrent à tenter les mêmes opérations sur la vanille. Ses essais furent couronnés d'un plein succès ; et quand il les fit constater par M. Bellier, celui-ci, tout heureux d'une découverte si importante, s'empressa de l'annoncer à ses compatriotes par la voie de la Presse locale.

La fécondation artificielle des fleurs du vanillier était trouvée. La Colonie était dotée d'une nouvelle industrie agricole. Une foule de petits terrains, qui ne pouvaient plus nourrir leurs propriétaires, allaient donner des produits, on peut dire fabuleux, ainsi que le prouvent les chiffres du tableau suivant :

Vanille exportée de l'île Bourbon.

ANNÉES.	QUANTITÉ.	ÉVALUATION A LA SORTIE.
1848	50 kilog.	10,000 francs.
1849	102 —	20,453 —
1850	30 —	1,788 —
1851	210 —	8,539 —
1852	136 —	5,493 —
1853	267 —	10,683 —
1854	406 —	16,240 —
1855	899 —	71,920 —
1856	728 —	72,800 —
1857	1,637 —	180,070 —
1858	3,260 —	358,600 —
1859	3,617 —	397,870 —
1860	6,097 —	655,614 —
1861	15,478 —	1,517,800 — (*)
1862	27,361 —	539,534 — (*)

(*) La différence qui ressort de ces deux chiffres d'évaluation est la conséquence de la réduction qui s'est opérée, en ces derniers temps, dans le prix de vente de la vanille. Mais la production de ce parfum, comme on l'appelle dans le commerce, n'en a pas moins été en augmentant d'année en année depuis 1848, époque à laquelle il a commencé d'être cultivé sérieusement à l'île Bourbon.

XVII.

Nous avons vu des personnes se refuser à croire qu'un petit *nègre ignorant* ait pu faire la découverte dont nous parlons. Elles prétendent que les savants vont rire de notre naïveté.

Nous ne croyons pas les savants aussi *gais* qu'elles veulent bien le dire ; et par cela même qu'ils sont savants, ils savent que le hasard est un grand inventeur.

Certes, Edmond n'est pas le premier qui ait trouvé le moyen de faire fructifier le vanillier. M. Morren, de Liége, notamment, avait, depuis l'année 1837, indiqué un procédé de fécondation artificielle ; mais ce procédé était tout autre que celui découvert par Edmond.

Il consistait « à couper le *labellum* qui forme une opercule mobile à la surface stigmatique, et empêche les masses pulvérulentes du pollen de féconder l'organe femelle. »

Ce n'était pas tout : il fallait en même temps, « pour exciter à la floraison, gêner la marche descendante de la sève modifiée, en piquant à différentes reprises la tige du vanillier, en la transperçant même d'outre en outre. »

C'était là, comme on le voit, une opération qui était à la fois minutieuse et longue à pratiquer ; aussi, dans l'article signé des initiales T. D. B., inséré au *Dictionnaire de Guérin*, et auquel nous avons emprunté les indications qui précèdent, l'auteur avait-il prédit qu'on la *simplifierait*.

C'est Edmond Albius, le petit noir de M. Beaumont

Bellier, qui, en 1841, à Sainte-Suzanne, a réalisé cette prédiction de la science. Il a fait plus que simplifier le difficile procédé de M. Morren, qu'il ne connaissait pas du reste; il en a découvert un autre plus ingénieux et plus facile.

Edmond mérite donc d'être compté au nombre des enfants de l'Ile Bourbon qui ont été utiles à leur pays. Cependant le Pays ne lui en a témoigné aucune reconnaissance !

Est-ce que nos cultivateurs de vanillier n'accompliraient pas un acte de réparation, s'ils prélevaient au profit d'Edmond, sur la prochaine récolte, chacun quelques gousses de vanille ? Il n'en faudrait pas une grande quantité pour lui procurer, dans les hauts de Sainte-Suzanne où il habite, un toit de paille et quelques gaulettes de terre.

XVIII.

Après avoir fait connaître l'auteur de l'ingénieuse découverte de la fécondation artificielle du vanillier, nous ne pouvons laisser échapper l'occasion, qui nous est naturellement offerte ici, de consacrer un témoignage de souvenir reconnaissant à la mémoire de celui qui a doté notre pays de cette liane précieuse, dont la culture est devenue une richesse pour la Colonie.

Nous n'ignorons pas que plusieurs noms ont été cités, avant et après celui de M. Philibert; nous savons que

M. Thomas, dans son *Essai de statistique de l'Ile Bourbon*, couronné en 1828 par l'Académie des sciences, nomme M. Perrottet; que M. David de Floris, dans une *Notice sur la culture du vanillier*, publiée en 1857, désigne M. Marchant, et que M. Perrottet, *dans une lettre* insérée au *Journal officiel* de Pondichéry, en 1860, revendique l'honneur de cette introduction; mais les recherches auxquelles nous nous sommes livré nous ont définitivement fixé sur ces contradictions. (Voir le *Bulletin de la Société des Sciences et Arts 1862*).

Il résulte, en effet, des documents que nous possédons, que c'est M. Philibert, un de nos compatriotes, qui a été le véritable introducteur du vanillier à l'île Bourbon (1819-1820).

Toutefois, l'espèce qui y est cultivée aujourd'hui avec tant de succès, sous le nom de *petite vanille*, paraît provenir des plants de M. Marchant. Voici comment:

M. Philibert, commandant de la division navale alors en station dans les mers Indo-Chine, avait pris à Cayenne en 1819, et à Manille en 1820, des boutures de vanillier qu'il confia aux soins intelligents de M. Perrottet, botaniste-voyageur embarqué avec lui. A son arrivée à Bourbon, M. Philibert distribua ces boutures à plusieurs de ses parents et de ses amis, notamment à M. Joseph Hubert, de Saint-Benoit, et à madame Fréon, de Sainte-Marie. Le vanillier apporté de Cayenne était de l'espèce appelée *grosse vanille*, et celui qui venait de l'île Manille était de l'espèce appelée *petite vanille*. Le premier résista parfaitement à la transplantation, tandis que l'autre, c'est-à-dire la petite vanille, mourut presque aussitôt après sa mise en terre. Celui qui s'était si facilement acclimaté s'éleva rapidement, mais il ne fleurissait point ; ou s'il fleurissait, il ne produisait que des gousses fort rares, le procédé de la fécondation artificielle n'étant pas encore venu aider la nature à moitié impuissante.

C'est à cette époque, vers 1822, que M. Marchant fit un voyage en France. Il obtint du Jardin des Plantes de Paris quelques boutures de vanillier de la petite espèce (probablement semblable à celle de l'île Manille) et vint à son retour dans la Colonie les planter chez madame Fréon, sa belle-mère. Ces boutures, sans doute parce qu'elles avaient déjà subi les épreuves d'une première acclimatation à Paris, prirent racine et grimpèrent, là même, à côté de celles de la collection Philibert, qui avaient réussi. De là propagation de cette plante dans toute la Colonie. On voit encore à la propriété « Belle-Eau » la liane-mère de la grosse vanille donnée par M. Philibert en 1819 et la caisse dans laquelle furent apportées de Paris, à Sainte-Marie, en 1822, par M. Marchant, les plants de la petite vanille.

Nous tenons ces détails de M. Sicre de Fontbrune, neveu de M. Marchant et petit fils de madame Fréon, propriétaire de « Belle-Eau » il y a encore quelques mois.

Nos cultivateurs de vanille peuvent donc, s'ils le veulent, partager leur reconnaissance entre MM. Philibert, Perrottet et Marchant. Ce serait peut-être justice, mais que nos compatriotes n'oublient pas que c'est M. Philibert, créole de Bourbon, qui le premier a fait connaître dans la Colonie cette plante dont les produits ont amené l'aisance dans plus d'une demeure où la gêne frappait déjà.

CHAPITRE II.

SOMMAIRE.

Les intérêts privés. — Calme de la population. — Inconséquence de l'Administration. — Entourage de M. Sarda. — Son mariage. — On apprend la nomination du Président de la République. — Proclamation de la Constitution. — Quatre de ses articles. — Adresse à l'Assemblée législative. — Divertissements. — Les établissements publics. — L'abbé Joffard. — Suffrage universel. — Commission d'indemnité. — Annonce du remplacement de M. Sarda. — Quelques arrêtés intempestifs.

I.

Il y a cela de particulièrement fatal dans les révolutions sociales : les plus pacifiques mêmes ne s'accomplissent jamais sans atteindre les intérêts les mieux gardés, sans ébranler les positions les plus fortement établies. Et, de ce côté, elles n'épargnent pas plus leurs partisans que leurs ennemis. Les gens qui n'ont rien à perdre sont les seuls qui n'ont pas à en souffrir.

Il n'y a pas eu d'exception pour l'île Bourbon, malgré son éloignement du théâtre des événements. A l'époque à laquelle est arrivé notre récit, c'est-à-dire au mois de mars 1849, toutes les classes de la population libre de la Colonie ressentaient les effets de la Révolution de Février, vieille, cependant, d'une année déjà. Ainsi les propriétaires, c'étaient l'avenir de l'Agriculture compromis par la désertion des ateliers et la maladie des cannes qui les préoccupaient;

les négociants et les marchands, c'étaient la difficulté des transactions commerciales, le défaut de crédit, la crise monétaire; les officiers publics et ministériels, c'était le retrait du droit ou de la tolérance qui leur avait été accordée jusque-là, pour la transmission de leur charge; les éditeurs de journaux, c'était un cautionnement à fournir; les capitalistes, c'était la suspension de la contrainte par corps et plus encore leur défiance et leur méfiance même; et enfin les fonctionnaires publics, c'était la retenue proportionnelle opérée au nom de la République, sur des traitements déjà insuffisants pour beaucoup d'entr'eux. Ajoutons qu'aucune des appréhensions que cet état de choses avait fait naître même chez les esprits les mieux raffermis, aucune ne se réalisa.

Les ateliers ruraux furent recomposés à l'aide de l'immigration; on remplaça la canne blanche malade par la canne rouge importée de Ceylan; l'indemnité coloniale, qui promettait des liquidations, ramena le crédit; la contrainte par corps fut rétablie; la dépêche ministérielle portant que « la tolérance dont l'Autorité locale avait précédemment usé en matière de transmission des offices, ne pouvait plus être continuée, » fut mise au néant par suite d'une déclaration solennelle de l'Assemblée nationale faite à l'occasion du vote de l'article 11 de la Constitution, et par la promulgation définitive dans la Colonie de l'article 91 de la loi de finance du 28 avril 1816; les imprimeurs obtinrent des délais pour le dépôt de leur cautionnement; enfin, on rétablit le chiffre des traitements des fonctionnaires publics qui n'eurent pas plus de bien-être pour cela, et l'édifice colonial reprit peu à peu ses assises.

Ce rétablissement des choses ne se fit pas, cependant, aussi promptement que dans notre narré rapide. Il s'en faut. La Colonie eut à subir encore bien des tiraillements et des malaises, avant de reprendre le mouvement normal de sa vie habituelle. Elle le reprit, néanmoins, assez à temps pour ne point succomber aux événements, grâce à l'énergie de son agriculture, à l'activité de son commerce ; grâce au mouvement maritime qui se faisait dans ses mers et qui lui amenait 194 navires, chargés d'une valeur de 10,569,375 francs en marchandises de toutes sortes, pour emporter une valeur de 7,876,077 francs en denrées diverses ; grâce aussi à son budget de dépenses qui ne s'élevait pas à 7,661,083 francs comme en 1863, mais seulement à 1,238,000 francs.

II.

Mais en dépit de ces causes de mécontentement et d'irritation, le Pays ne fut pas un moment troublé. Ses habitants y conservèrent jusqu'au bout un calme parfait. Même à l'une des phases les plus tourmentées de son existence républicaine, c'est-à-dire pendant les élections de ses représentants à l'Assemblée législative, jamais l'agitation des esprits n'a passé dans les faits.

La révolte des consciences créoles n'a pas éclaté ailleurs

que dans des paroles et des écrits. Chacun savait de quelle importance était la tranquillité publique, pour ne pas l'acheter au prix des plus grands sacrifices personnels. Et cette attitude sage et ferme des colons de l'île Bourbon a été admirée même en France.

Voici comment l'appréciait le *Constitutionnel*, l'un des journaux les plus accrédités de Paris :

« On vient de recevoir de l'île de la Réunion (Bourbon) des nouvelles d'un grand intérêt et qui ont une véritable importance.

« On sait que la République y a été proclamée le 9 juin. Le Conseil colonial ne connaissait encore à cette époque que la dépêche de M. Arago en date du 27 février. On agita la question de savoir si, en vertu des lois de 1791, on convoquerait les assemblées primaires pour former une Assemblée coloniale. Cette proposition, longuement débattue, fut repoussée par cette sage considération que le Gouvernement provisoire ayant annoncé la dévolution à l'Assemblée constituante de toutes les questions concernant l'abolition de l'esclavage et prescrit en attendant, l'obéissance aux lois existantes et le maintien du *statu quo*, il y avait lieu de tout réserver jusqu'à ce que la volonté souveraine de la France se fût fait connaître.

« Plus tard, lorsqu'on reçut le décret du 4 mars qui instituait la Commission présidée par M. Schœlcher pour préparer l'acte d'abolition immédiate, et donnait ainsi un démenti aux promesses de M. Arago, on se maintint encore dans la même voie, parce qu'on pensait que le mandat de la Commission n'avait pour objet qu'une élaboration préalable de cette œuvre telle qu'elle devait être proposée à l'Assemblée nationale.

« Mais le 20 juillet, on reçut par la voie de Suez les décrets du 27 avril.

« La position était complètement changée. Au lieu d'attendre la volonté souveraine de la nation, on imposait aux colonies la solution arbitraire de quelques hommes. Aussitôt la population, avec une imposante unanimité, s'est réunie pour former une Assemblée de 90 membres. La milice a été renforcée de tous les hommes que les règlements ordinaires exemptaient du service, et portée à un effectif de 10,000 hommes ; la liberté a été promise aux esclaves pour le 31 décembre prochain, et des dispositions ont été combinées pour régler le travail et assurer le maintien de l'ordre.

« C'est avec cette attitude ferme et calme que la population attendait l'arrivée du Commissaire général de la République. Les esclaves continuaient paisiblement leurs travaux ; les affaires étaient nulles, mais les cultures n'étaient ni abandonnées ni négligées ; l'ordre régnait partout, la sécurité était entière et générale.

« C'est la seconde fois que la sagesse énergique des habitants de cette île les aura préservés de leur ruine. Puisse l'arrivée du Commissaire n'avoir pas détruit cette situation satisfaisante et causé dans cette intéressante et belle colonie les mêmes malheurs que ceux qui affligent les Antilles ! »

III.

L'article du *Constitutionnel* remontait à quatre mois de date. Depuis sa publication, le Commissaire général était arrivé dans la Colonie, les événements que nous avons essayé de raconter dans nos précédents chapitres, s'étaient accomplis ; et pourtant cette attitude ferme et calme, cette sagesse énergique que louait le journal parisien, avaient résisté à tous les changements survenus dans les choses et parmi les hommes.

Il faut convenir cependant que l'Administration ne montrait pas beaucoup de tact à ce moment. Au lieu de continuer dans la voie de la circonspection où elle avait marché jusque-là sans encombre, elle se jeta tout à coup dans les détours de l'innovation. Elle devait dès lors, et infailliblement, fournir à chaque instant des aliments à la critique.

Qu'avait-on besoin, en effet, de ces arrêtés qu'elle rendait sur des matières déjà réglées et qui ne réclamaient point de modifications, du moins urgentes ? Encore si les changements qui y étaient apportés avaient offert quelqu'avantage, mais c'était malheureusement un résultat contraire qu'ils donnaient.

Le Commissaire général cédait, en cela, à la pression occulte de quelques personnes de son entourage qui pensaient qu'une Autorité nouvelle ne pouvait rester entourée de vieilles choses, sans les remplacer ou les rajeunir. Peu leur importait que ces vieilles choses fussent utiles par cela même, peut-être, qu'elles étaient établies depuis longtemps ; les conseillers intimes de M. Sarda n'admettaient pas qu'elles restassent intactes, après une révolution qui avait eu pour but de défaire tout ce qui n'appartenait pas à la République de la veille.

Parmi ces actes, tous émanés de la Direction de l'intérieur, l'un des plus critiqués a été l'arrêté du 25 janvier 1849, qui retirait aux créanciers le droit de mettre opposition au départ de leurs débiteurs. Un droit établi, à ce qu'il paraît, depuis un temps immémorial et qui fut tour à tour consacré, lisons-nous dans Nanteuil, par une ordonnance du Roi de 1776, par un décret de l'Assemblée coloniale de 1793, par l'arrêté du général Decaen de l'an XII et enfin par l'ordonnance locale de 1818.

Les promoteurs de cet arrêté invoquaient, pour le justifier, et les principes républicains et la liberté individuelle. Ils le donnaient comme une conséquence naturelle de la suspension de la contrainte par corps. Tandis que ses contempteurs en démontraient l'inconséquence, en raison même de l'absence de la contrainte par corps, ils offraient en exemple les colonies françaises de l'Ouest, où l'opposition aux départs avait été maintenue quand même.

Nous n'avons pas à revenir sur les motifs exprimés pour et contre la mesure prise par M. Sarda : des deux côtés on en a présenté de plausibles et de sérieux.

Toutefois, nous devons dire qu'en définitive cette mesure touchait peu aux intérêts généraux de la Colonie ;

et si elle aurait dû, en effet, être ajournée par suite de la suspension de la contrainte par corps qui enlevait au créancier le moyen de s'assurer de la personne de son débiteur, d'un autre côté il eût été difficile à l'Administration de ne la point faire sortir, tôt ou tard, d'un gouvernement qui se disait institué par la liberté et pour la liberté.

Il y a lieu en outre de remarquer, à l'avantage de la population de l'île Bourbon, que les débiteurs n'ont pas coutume, dans notre pays, de chercher à échapper par la fuite à l'action en paiement; ceux qui sortent de la Colonie en passant par-dessus bord, comme on dit ici, veulent plutôt mettre la mer entre eux et la police correctionnelle qu'entre eux et le tribunal de commerce. Il faut leur rendre cette justice : ils emportent rarement de l'argent. Ils partent souvent avec beaucoup de dettes contractées un peu de toutes les manières, mais presque toujours sans le sou; c'est une circonstance atténuante à faire valoir en faveur de nos rares escrocs coloniaux.

En résumé, nous pensons que l'Administration aurait dû attendre quelque temps pour abroger l'ordonnance de 1818 sur les départs, mais qu'elle devait l'abroger. Il ne faut pas perdre de vue que le droit conféré par cette ordonnance ne devait être exercé que contre les débiteurs malheureux seuls, puisque ceux de mauvaise foi s'y soustrayaient en *passant par-dessus bord*. L'honnête homme est honnête homme partout, et ce n'est pas un changement de pays qui changerait sa conscience et lui ferait nier demain ses engagements d'aujourd'hui. Il convient dès lors, et dans l'intérêt même de son créancier, de lui permettre d'aller tenter fortune ailleurs, s'il n'a point chance de la relever là où il a déjà échoué et où il resterait enchaîné peut-être à jamais.

Nous aurions plusieurs exemples à citer d'individus qui, après avoir fait de mauvaises affaires à l'île Bourbon, ont été en faire d'excellentes à l'île Maurice ou dans l'Inde et qui ont payé, petit à petit, les dettes qu'ils avaient laissées derrière eux.

IV.

Un autre arrêté, celui du 9 mars 1849, avait également fourni à l'opposition une nouvelle occasion de discuter les actes de l'Administration locale. Il ne contenait que deux dispositions, mais elles étaient impératives.

L'une mettait à la charge des engagistes l'impôt personnel qui ne pouvait « jamais être supporté par les engagés ; » l'autre ordonnait aux communes de « porter à leur budget, comme dépenses obligées, une allocation pour secours aux vieillards, infirmes, orphelins et indigents. »

Un pareil arrêté, malgré les pouvoirs illimités dont son auteur était investi, n'était pas moins un abus d'autorité et une illégalité flagrante ; ce double caractère n'échappa point aux yeux clairvoyants du public. Le rédacteur du *Journal du Commerce* M. de Greslan, le fit ressortir avec beaucoup de logique.

V.

Le Commissaire général semblait donc, dans certains de ses actes, céder aux suggestions d'une partie de son entourage. Mais après ces occasions qu'il saisissait, comme à la dérobée et pour donner quelques marques de souvenir à son origine politique, il rentrait bien vite dans les nécessités du présent.

Il avait d'autant plus tort de faire ces échappées administratives que le Pays, nous l'avons dit, était excessivement irrité à ce moment contre les hommes du Gouvernement provisoire, dont les mesures précipitées l'avaient jeté dans l'état de malaise et de gêne où se débattaient son agriculture et son commerce.

De cette façon, M. Sarda recevait des éloges des journaux qui se disaient démocratiques, quand il était blâmé par ceux qui se prétendaient coloniaux, ou il se voyait critiqué par ceux-là, quand il était loué par ceux-ci, *et vice versâ*. On aurait dit qu'à ses heures de recrudescence républicaine il avait quelque voix intérieure qui lui faisait peur, en lui criant cet hémistiche raccourci d'un vers tragique : « choisis si tu l'oses. » Il finit enfin par choisir, et bien choisir, aidé, disait-on, par madame Sarda, une femme du monde fort bien élevée, ayant beaucoup de tact et de savoir vivre. Généralement, on pensait quelle n'était pas étrangère à l'option définitive de M. Sarda pour la bonne route. L'heureuse et énergique détermination du

Commissaire général pouvait très-bien être attribuée à cette influence intime puisqu'elle avait été prise, ou manifestée, aussitôt après l'arrivée de cette intelligente femme à Bourbon.

Madame Sarda était veuve en premières noces de M. Clément, Directeur général de la monnaie des médailles à Paris; son union avec M. Sarda était déjà arrêtée en France, quand le futur, nommé Commissaire général, partit pour notre colonie. Elle vint l'y rejoindre et leur mariage eut lieu à Saint-Denis le 17 février 1849.

La cérémonie religieuse se fit le soir, dans l'église cathédrale, avec une grande simplicité, les futurs époux n'ayant voulu avoir d'autre cortége que leurs témoins. Mais la foule considérable qui se pressait dans l'intérieur et aux abords de l'église, donnait à cette cérémonie quelque chose d'extraordinaire. L'empressement de la population à vouloir y assister s'expliquait du reste naturellement; depuis une génération on n'avait pas vu dans la Colonie un mariage de Gouverneur. En effet, le dernier, celui de M. Bouvet de Lozier avec mademoiselle De Jean, datait déjà de 34 ans, ayant eu lieu à Sainte-Suzanne le 29 septembre 1815.

VI

Mais les actes de l'Administration, pendant cette période, n'eurent pas tous le caractère d'inopportunité ou d'illégalité dont ceux que nous venons de signaler étaient entachés : l'arrêté qui réglait la répartition des 350,000 francs à distribuer à titre de prêt sans intérêt, entre les propriétaires les plus nécessiteux, en est une preuve évidente. Cette répartition fut réglée d'une manière très-simple, et, partant, elle fut opérée très-promptement : on préleva la somme de 350,000 francs sur les 995,000 francs accordés à la Colonie pour des achats de vivres, et on la répartit entre les emprunteurs qui donnaient en garantie, à l'Etat, au moyen d'un transport, leurs coupons de recensements. Le secours avait donc été aussi-vite distribué qu'il avait été accordé.

Cette assistance que l'Autorité offrait de temps à autre à la Colonie n'arrêtait point l'irritation qui gagnait les esprits. Le Commissaire général et le Directeur de l'intérieur étaient à la fois les cibles sur lesquelles on tirait à bout portant et sans discontinuer. Le *Journal du Commerce* surtout leur faisait une guerre on peut dire à mort, puisqu'il se servait le plus souvent de l'arme du ridicule, qui tue dans tous les pays français.

VII.

Les habitants de l'Ile Bourbon étaient donc aussi irrités qu'ils étaient inquiets ; toutefois, ces sentiments qui changeaient momentanément leur nature confiante et calme, ne les rendirent pas indifférents à la grande nouvelle (apportée de l'île Maurice, le 12 mars, par un brick anglais) de la nomination du prince Louis Napoléon Bonaparte à la présidence de la République française. Ils avaient applaudi au triomphe remporté par l'ordre sur l'anarchie, aux néfastes journées de juin 1848 ; ils se réjouirent avec la France de l'heureux événement qui venait régulariser définitivement le gouvernement de la mère-patrie.

En même temps que cette bonne nouvelle, nous recevions la Constitution de la République française votée par l'Assemblée nationale le 4 novembre 1848.

Des cent-seize articles dont se composait cette œuvre capitale, quatre seulement intéressaient, et encore médiocrement, les colonies.

Le premier, l'article 6, portait : « l'esclavage ne peut exister sur aucune terre française. » Cette consécration solennelle, mais superflue, du décret anticipé pour ne pas dire anti-légal, du Gouvernement provisoire, n'était plus qu'un luxe de garantie offert aux noirs de l'île Bourbon, libres et archi-libres depuis trois mois déjà.

Le second, l'article 11, déclarait « toutes les propriétés inviolables » et leur sacrifice ne pouvant être exigé par l'Etat que pour cause d'utilité publique légalement constatée « et moyennant une juste et *préalable indemnité*. »

Cette obligation impérieusement dictée à l'Etat par l'autorité souveraine de la France, parut presque dérisoire aux colons qui n'avaient point encore reçu, après le sacrifice consommé de leur propriété, l'indemnité qui ne pouvait plus être *préalable* et qui ne devait pas être *juste*.

Nous ne savons trop comment nos législateurs auraient sauvé leur logique de la contradiction, s'ils n'avaient eu pour eux le principe de la non-rétroactivité qui leur permettait de dire des Constitutions comme des lois qui sont les filles des Constitutions, qu'elles n'étaient faites que pour l'avenir.

Toutefois, nous le répétons avec regret, cette déclaration de l'Assemblée nationale, dans laquelle elle protestait de son respect pour la propriété, ne semblait pas moins ironique à des colons déjà dépossédés et non encore indemnisés, obligés de se donner à eux-mêmes un solennel démenti en proclamant le principe de l'indemnité *préalable*.

Le troisième, l'article 21, accordait aux colonies le droit de se faire représenter à l'Assemblée législative.

On verra un peu plus loin quel effet devait produire dans notre île cette espèce de concession que la Métropole paraissait faire à ses possessions d'outre-mer.

Enfin le quatrième, l'article 109, contenait une vérité bien neuve et surtout bien flatteuse pour nous. Il affirmait « que le territoire des colonies était territoire français. » Après cette reconnaissance de notre nationalité qu'il était probablement important de consacrer, le législateur de 1848 n'avait pas été plus novateur que celui de 1830 ; et le territoire colonial, tout territoire français qu'il était, ne devait pas moins, de par la Constitution, continuer comme de par la Charte, à être régi par des lois particulières. Il est vrai qu'il ajoutait que ces lois particulières seraient remplacées par une loi spéciale ; mais nous n'avions pas eu encore la loi spéciale que la Constitution s'en était allée comme elle était venue.

VIII.

Ces simples réflexions font juger de l'indifférence avec laquelle les colons de l'île Bourbon reçurent la Constitution de 1848. Mais le Gouvernement local ne pouvait avoir le même sentiment, et l'eût-il eu, qu'il se fût bien gardé de le laisser voir. Il lui avait été enjoint, d'ailleurs, de faire la plus brillante réception possible au programme de la jeune République. Aussi lui fit-il fête, en entourant la promulgation de cet acte solennel de toute la pompe que les ressources du magasin-général avaient permis à l'imagination officielle d'y déployer.

Sur la place du Gouvernement, où stationnait une foule considérable, on avait élevé, en face de la mer, un autel orné de pavillons, entouré de faisceaux d'armes, de colonnes enguirlandées; le Préfet apostolique suivi du Clergé y était venu chanter un *Te Deum*; autour de la place on avait élevé des mâts qui portaient, enfermés dans des écussons, les noms des communes de la Colonie; on avait écrit dans des oriflammes qui flottaient au vent des devises républicaines et évangéliques.

La milice, les troupes de la garnison, les corps constitués, les députations des communes, le bruit des tambours, celui du canon, donnaient à cette cérémonie tout l'éclat officiel qu'elle réclamait.

Le Commissaire général, à l'imitation du Président de l'Assemblée nationale, avait tenu à lire les 116 articles de la Constitution. La foule ne prêta guère attention à cette lecture. Elle s'intéressait bien plus à la nomination du Président de la République qu'elle venait d'apprendre qu'à la République elle-même ; et il était assez curieux d'entendre dire, presque en même temps que M Thiers, ici, à quatre-mille lieues de la France : « L'Empire est fait ! »

IX

Le Pays tourna ses regards et ses espérances vers le nouveau Gouvernement de la Métropole. Les anciens délégués des communes que l'on croyait endormis pour toujours, se reveillèrent à la nouvelle du vote qui venait de placer le Prince Louis Napoléon à la tête de la France. Un grand nombre d'entr'eux se trouvaient à Saint-Denis, où ils avaient été appelés en leur qualité de Maire ou de Commandant des milices, pour assister à la cérémonie dont nous venons de parler ; ils profitèrent de l'occasion qui les réunissait, et décidèrent que l'Assemblée générale serait immédiatement convoquée à l'effet de rédiger deux Adresses, l'une destinée à l'Assemblée législative, l'autre au Président de la République.

Le premier de ces documents contient des vérités qui sont, aujourd'hui encore, tellement frappantes d'actualité, que nous croyons devoir le transcrire ci-après.

ADRESSE A L'ASSEMBLÉE LÉGISLATIVE.

Citoyens Représentants,

« Dans les colonies, comme dans la Métropole, la révolution de Février a porté la perturbation dans toutes les fortunes.

« Partout le Gouvernement s'est hâté de venir en aide aux populations métropolitaines pour conserver le travail et le crédit que la tourmente révolutionnaire avait partout ébranlés.

« Toutes les banques alors existantes ont ressenti les généreux effets d'une intelligente distribution des deniers nationaux.

« Tous les grands centres industriels ont vu spontanément surgir des comptoirs d'escompte avec le triple concours de l'*Etat, des communes* et *des fortunes particulières*.

« La Martinique, la Guadeloupe et l'Algérie ont été dotées chacune aussi de ces précieuses institutions.

« Seule l'île de la Réunion a été laissée dans l'abandon le plus complet.

« Et cependant aucune position n'exigeait plus impérieusement que la nôtre la prompte création d'un établissement de crédit.

« De fâcheuses influences atmosphériques et une longue série d'ouragans avaient désolé nos campagnes.

« Une crise commerciale permanente avait restreint le crédit, resserré le numéraire, et presque complétement anéanti la circulation des capitaux.

« L'interruption regrettable de nos relations avec la côte orientale de Madagascar avait rendu plus difficiles et plus onéreux nos principaux approvisionnements.

« Nous éprouvions le contre-coup funeste des grandes commotions qui agitaient la France.

« Nos récoltes demeuraient invendues dans la Métropole, ou elles étaient réalisées à des prix ruineux.

« Il était donc du devoir du Gouvernement, il était de sa justice que notre colonie fût comprise dans ce vaste système de réorganisation générale.

« Il n'en a rien été.

« Nous avons été victimes d'une exclusion que rien ne peut motiver et qui cependant menace de se prolonger longtemps encore.

« Nous avons été déshérités complétement dans ce grand partage que les circonstances avaient rendu également applicable à tous les intérêts nationaux.

« Et plus encore, lorsque pour faire face à toutes les exigences d'une position devenue si difficile, nous ne pouvions compter sur aucun appui de la part du Gouvernement ;

« Lorsque nous étions contraints de chercher nos moyens de salut dans les débris d'une fortune renversée, la Métropole nous a enlevé subitement, et sans compensation aucune jusqu'à ce jour, une valeur considérable qui comptait pour plus de cent millions de francs dans l'importance de notre capital colonial.

« Loin de nous toutefois, citoyens Représentants, la pensée de regretter l'esclavage.

« L'esclavage était une institution mauvaise au point de vue humanitaire, mauvaise encore au point de vue économique.

« Mais la loi métropolitaine l'avait constituée partie intégrante de la propriété coloniale.

« Cette loi mauvaise, la Métropole avait le droit de la détruire, mais la Métropole n'avait pas le droit de faire une loi de rétroactivité.

« Notre expropriation était légale; elle était légitime; mais légale aussi et légitime au même titre était l'indemnité que nous devait la France.

« L'achat des noirs, la loi nous l'avait imposé : c'était le paiement par anticipation du prix capitalisé de leur travail.

« Ce prix, dans notre colonie, a toujours été beaucoup plus élevé que dans toutes les autres possessions maritimes de la France.

« Une notice officielle, publiée en 1838 sous le Ministère de M. Rosamel, établit qu'à l'île Bourbon :

« La valeur moyenne d'un noir attaché à la culture est
« de 1,500 à 2,000 francs lorsqu'il a 14 ans et au-dessus,
« et de 750 à 1,200 francs lorsqu'il n'a pas encore cet
« âge.

« La valeur des ouvriers et domestiques esclaves varie
« suivant leur savoir-faire et leur degré d'utilité. Il en est
« qui se vendent de 8,000 à 10,000 francs. »

« Après les évaluations officielles de 1838, la valeur vénale d'un noir attaché à la culture s'était élevée à 2,500 francs et 3,000 francs, lorsque les ordonnances de 1845 les firent redescendre à leurs anciens prix de 1,500 à 2,000 francs.

« Ces derniers chiffres n'avaient pas changé au moment de la libération générale.

« Les nombreux rachats qui chaque jour devançaient l'émancipation en ont fourni des preuves multipliées.

« Plus récemment encore, la Commission dont M. Crémieux était le rapporteur a reconnu que la valeur moyenne des noirs était pour l'Ile de la Réunion 1,540 francs, pour la Guyane 1,337, pour la Guadeloupe 1,005, pour la Martinique 910; et son estimation a été moindre pour les autres colonies françaises.

« L'indemnité qui nous est due pour chacun de nos noirs, citoyens Représentants, c'est le prix de 1,540 francs qui vient d'être constaté par l'Assemblée constituante.

« Il serait souverainement injuste que, dans la répartition du chiffre de l'indemnité, il ne fût pas tenu rigoureusement compte de ces évaluations officielles, et que quelques colonies pussent être avantagées au détriment des autres.

« Votre équité sans doute l'aura déjà reconnu, citoyens Représentants, et sans doute aussi le jour de la réparation est proche.

« Un réglement prompt et juste peut seul prévenir une immense catastrophe coloniale.

« Ce n'est pas que nous demandions à la France un paiement immédiat et en numéraire d'une somme que l'état de ses finances ne lui permettrait peut-être pas d'effectuer immédiatement.

« Ce que nous lui demandons, c'est que le chiffre de sa dette envers nous soit établi le plus promptement possible ;

« Que cette évaluation soit franche, loyale et entière comme nous avons le droit de l'attendre du gouvernement de la République ;

« Qu'elle admette tous nos noirs, sans catégorie, dans la répartition de l'indemnité. Ne serait-il pas injuste d'exclure de cette répartition ceux qui avaient coûté d'autant plus cher qu'ils n'étaient pas encore parvenus à l'âge où leur travail devait rémunérer nos soins, nos peines et nos dépenses ?

« Il serait indigne d'une grande nation de chercher à amoindrir sa dette en raison de quelques embarras financiers qu'elle éprouve momentanément.

« Il faut que la France nous délivre immédiatement nos titres de créance sur l'Etat, et que tous les ans, jusqu'à ce qu'elle puisse acquitter sa dette, elle en supporte un intérêt équivalent à celui que nous payons nous-mêmes à nos créanciers.

« La somme d'argent engagée dans l'achat des anciens esclaves était une valeur essentiellement coloniale.

« Il faudrait pour les colonies qu'elle ne fût pas déplacée et qu'elle pût continuer comme par le passé à alimenter leurs transactions journalières.

« Le paiement de l'intérêt de ce capital effectué en argent alimenterait la circulation du numéraire dans les colonies, et leur permettrait de faire face à toutes les éventualités qui résultent de leur position exceptionnelle.

« Citoyens Représentants, si en première ligne nous vous avons présenté nos réclamations relatives à nos intérêts matériels, c'est qu'en cela nous avons subi les influences rigoureuses du moment présent.

« Et il était difficile qu'il en fût autrement quand toute la population coloniale est inquiète de son lendemain.

« Mais si les hommes vivent d'abord d'une existence matérielle, les exigences de cette nature ne sont pas les seules pour lesquelles, au XIXe siècle, des populations françaises ont à demander une indispensable satisfaction.

« Les colonies, comme la Métropole, ont droit à une augmentation de bien-être moral, à une augmentation de libertés.

« La République n'a pas tenu vis-à-vis de nous ses engagements à cet égard.

« Avant la révolution de Février nous avions des Conseils coloniaux. C'était une représentation tout-à-fait incomplète ; mais c'était au moins un simulacre de représentation légale.

« Le devoir de la République était d'élargir et de compléter cette institution.

« La République l'a violemment supprimée, et elle ne l'a pas encore remplacée.

« Elle nous a livrés sans défense à un pouvoir unique et exorbitant, dont nous ne pouvons comprendre la prolongation indéfinie dans les circonstances d'ordre et de tranquillité dont le Pays n'est jamais sorti.

« Citoyens Représentants, les colons sont des hommes libres comme les habitants de la Métropole.

« Ils ont droit à une représentation légale et sérieuse ; ils ont droit à une part directe à l'administration de toutes leurs affaires et de tous leurs intérêts.

« Il y aurait une souveraine injustice à prolonger davantage l'état d'exception sous lequel nous sommes placés.

« Il nous faut une représentation coloniale dont les attributions soient beaucoup plus larges que ne peuvent l'être celles des Conseils généraux des départements métropolitains.

« Chaque jour peuvent surgir des exigences matérielles auxquelles il faut une satisfaction immédiate.

« Les pouvoirs locaux doivent donc être d'autant plus étendus que nous sommes plus éloignés de la Métropole.

« Nous avons hâte, citoyens Représentants, de recevoir ces lois particulières que nous annonce la Constitution et qui doivent préciser notre droit public.

« La population de notre île est une ; elle ne compte plus, Dieu merci, que des hommes libres, mais elle se compose encore d'éléments divers.

« La France n'oubliera pas que c'est l'élément européen qui a fécondé de son intelligence notre sol colonial, la France n'oubliera pas que c'est l'élément européen qui, chaque jour encore, est appelé à inculquer les premières notions de civilisation et de liberté aux travailleurs que nous ont envoyés les populations de l'Afrique et de l'Asie.

« L'esprit de la nationalité française est peu développé encore chez le plus grand nombre de ces citoyens nouveaux qui, hier Malais, Cafres, Hottentots ou Malgaches, sont devenus, subitement et sans s'en douter pour la plupart, des citoyens français !...

« Il y aurait une imprudence extrême et peut-être dangereuse dans l'adoption de mesures législatives qui pourraient avoir pour résultat de neutraliser l'élément national au profit exclusif de l'élément étranger.

« La grande culture a pris chez nous des développements tels que la production du sucre, qui était à peine de 5 millions de kilogrammes il y a vingt ans, s'élève facilement aujourd'hui à 30 millions de kilogrammes, et elle atteindra des proportions bien autrement considérables lorsque l'abondance des capitaux ou une législation nouvelle aura fait baisser le taux de l'intérêt qui depuis longtemps n'est plus en rapport avec les produits du sol ; lorsque nous aurons des travailleurs en nombre assez grand pour pouvoir rendre productives toutes les terres propres à la culture du sucre, et lorsqu'enfin la Métropole, par de sages réductions dans ses tarifs de douane, aura établi une égalité qui n'existe pas entre le sucre indigène et le sucre colonial, et qu'elle aura ainsi augmenté en France la consommation de cette précieuse denrée.

« Nos terres réclament de nombreux travailleurs, mais l'intervention de l'Etat nous est nécessaire pour que leur introduction ne soit pas trop onéreuse à nos finances obérées.

« A quelques journées de nous, diverses contrées nous offrent leurs populations qui nous demandent de l'emploi pour leurs bras inoccupés.

« Notre station navale, que la République nous a promis d'augmenter, peut facilement offrir un moyen avantageux de transport à ces populations qui ont besoin de nous comme nous avons besoin d'elles.

« Que les navires de l'Etat puissent donc être employés à cette mission toute civilisatrice ; elle aura pour résultat d'initier à nos mœurs et à nos habitudes des populations qui auront tout à y gagner.

« La production de notre sol en éprouvera de notables augmentations qui viendront concourir encore au développement de la richesse nationale.

« La France et ses autres colonies, qui nous fournissent annuellement 15 millions de leurs produits, verront s'accroître rapidement le chiffre de cette importation.

« Notre commerce, qui chaque année emploie déjà 100 navires et 50,000 tonneaux de la marine métropolitaine, leur donnera avant longtemps une activité bien autrement importante.

« Il est digne de notre siècle, il est digne de notre République de faire de nos navires de guerre, ces forteresses flottantes, de puissants instruments de prospérité et de civilisation pour les peuples.

« La Métropole comprendra que le moment est enfin venu pour elle de diminuer d'une manière notable le droit qui frappe les sucres coloniaux à leur introduction en France.

« Elle comprendra aussi que le moment est venu de faire disparaître l'inégalité injuste qui existe entre le sucre indigène et le sucre colonial.

« Elle comprendra que le fret, les primes d'assurances et les autres frais de transport que nous payons à l'industrie métropolitaine, constituent déjà pour les colonies une charge dont il doit leur être tenu compte par une équivalente réduction dans le chiffre des droits de douane à leur importation en France.

« Non-seulement ces mesures équitables donneront une juste satisfaction aux intérêts de la marine et des colonies, mais elles viendront en aide à cette portion pauvre et nombreuse de la population métropolitaine à laquelle le sucre est encore interdit en raison de son excessive cherté.

« Alors on verra s'accroître rapidement la consommation du sucre qui, en France, arrive à peine au tiers du chiffre qu'elle atteint dans beaucoup d'autres États.

« Alors la marine française prendra un accroissement considérable, et nous verrons se développer de nombreux éléments de la prospérité nationale.

« En conséquence, nous demandons à la Métropole, citoyens Représentants:

« 1° La prompte applicaation à notre colonie du décret national qui institue des établissements de crédit avec le triple concours de l'*État*, *des communes et des fortunes particulières*.

« 2° Le réglement de l'indemnité sur la juste évaluation de 1,540 francs pour chaque noir affranchi, sans aucune catégorie pour les différences d'âge.

« Ce chiffre est le résultat de toutes les évaluations officielles faites jusqu'à ce jour.

« Ces mesures sont urgentes, elles sont indispensables à ceux qui ont à payer le salaire comme à ceux qui ont à le recevoir.

« 3° Une représentation locale en harmonie avec les principes républicains.

« Cette représentation doit être investie de tous les pouvoirs spéciaux que nécessite notre grand éloignement de la Métropole.

« 4° L'emploi des navires de guerre de la station à l'introduction de travailleurs libres dans notre colonie.

« 5° Une juste réduction sur les droits de douane qui frappent les sucres coloniaux à leur entrée en France ;

« Réduction qui devra établir l'équilibre entre le sucre indigène et le sucre colonial ;

« Réduction qui devra nous tenir compte des droits que nous payons également à la Métropole par l'acquittement des primes, du fret et de tous les autres frais que nécessite la grande distance qui nous sépare du marché métropolitain. »

X.

Les causes d'inquiétude et de mécontentement dont les

traces se retrouvent dans l'exposé de situation que nous venons de reproduire ci-dessus, n'avaient point abattu cependant le courage des colons de l'Ile Bourbon.

Ainsi, de même qu'en France les personnes de la classe aisée avaient continué leur train de vie pendant les troubles de 1848, de même dans la Colonie les habitants qui menaient une certaine existence ne changèrent rien à leurs habitudes, malgré les préoccupations du moment. Ils firent encore plus de frais qu'en temps ordinaire, pour égayer la ville. Nos gens du monde trouvaient ouverts tous les soirs des salons où l'on chantait, où l'on dansait jusque fort avant dans la nuit. Le Commissaire général, qui venait de se marier, donnait l'exemple. L'Hôtel du Gouvernement, dont madame Sarda faisait les honneurs avec beaucoup de convenance, recevait la société locale au moins une fois par semaine.

Les chefs d'Administration n'étaient pas en reste. Le Directeur de l'intérieur avait des réceptions hebdomadaires, et le Procureur général, M. Massot, donna une fête remarquable qui laissa, après elle, des souvenirs de plusieurs natures.

C'était un bal paré : le premier et le dernier auquel l'aristocratie bourbonnaise ait assisté jusqu'ici. Cette innovation eut un grand succès. Toutes les danseuses étaient costumées ; et les attraits de nos dames créoles ne firent que gagner sous la poudre et le fard.

Mais si ce bal avait procuré un vif plaisir aux personnes qui y assistèrent, il attira à M. Massot, de la part du parti prétendu républicain de la veille, dont beaucoup de membres sont devenus depuis des napoléoniens du lendemain, un blâme vivement exprimé par un ou deux de leurs journaux.

On accusait le Procureur général de viser au titre de Représentant. On disait qu'il donnait des fêtes pour s'attirer la popularité. Ses détracteurs affirmaient qu'il avait pactisé avec M. de Greslan, le candidat déjà choisi du parti qui s'intitulait « colonial, » pour se porter ensemble, l'un aidant l'autre, aux prochaines élections.

Nous n'assurerions pas qu'il n'y eut point un peu de politique dans ce que nous appellerons la manière de faire de M. Massot à cette époque; mais ce n'était nullement dans le but imaginé par ses adversaires, car il ne songeait en aucune façon à briguer l'honneur d'aller nous représenter à l'Assemblée législative. Ce qu'il cherchait, c'était d'obtenir, aussi par ses prévenances de maître de maison, la popularité que lui donnait chaque jour davantage son attitude dans les conseils du Gouvernement.

Pour son bal il alla recruter des danseurs et des consommateurs, même parmi ceux qui se targuaient publiquement d'être ses ennemis. Ceux-ci prétendirent cependant qu'il avait fait, et à dessein, certaines exclusions blessantes. Ce n'était pas vrai. Si quelques personnes que nous rencontrons dans les réunions officielles ne se trouvaient pas chez M. Massot, c'est qu'il ne les connaissait pas.

Les détracteurs du Procureur général ne tarirent point, pendant plusieurs jours, sur les prétendus motifs qui lui avaient commandé son bal, qu'on disait être une ironie sanglante jetée à la face du Pays, en présence de la misère générale.

Ils oubliaient, ces défenseurs de la morale publique, ou plutôt ils feignaient d'ignorer, que les personnes qui avaient fait des dépenses pour figurer au bal de M. Massot, étaient en mesure de les faire, et que d'un autre côté, et ceci est plus concluant en faveur de l'innovation, une soixantaine de mille francs avaient circulé, dans l'espace de quelques jours, entre les mains des tapissiers, des lampistes, des bottiers, des tailleurs, des pâtissiers, des marchandes de modes, etc. etc. Aussi ces divers industriels trouvèrent-ils très-illogiques et fort bêtes les critiques de ceux-là mêmes qui se disaient les amis des ouvriers.

C'est également à cette époque que se firent dans la Colonie les premières courses de chevaux. Elles eurent lieu là où elles se font encore, sur la place de la Redoute, derrière la grande caserne qui venait d'être terminée et livrée à la garnison.

On ne prendra pas pour un hors-d'œuvre, nous l'espérons du moins, le présent paragraphe : les divertissements auxquels se livre une société, dans de certaines circonstances surtout, sont essentiellement caractéristiques des mœurs de cette société.

En arrêtant un moment le lecteur sur ce sujet, nous avons voulu montrer, une fois de plus, combien est grande cette confiance héréditaire des créoles de Bourbon quand il s'agit de l'avenir de leur pays.

XI.

Puisque nous en trouvons ici l'occasion, disons que la grande caserne ne s'était pas élevée sur la *plaine de la Redoute* sans exciter à la critique. On se demandait ce qu'il adviendrait de cette longue construction placée sur le bord de la mer, en pleine savane, s'il prenait fantaisie, quelque jour, à un navire ennemi de venir s'embosser en face d'elle et de lui envoyer des boulets et des bombes. Et on répétait ce jeu de mots que le public a retenu comme une vérité : le génie de Bourbon est un mauvais Génie.

Non-seulement on pouvait répéter cette vérité à propos de la grande caserne, mais on peut la rappeler pour tous les établissements publics de Saint-Denis. Pour *l'hôpital militaire*, situé au centre de la ville et dont l'emplacement est devenu insuffisant par suite des bâtiments qu'on y a multipliés; pour le *Palais de Justice*, qui se trouve, avec ses greffes, son bureau d'enregistrement, etc., hors de la portée du public; pour l'*Hôtel de Ville*, qui est bâti à un carrefour, qui est masqué, qui n'a pas de cour, qui est enfin une construction manquée depuis l'escalier jusqu'au salon de réception dans lequel on n'entre qu'en baissant la tête de peur de casser les lustres.

Nous nous arrêtons à Saint-Denis, autrement il nous faudrait parler des travaux qui s'exécutent à Saint-Pierre, où l'on tente de faire un port d'un bassin qui ne sera jamais qu'un bassin, alors que ce port est déjà à moitié fait, à Saint-Paul, par la nature même.

Le chef-lieu n'a que deux établissements qui satisfassent complétement le public, du moins en raison de leur situation, ce sont : le *Trésor* et *l'établissement de la Providence*. Mais on avait voulu, pendant un moment, retirer le Trésor du centre des affaires comme on avait songé, à la même époque, à construire un hôpital civil à la Providence, c'està-dire à entasser des bâtiments les uns sur les autres. Ah ! le mauvais génie.

Ce n'étaient pas les terrains qui manquaient cependant, pour bâtir la grande caserne, pour faire un second hôpital militaire ; et quant aux autres établissements, on avait sous la main le magnifique *emplacement de l'Intendance* où l'on aurait pu réunir : Direction de l'intérieur, Palais de Justice, Commissariat de la Marine et Hôtel de Ville. Sur un vaste parallélogramme, on aurait eu un véritable monument qui aurait offert l'avantage de mettre à côté des uns des autres les services les plus importants du cheflieu, et qui n'aurait pas coûté plus cher que les bâtiments distincts actuellement affectés à ces mêmes services.

XII.

Nous avons dit précédemment que l'article 21 de la Constitution concédait aux colonies le droit de se faire représenter à l'Assemblée législative. Ce droit devait nécessairement exciter les ambitions : elles germèrent jusque dans le Clergé. Il faut dire bien vite, cependant, qu'il n'y eut qu'un seul de ses membres qui fut accusé, ouvertement, de s'être mis sur les rangs pour briguer le mandat de Représentant du peuple : nous voulons parler de l'abbé Joffard.

Ardent, ambitieux, ne manquant pas du reste de talent, ce jeune prêtre avait rêvé la tribune nationale. La victoire électorale devant appartenir au plus grand nombre, il s'adressa à la population la plus nombreuse. Le résultat qu'il cherchait à obtenir devait lui paraître d'autant plus probable, que son ministère de prêtre lui donnait déjà une influence réelle sur l'esprit de cette même population dont il s'agissait de capter les suffrages. Il la flatta en prêchant aux affranchis de sa paroisse, nous ne savons quelles idées subversives, au risque de troubler tout un arrondissement, peut-être même la Colonie entière. Un peu plus, si on ne l'eût arrêté à temps, du haut de la chaire même d'où, à ce moment surtout, il aurait dû faire entendre des paroles de concorde et de conciliation, il allait souffler la révolte des engagés contre les engagistes. Etait-ce la récente dignité accordée à l'abbé Monet, nommé évêque en récompense, disait-on, de l'affection qu'il avait montrée aux noirs de l'île Bourbon, qui avait exalté à ce point l'abbé Joffard? Etait-ce à la mitre qu'il visait, lui aussi? Ou bien agissait-il sans but et seulement parce que « l'esprit des ténèbres » s'était emparé de lui? Nous n'avons jamais pu nous rendre compte du mobile qui avait fait sortir cet ecclésiastique de la voie de la religion. Les uns disaient de lui que c'était un ambitieux, les autres que c'était un communiste. Certes voilà des qualificatifs qui sonnent mal à côté du nom de prêtre.

XIII.

Quoi qu'il en soit, ambition ou communisme, il était urgent de retirer de sa paroisse un pasteur qui, au lieu de maintenir l'ordre et l'égalité dans son troupeau, y semait l'antagonisme et l'anarchie..... peut-être pis !

C'est ce que le journal officiel expliquait dans son numéro du 28 avril 1849.

L'abbé Joffard fut envoyé à l'Entre-Deux, district situé entre Saint-Louis et Saint-Pierre. Mais ni ce changement de résidence, qui était cependant significatif, ni les recommandations de l'Autorité administrative, ni les réprimandes de son chef spirituel, ne purent lui faire quitter la vilaine route dans laquelle il s'était engagé si obstinément. Il fallut le retirer de l'Entre-Deux, comme on l'avait retiré de Saint-Leu. L'Administration, en le faisant rentrer à Saint-Denis, espérait que sous les yeux de son supérieur, le Préfet apostolique (il n'y avait pas d'Evêque alors), et avec l'exemple que lui offriraient ses dignes confrères du chef-lieu, il reviendrait à ses devoirs sacrés. Mais non, il devait fatalement amener lui-même son expulsion de la Colonie.

XIV.

Nous regrettons beaucoup d'avoir à écrire de pareilles choses, surtout quand nous songeons à tout ce que le jeune clergé a eu de dévouement, de sollicitude bien entendue pour les populations coloniales, et aux services qu'il leur a rendus depuis l'émancipation; mais il nous faut justifier le renvoi de l'abbé Joffard de la Colonie, renvoi qui eût été bien plus immédiat encore, si nous avions eu à la tête du diocèse le vénérable prélat qui l'administre aujourd'hui avec une justice paternelle mais ferme et digne à la fois.

XV.

Ces jalons que l'abbé Joffard essayait de jeter sur le terrain des élections, firent comprendre aux colons les graves conséquences que le suffrage universel, appliqué au Pays, pouvait avoir pour la tranquillité générale. Ils se promirent dès lors d'enrayer, ou du moins de diriger, autant que faire se pourrait, le mouvement par lequel ceux qui l'avaient imprimé espéraient pousser la population noire vers l'urne électorale.

La prochaine nomination de nos représentants à l'Assemblée législative commençait ainsi à préoccuper l'esprit public. Et ce n'était pas sans raison. « C'est un fait nouveau, étrange, inouï, disait le *Moniteur de l'Ile de la*

Réunion, que ce droit de voter étendu aux nouveaux affranchis, ces esclaves d'hier, ces citoyens d'aujourd'hui, ces électeurs de demain : véritable irruption de barbares qui donnera aux comices électoraux une physionomie toute particulière, et je ne sais quoi d'inusité et de sauvage qui mérite l'attention. »

Mais comme pour donner le temps aux habitants de Bourbon de se préparer aux futures élections, l'Administration centrale ne se pressait pas de leur envoyer la loi électorale. Du reste, assez de sujets pouvaient les distraire des préoccupations que leur donnait l'institution du suffrage universel.

Le dernier courrier d'Europe avait apporté deux nouvelles importantes: le remplacement de M. Sarda-Garriga d'une part, et de l'autre la discussion prochaine, à l'Assemblée nationale, de l'indemnité coloniale. La Commission chargée de présenter un projet de loi sur cette matière si intéressante pour les colonies, avait enfin terminé son travail. Le Pays allait donc savoir à quoi s'en tenir.

Ils méritaient bien de recevoir quelque récompense ces bons créoles, pour leur conduite exemplaire, pour leur tenue convenable et pour leur patience encore vigoureuse après une année de malaise et d'attente. Il faut convenir, d'ailleurs, que les lenteurs apportées dans le règlement de l'indemnité étaient peu en rapport avec la précipitation qui avait dicté l'acte d'émancipation. La France ne semblait-elle pas dire à ses colonies, à l'île Bourbon notamment : « Maintenant que vos noirs sont libres, que vous

vous êtes obligés, par contrats, à les nourrir, à les loger, à les vêtir, à leur donner tous les soins, même ceux de la sépulture, maintenant vous pouvez attendre. Vous êtes à peu près sûres d'obtenir, sinon une indemnité, du moins un dédommagement, de quoi vous plaindriez-vous ? »

XVI.

Toutefois, reconnaissons-le, ces lenteurs, pour avoir été déplorées, n'eurent pas moins un heureux effet: celui d'enlever la rédaction du projet de loi d'indemnité aux fabricateurs du décret d'émancipation; de le soustraire à l'inspiration des membres de cette célèbre Commission Schœlcher qui avait inventé le *dédommagement*, qui s'était montrée si généreuse pour les esclaves et si parcimonieuse pour les maîtres. En fin de compte il n'y avait pas lieu de trop se plaindre des retards auxquels était soumis le réglement de l'indemnité: ils pouvaient donner le temps à l'équité de venir au secours des colons.

Quant au remplacement du Commissaire général, on le souhaitait; non pas que l'on eût de l'antipathie pour la personne de M. Sarda, mais à cause de son mandat. Il le sentait. Il savait qu'aux yeux même des plus bienveillants, et malgré la justice qu'on lui rendait pour ses bonnes intentions, il était encore au milieu de nous, après huit mois de colonie, la personnification du Gouvernement provisoire; de celui-là même qui, M. Schœlcher aidant, avait décrété l'émancipation de nos esclaves, de son propre mouvement, sans consulter les mandataires de la nation, dédaignant cette fois la souveraineté du peuple qu'il proclamait à chaque instant et qu'il disait tant respecter ; de celui-là même qui avait, de son autorité privée, disposé de notre propriété sans nous indemniser au préalable ; de celui-là même enfin qui ne nous promettait un dédommagement, qu'à la condition que ce dédommagement profiterait à ceux qui venaient de recevoir la liberté, mais non à ceux qui venaient d'être dépossédés. M. Sarda ou plutôt le Commissaire général était le souvenir vivant de tous ces abus de pouvoir. Et si on lui devait quelque reconnaissance, à lui personnellement, pour n'avoir pas fait de mal à la Colonie, cette reconnaissance n'était que relative. Il n'avait fait, disait-on, que son devoir.

D'un autre côté la nouvelle de son remplacement arrivait alors que les vacillations de sa politique le faisaient taxer d'inexpérience et de légéreté, pour avoir signé certains actes inopportuns, notamment les arrêtés que nous avons précédemment relevés ; et encore le règlement sur les milices de la Colonie, lequel règlement ordonnait des exercices si multipliés que les soldats citoyens allaient se trouver littéralement enlevés à leurs occupations journalières.

Et à quel moment voulait-on être aussi rigide pour le service de la milice ? Au moment même où les miliciens se montraient pleins de zèle ; où ceux qui étaient dispensés, de droit, de porter la buffleterie, se mettaient dans les rangs; où les personnes qui, auparavant, payaient la taxe de remplacement, reprenaient le fusil; au moment enfin où toute la vieille population libre sentait l'utilité de faire voir qu'il y avait des baïonnettes pour assurer au Pays l'ordre et la tranquillité.

Or, en pareille matière, demander le superflu quand on a le nécessaire, c'est vouloir donner lieu à des critiques et à des protestations: du moins les miliciens de Saint-Denis ne le comprirent pas autrement; et jusque sous les armes ils firent entendre des sifflets que les sergents, dans leurs rapports, traduisirent par ces mots: « à bas le règlement. »

Quelques jours après cette manifestation qui eut lieu pendant une grande revue passée au Jardin de l'Etat, les feuilles publiques annonçaient que le Commissaire général allait charger une Commission de réviser son arrêté sur la milice. « On espère, disait le *Journal officiel* lui-même, que cette Commission épargnera à notre milice le luxe d'exercices qui a soulevé de nombreuses plaintes contre le règlement qui vient d'être mis à exécution. »

XVII.

Un autre acte du Commissaire général avait été également l'objet d'une critique fondée, du moins en partie. Nous parlons de l'arrêté du 24 mai 1849, qui confiait, dans chaque commune, à un *Syndic spécial*, les intérêts des engagés nationaux et étrangers.

Ce fonctionnaire avait qualité d'agir « tant en justice que hors. » Il pouvait accorder aux engagistes terme et délai pour le paiement des salaires dus aux engagés, mais en veillant à ce que ce paiement s'effectuât au moyen des premiers produits manufacturés. Il avait le droit de mettre saisie-arrêt entre les mains des tiers manipuleurs, conformément aux articles 2101 et 2102 du Code civil, afin que les premiers produits ne fussent pas distraits de leur destination, etc. etc. C'est-à-dire que c'étaient les intérêts des engagés que les syndics spéciaux devaient toujours sauvegarder, mais ils n'étaient point chargés de protéger les droits des engagistes. Ainsi que le faisait remarquer un des journaux du pays, le syndic était l'homme de l'engagé, son mandataire public, son protecteur légal; il ne représentait, il ne défendait que l'engagé.

C'était surtout par son article 21 que cet arrêté froissait l'équité en mettant à la charge de l'engagiste le paiement des honoraires du syndic. « Le syndic spécial, disait cet article, recevra pour tout émolument une commission de 5 pour cent, calculée sur le chiffre des salaires qui auront été réglés par ses soins. Cette commission sera payée par les engagistes, et à cet effet, dans toutes les conventions qui interviendront entre les dits engagistes et le syndic, la somme due par ceux-là sera augmentée de 5 pour cent. »

Ainsi l'engagiste était obligé de rémunérer les peines et

soins de l'homme d'affaires de l'engagé. Il y avait là, assurément, des réminiscences de la Commission d'émancipation.

XVIII.

De là une critique sévère de l'arrêté du 24 mai 1849, qui instituait des syndics spéciaux. Heureusement que les propriétaires sucriers se souvenaient que dans notre colonie, si l'on fait beaucoup d'arrêtés on en exécute peu d'une manière complète.

Il convient d'ajouter que celui du 24 mai n'eut pas le sort commun, grâce au bon vouloir des engagistes eux-mêmes, qui remplissaient exactement les obligations des contrats, bien que les engagés s'ingéniassent à ne pas tenir leurs promesses.

C'était pendant la promulgation de ces actes insolites que nous arriva la nouvelle du prochain remplacement de M. Sarda. Il n'était donc pas étonnant que les colons attendissent la confirmation de cette nouvelle avec autant de désir peut-être qu'ils attendaient la loi sur l'indemnité. Cependant celle-ci devait leur arriver seule.

CHAPITRE III.

SOMMAIRE.

L'Indemnité coloniale est votée. — De quelle façon est reçue la nouvelle de ce vote. — Comment cette indemnité a été réglée. — L'immigration indienne. — L'immigration africaine. — Les travailleurs indigènes. — Dénombrement général des esclaves. — Etat civil des affranchis.

I.

Le 21 juillet 1849, un petit bateau de la Colonie arrivait sur Saint-Denis toutes voiles dehors. Une brise soutenue le poussait rapidement vers le lieu du mouillage et donnait à sa marche cette légèreté qu'affectent toujours les porteurs de bonnes nouvelles.

Ce bateau était la *Louise*, capitaine Touzin. Le sieur Bissière, son affréteur, était à bord. Se trouvant à l'île Maurice à l'arrivée du courrier d'Europe porteur de la Malle du 24 avril, le sieur Bissière apprend que la loi sur l'indemnité a été lue pour la seconde fois à l'Assemblée nationale, que cette seconde lecture assure le vote de la loi; il n'en demande pas davantage : cédant à un sentiment patriotique, il n'attend pas la réalisation de l'opération commerciale qu'il avait été suivre à Port-Louis, il lève l'ancre, appareille pour Bourbon, fait confectionner un grand pavillon au milieu duquel il écrit en majuscules voyantes : *L'indemnité est votée !* hisse ce pavillon à son mât le plus haut et atteint en quelques heures la tête de l'Ile. Alors il se rapproche le plus possible de la côte et jette pour ainsi dire au rivage, depuis Sainte-Rose jusqu'à Saint-Denis, le plus cher de son chargement, c'est-à-dire les trois mots heureux qui rayonnaient au-dessus de ses vergues : L'indemnité est votée !

Les lettres apportées par le courrier furent décachetées, les journaux déployés et les éditeurs de nos feuilles publiques s'empressèrent de publier dans un Extraordinaire, et d'après le journal *La Presse*, du 24 avril 1849, le compte-rendu de la discussion, à l'Assemblée nationale, du projet de loi que nous avons reproduit au chapitre précédent ; discussion qui avait d'ailleurs été très-calme et fort écourtée et qui n'avait offert rien de saillant, si ce n'est l'original amendement de M. Menaud qui, en contestant le principe même de l'indemnité, proposait d'ouvrir au Ministère de la Marine un crédit de 60 millions de francs, non au profit des maîtres dépossédés, mais « pour subvention et encouragement au commerce dans les colonies et pour la création d'établissements coloniaux. »

L'Assemblée avait préféré à cet amendement celui plus judicieux et surtout beaucoup plus équitable, proposé par M. de Laussat, tendant à faire supprimer le paragraphe de l'article 3 du projet de loi, qui n'accordait aucune indemnité pour les noirs âgés de plus de 60 ans, pour ceux âgés de moins de 5 ans et pour ceux introduits dans les colonies postérieurement à la promulgation de la loi du 4 mars 1831, c'est-à-dire depuis la répression de la traite.

II.

Le Ministre de la Marine et des colonies, par sa dépêche du 24 avril 1849, annonçait officiellement au Commissaire général la nouvelle donnée par les journaux et les correspondances de Paris.

« Monsieur le Commissaire général,

« Je m'empresse de vous annoncer que l'Assemblée nationale, dans sa séance d'hier, a voté la deuxième lecture de la loi d'indemnité, conformément au projet arrêté entre la Commission et le Gouvernement; et en y ajoutant un amendement qui affecte un huitième du fonds d'indemnité à la constitution des banques coloniales, avec faculté, pour l'Administration, d'étendre la même mesure à la Guyane et au Sénégal.

« La troisième et dernière lecture et le vote définitif auront lieu dans le délai de cinq jours, déterminé par le règlement.

« Salut et fraternité.

« Pour le Ministre de la Marine et des colonies, et par son ordre :

« *Le Secrétaire Général*,

« Varagnat. »

III.

Tout intéressante qu'elle était, cette nouvelle n'apporta point avec elle la satisfaction que l'Assemblée nationale, par son vote du 23 avril, avait cru peut-être ménager à la Colonie. La longue attente dans laquelle les intéressés étaient demeurés, l'insuffisance de la somme allouée, la faisaient recevoir par les colons, plutôt avec un sentiment pénible qu'avec joie. Ce n'était pas là cette sérieuse réparation à laquelle les propriétaires dépossédés avaient droit.

Un instant, cependant, on aurait pu croire à un retour à l'équité. La Commission formée au sein de l'Assemblée nationale, pour examiner le projet de loi présenté par le Gouvernement, avait, en effet, élagué de ce projet certaines maximes qui s'y trouvaient érigées au détriment des indemnitaires.

Ainsi, elle avait proclamé le droit du colon à l'indemnité ; certes il ne lui fallait pas faire un grand effort pour reconnaître une propriété consacrée par les encouragements de l'Etat et par une possession de plusieurs siècles. Toutefois cette reconnaissance n'en était pas moins importante, eu égard à l'opinion émise sur ce point par la Commission d'émancipation et en raison des heureuses conséquences qu'elle aurait pu, ou plutôt qu'elle aurait dû avoir.

La nouvelle Commission avait en outre élevé le chiffre de 90 millions, proposé par le Gouvernement, à 120 millions, et évalué le prix de chaque esclave, sinon d'après la valeur qu'il avait alors, du moins d'après un calcul assez judicieux. Mais l'espoir des propriétaires ne fut pas de longue durée. La Commission, effrayée des principes qu'elle venait de poser à l'encontre de ceux du Gouvernement, s'arrêta court. Elle était cependant trop engagée dans la logique où les faits l'avaient forcément entraînée pour en sortir franchement : elle eut alors recours aux restrictions et aux subtilités.

C'est M. Crémieux qu'elle chargea de cette délicate besogne. Et, il faut le dire, malgré la souplesse d'esprit de l'éminent avocat, on voit, à la manière dont son rapport a été rédigé, combien il était gêné par sa conscience de légiste.

Néanmoins, il satisfit autant qu'il le pouvait aux exigences de la position. Il sépara le *droit* du *fait*, fit découler la *justice* de *l'utilité* et enfin concilia, en apparence du moins, et en dépit de la contradiction qu'on retrouvait au fond de leur rapprochement, le prix estimatif de l'esclave avec le chiffre de l'indemnité. Cela paraissait assez difficile de n'accorder que 600 francs au maître pour l'affranchissement de son esclave, quand celui-là même qui indemnisait, avait estimé cet esclave 1,540 francs. Mais tout s'arrangea dans le rapport de la Commission, grâce à des déclarations comme celle-ci par exemple : « Le droit à l'indemnité existe pour les colons, mais c'est l'indemnité du fait ; la France doit parce qu'elle dépossède, mais dépossession n'est pas une expropriation. Nous indemnisons, nous ne rachetons pas. »

A quoi le journal *La Presse* répondit à Paris même : « Vous voulez, dites-vous, *indemniser ?* Soit. Indemnité veut dire réparation du préjudice causé. Les colons ne demandent pas autre chose. Vous ajoutez que cette indemnité *doit être relative.* Ils adhèrent encore. Mais relative à quoi ? A l'état, à la valeur de l'esclave au moment où on l'enlève à son maître ? Il n'y a pas à réclamer, si vous faites l'application de cette règle. »

IV.

Nous n'avons pas besoin de rappeller que cette règle ne fut pas appliquée. Toutefois, nous le répétons, la Commission dont M. Crémieux était le rapporteur avait montré plus de justice que le Gouvernement et que l'Assemblée nationale elle-même, qui adopta le chiffre porté dans le projet gouvernemental, soit 90 millions de francs. De sorte que le prix de l'esclave qui avait été, d'après les documents officiels fournis, évalué tour à tour à 1,500, à 1,540, à 1,805, à 2,000 francs, n'a été fixé, en fin de compte, pour Bourbon, qu'à 711 f. 33.

La Colonie, ainsi que nous l'avons dit plus haut, n'avait donc pas lieu de se trop réjouir de cette loi d'indemnité, pour la rédaction de laquelle le Gouvernement et l'Assemblée nationale avaient cependant pris leur temps. Et non-seulement la somme allouée était insuffisante, mais en outre elle avait été entamée d'avance, le plus grand nombre des indemnitaires l'ayant aliénée, avant règlement, en tout ou en partie, afin de subvenir aux premiers frais du travail rétribué. Il fallait à chacun vivre et faire vivre sa famille, nourrir et payer ses engagés.

Le crédit avait disparu, l'argent était devenu fort rare. Il n'était guère possible, dans une telle situation, de se laisser arrêter par la crainte des sacrifices à faire. On en fit, et beaucoup. Voilà pourquoi l'indemnité avait été aliénée avant qu'elle ne fût réglée.

Pour comble d'embarras les affranchis, foulant aux pieds leur livret d'engagement, désertaient petit à petit les ateliers. Il importait de les remplacer au plus tôt par des travailleurs étrangers, si l'on voulait conserver au Pays sa grande culture.

V.

Mais bien que cet état de choses touchât plus directement les propriétaires sucriers, ce ne furent pas eux qui prirent l'initiative; l'Administration encore moins. Ce furent les spéculateurs qui entreprirent l'immigration. Les propriétaires étaient arrêtés par le prix de cession qu'il faudrait payer; et payer comptant aux introducteurs; et l'Administration, de son côté, craignait, dans sa sollicitude vaine, de donner des concurrents de travail aux nouveaux affranchis. Cette crainte se manifeste évidemment dans l'arrêté du 11 juin 1849, où le législateur colonial, après avoir constaté l'insuffisance des travailleurs indigènes, « dont le nombre, avoue-t-il, ne saurait désormais suffire à tous les besoins de l'industrie coloniale, » s'empresse d'ajouter : « bien que l'introduction des travailleurs provenant du continent asiatique soit depuis longtemps autorisée, il importe cependant de procéder avec prudence, et de ne la permettre surtout que dans les proportions indispensables. »

Et comme conséquence de ce considérant, il disait dans l'article 1er de son arrêté : « Il pourra être introduit dans la Colonie, par des navires du commerce français, des travailleurs indiens, jusqu'à concurrence du nombre qui sera déterminé chaque année par l'Administration. »

VI.

On le voit, la restriction était formelle : l'Administration ne devait permettre l'introduction des travailleurs étrangers, dans la Colonie, qu'à la condition qu'on lui laisserait le pouvoir de la limiter à *des proportions indispensables*.

Il faut d'ailleurs le reconnaître, derrière cette réserve que se faisait le Gouvernement local et qui ne paraissait que spécieuse aux introducteurs d'engagés, il y avait une idée qui n'était pas sans portée. C'était le droit au travail que l'arrêté consacrait pour les nouveaux affranchis. Le législateur s'était préoccupé des 60,000 prolétaires qui ne devaient, qui ne pouvaient vivre qu'à l'aide de leurs bras ; et il tâchait de leur assurer une existence à gagner honnêtement. Mais hélas ! si nos travailleurs indigènes s'étaient émus de l'arrivée à l'île Bourbon des premiers convois d'immigrants venant de l'Inde ; s'ils disaient déjà, on s'en souvient, que les Indiens venaient leur enlever le travail, eux-mêmes l'abandonnaient, et résolvaient ainsi ce problème de vivre sans rien faire et sans mendier, dont la solution ne peut être trouvée que par les vagabonds des colonies.

Nos nouveaux affranchis revendiquaient leur droit au travail, mais ils avaient soin d'employer une foule de petits moyens pour ne pas user de ce droit. C'était inutilement que l'Administration locale le leur avait conservé.

VII.

L'immigration n'était donc favorisée, à l'époque dont nous parlons, c'est-à-dire à son commencement, ni par le Gouvernement local, ni par les propriétaires ; et, de plus, elle était vue d'un mauvais œil par les anciens esclaves.

Aussi, les premiers immigrants introduits dans la Colonie trouvèrent-ils peu d'engagistes ; ceux-ci étant retenus, comme nous l'avons dit, par la difficulté de payer immédiatement le prix de revient, et encore par la crainte de voir les affranchis abandonner entièrement les ateliers aussitôt après qu'ils auraient des remplaçants, sans compter le temps qu'il faudrait perdre pour initier les nouveaux venus aux travaux d'habitation auxquels les anciens esclaves étaient rompus et façonnés.

Ces considérations ne devaient pas d'ailleurs arrêter longtemps les opérations de l'immigration.

En effet, les colons devinèrent bientôt le développement qui était promis à l'agriculture coloniale, avec un nombre de bras suffisant, et les économistes officiels comprirent, de leur côté, que, puisque les nouveaux affranchis fuyaient le travail de la terre, ils ne devaient plus se préoccuper de la concurrence qu'ils avaient semblé craindre pour ces derniers.

VIII.

A cette occasion nous rappellerons une particularité qui touche au caractère propre du noir. Cette concurrence dans le travail, que les nouveaux affranchis paraissaient redouter de la part des Indiens, ils l'acceptaient des Cafres et des Malgaches. Ceux-ci étant de leur caste et de leur famille, ils trouvaient tout naturel qu'ils vinssent chercher dans la Colonie un sort meilleur que ne l'était celui qu'ils avaient à la côte d'Afrique et à Madagascar.

Ceci prouve qu'il y avait dans les manifestations des nouveaux citoyens, contre les immigrants asiatiques, plus de jalousie que de crainte de manquer de travail.

Quant à nous, nous n'avons jamais pris au sérieux leurs

apostrophes aux malabars qu'ils appelaient des *crèveurs de faim*, venus dans le Pays pour leur enlever leur *bouchée de manger*. Nous savions trop qu'ils avaient la conscience de leur supériorité comme cultivateurs, et qu'ils auraient toujours la préférence sur les coolies, pour nous émouvoir de leurs doléances affectées ; et d'ailleurs, s'ils avaient eu à faire éclater du mécontentement, c'eût été avec bien plus de raison contre les immigrants afraicains — les Cafres surtout — que contre ceux de l'Inde ; les premiers, sans exception, se fixant dans la Colonie, et les autres se faisant repatrier à l'expiration de leur engagement. L'Indien n'est chez nous qu'en passant : il appartient presque à la population flottante du Pays. Le Cafre, au contraire, quand il y vient, c'est pour toujours. Robuste, sain, docile, casanier, il s'attache à l'habitation qu'il cultive. Les cours d'assises ont rarement à le juger ; et quand il lui arrive d'avoir à régler quelque compte avec la justice répressive, c'est presque toujours pour avoir cédé aux exigences de son appétit proverbial ; quand il vole c'est pour manger. Il faut remarquer, en outre, que comme force au travail, il vaut au moins deux Indiens. Aussi n'hésitons-nous pas à déclarer que le noir africain est le véritable, le seul cultivateur colonial.

IX.

Ajoutons que, s'il nous est utile, nous ne sommes pas en reste avec lui, car nous l'arrachons à l'esclavage pour le rendre à la liberté ; nous le retirons de la misère, nous l'enlevons aux maladies épidémiques et aux lois barbares de ces contrées où le droit du plus fort est encore le seul droit respecté, pour lui offrir une vie régulière, un climat sain, des mœurs douces et des lois protectrices de l'individu et de la propriété ; aussi, plus nous favoriserons l'immigration africaine, plus nous aurons bien mérité de la civilisation et de l'humanité.

On ne s'étonnera donc pas de nous voir former des vœux pour que l'autorisation de recruter des travailleurs à la côte d'Afrique soit définitivement accordée à l'île Bourbon. Il est temps d'envisager sous son véritable jour cette résistance anglo-philanthropique qui fait appeler l'immigration, la traite ; et la liberté, l'esclavage !

X.

Quant à l'immigration indienne, elle est insuffisante, non par la quantité mais par la qualité. En effet, nous ne recevons de l'Inde anglaise que des coolies de rebut qui nous arrivent, les trois cinquièmes, atteints de maladies et d'infirmités qui les rendent impropres au travail de la terre. Ils apportent aussi avec eux, de temps en temps, la variole et le choléra-morbus.

L'Agriculture coloniale peut donc se trouver menacée d'un moment à l'autre. Mais, nous dira-t-on, qu'est devenue votre population noire? Que ne l'appelez-vous au travail? Nous répondrons que cette population n'est plus dans les campagnes. Et veut-on connaître les causes qui ont fait déserter nos habitations par les nouveaux affranchis? Ces causes sont les mêmes que celles qui amènent chaque jour, dans la mère-patrie, l'abandon des travaux agricoles.

XI.

En France, en effet, le cultivateur depuis quelques années, c'est-à-dire depuis que la vapeur, en pénétrant sur tous les points du territoire, apporte dans la ferme les bruits attirants des grandes villes, le cultivateur a pris en dédain la vie calme des champs, et l'on pourrait dire en mépris les soins à donner à la terre.

En vain les machines perfectionnées les lui rendent-elles plus faciles; on dirait qu'il considère ses mains, qui aspirent aux gants, comme trop délicates aujourd'hui pour les rustiques labeurs. En vain de hautes intelligences, en se consacrant au progrès de l'agronomie, honorent-elles l'agriculture; en vain les expositions des produits du sol viennent-elles publiquement glorifier le travail. Rien n'y fait.

La jeunesse des champs, c'est-à-dire les forces vives des campagnes, quitte la charrue pour se précipiter vers les centres de population, y vivre au jour le jour, de métiers appris à la hâte, au milieu de distractions et d'habitudes qui les retiennent à jamais loin de la glèbe.

N'est-ce pas le même mouvement qui s'est opéré dans la Colonie à la suite de l'émancipation ?

XII.

Après l'expiration du premier engagement contracté le lendemain de 1848, plutôt pour obéir au Commissaire général qu'ils appelaient leur père, que pour rester au travail, nos cultivateurs indigènes secouèrent la poussière des sucreries et se rapprochèrent des chefs-lieux.

On vit alors des noirs, qui n'avaient jusque-là manié que la pioche et l'écumoire, se rendre au chef-lieu pour servir dans l'intérieur des maisons, pour conduire des voitures, pour tailler des pierres, pour façonner des bois. Dieu sait de quels domestiques, de quels cochers, de quels maçons et charpentiers les quartiers dotèrent ainsi la ville !

XIII.

L'introduction des travailleurs étrangers était commencée. Elle se poursuivait avec une telle ardeur, que les propriétaires crurent qu'elle satisferait aux nécessités du moment et aux exigences de l'avenir. Avec cette rassurante perspective, ils ne cherchèrent point à conserver les nouveaux affranchis. Ils les laissèrent partir comme on laisse partir des enfants ingrats, en leur disant : « Vous voulez nous quitter ? Eh bien ! allez-vous en, nous ne vous retiendrons pas. »

Les nouveaux citoyens abandonnèrent donc la case de leur enfance et leurs travaux habituels pour courir de commune en commune après le *rien-faire*. Ils le trouvèrent, le plus grand nombre du moins, les uns au moyen d'engagements fictifs, les autres à l'aide de dispenses légèrement accordées, d'autres enfin sans engagements et sans dispenses.

Quant aux gîtes, ils s'en procurèrent aisément à ce moment de gêne générale, où les propriétaires des cabanons qui avaient logé naguère un nombreux domestique, réduits à tirer parti des moindres ressources, accueillaient des locataires avec empressement.

Les habitants de la ville fournirent ainsi, sans s'en douter, et même en s'en doutant, pour quelques francs recouvrés à grand'peine, un domicile à la paresse et un refuge au vagabondage.

XIV.

Cette indifférence des planteurs à l'égard de leurs anciens cultivateurs et cette facilité avec laquelle ceux-ci se procuraient un toit, firent affluer dans les chefs-lieux toute la partie civilisée des affranchis des campagnes, ceux qu'on appelait les « noirs à talents. »

Les établissements éloignés furent littéralement désertés ; et aujourd'hui il n'y a que dans ceux avoisinant les centres, que l'on rencontre quelques-uns de nos anciens travailleurs indigènes ; la plupart non engagés, employés, au mois, à des occupations pleines de loisirs, telles que la conduite des charrettes, la garde des bestiaux, la surveillance des écuries, ou le gardiennage des récoltes sur pied qui leur permet de se promener par tout le quartier, le bâton du garde-champêtre à la main. Quant au travail de la terre, ces messieurs y répugnent tellement, qu'on ne leur en parle même plus.

XV.

Pendant que cette partie de la population des campagnes, que nous qualifions de civilisée, était, par ses instincts, poussée vers la cité, l'autre partie, la moins avancée, se réfugiait dans les régions incultes de la Colonie.

De cette catégorie sont sortis ces espèces de fermiers des zones supérieures qui, pour s'y établir d'une façon à peu près régulière, ont fait ce qu'ils nomment des *arrangements* avec les possesseurs des terrains choisis, leur promettant soit le quart, soit le tiers des vivres et des légumes qu'ils cultivent dans ces climats propices au jardinage. Nous n'avons pas besoin de dire de quel côté doit être la part du lion.

XVI.

Ainsi se dispersa l'ancienne population des habitations. Une moitié courut où il y avait des amusements (comme ils le disent); l'autre moitié alla, pour ainsi dire, se cacher dans les bois. La première se trouve donc, à l'heure qu'il est, sur le littoral, là où sont le mouvement, les petites industries, la possibilité de vivre d'un salaire journalier. La seconde est au sommet des montagnes, là où, avec quelques légumes venus sans trop de soins, la nourriture est facilement obtenue; là où sont le long dormir et l'indépendance.

XVII.

Aurait-on pu empêcher cette dispersion de nos cultivateurs indigènes? Peut-être oui, en partie du moins, si l'on avait recherché activement et puni avec énergie les engagistes fictifs, ces industriels qui spéculent sur la paresse, le vagabondage et les escroqueries de leurs prétendus engagés ; si la municipalité avait apporté plus de discernement dans la délivrance des *livrets professionnels* — ou cartes de dispense d'engagement — offerts au premier affranchi venu, en échange du montant de la cote personnelle ; lequel premier affranchi venu, la plupart du temps, n'exerçait aucune profession, mais s'en donnait une de fantaisie pour échapper, par cette voie que lui ouvrait la *recette communale*, à un contrat sérieux de travail.

Il aurait fallu également que les propriétaires ruraux fussent moins indifférents à l'abandon de leurs champs par les anciens esclaves, et qu'ils eussent la bonne pensée, après la fin du premier engagement, en 1849, de leur proposer une prime de rengagement équivalente au prix de revient qu'ils payaient pour les travailleurs étrangers ; ce qui eût été logique et surtout équitable. (Notez qu'ils accordent cette prime aux immigrants qui renouvellent leur engagement.)

Ces mêmes propriétaires auraient dû, en outre, renoncer à ces sortes d'arrangements dont nous avons parlé plus haut, à l'aide desquels leurs soit-disant fermiers, pour quelques paquets de brède et quelques pintes de maïs apportés, de temps en temps, à la maison du maître, achetaient le droit de déboiser la Colonie, de dépeupler les rivières et de ménager un refuge aux affranchis qui avaient à craindre l'œil plus ou moins ouvert de la police.

L'Administration, de son côté, aurait pu établir dans chaque canton un atelier spécial destiné exclusivement à recevoir les cultivateurs indigènes qui, après un mois de séjour dans une commune, n'auraient pas justifié d'un engagement de travail ou de l'exercice d'une profession. (L'institution dont nous parlons aurait eu très-peu de ressemblance avec le *Dépôt communal* de Saint-Denis, et n'en aurait pas eu du tout avec l'Atelier de discipline.)

Ces travailleurs sans emploi auraient trouvé là, dans cet *Atelier colonial*, avec la nourriture, le logement et les soins médicaux, sinon *le droit au travail*, du moins le droit de subsistance en attendant le travail. Jusqu'à ce qu'ils en eussent été retirés par des engagistes à leur convenance, ils seraient restés dans cet atelier, affectés à l'entretien des chemins vicinaux qui sont en si mauvais état dans nos campagnes.

Et convenons que ces hommes n'auraient pas eu à se plaindre de la mesure qui les eût ramenés ainsi au travail, puisque cette mesure, en les faisant sortir — qu'importe que ce fût malgré eux — de l'état de vagabondage dans lequel ils se trouvaient évidemment, les sauvait de la police correctionnelle.

XVIII.

Tels sont les moyens par lesquels, croyons-nous, on aurait pu arriver à faire comprendre aux affranchis de 1848, en les retirant des cantines et en les enlevant aux désordres de l'oisiveté, qu'il ne suffit pas à l'homme en société de vivre, mais qu'il est tenu de se faire vivre, et honnêtement encore : autrement, quand il n'a pas de rentes, il est à charge à la communauté ; autrement, il est vagabond ou il est mendiant ; et la loi punit le vagabondage et la mendicité.

Peut-être alors aurait-on conservé dans nos usines, non pas les 60 mille individus qui y étaient attachés naguère, mais la plupart de ceux qui, après 1849, ou après 1850, n'ayant ni feu ni lieu, étaient rencontrés partout et ne restaient nulle part.

Peut-être alors la Colonie, au lieu d'avoir à attendre de l'immigration tous les bras qui lui sont nécessaires, n'aurait-elle eu à lui demander qu'un simple contingent.

Aujourd'hui il n'est plus temps : l'ancienne population des campagnes a définitivement déserté nos champs. Les règlements sur les engagements de travail, si sagement complétés par le décret impérial du 13 février 1852, n'y ont rien fait, si tant est qu'ils aient été intégralement exécutés.

XIX.

Pour compléter ces quelques observations sur les travailleurs indigènes de la Colonie, auxquelles d'ailleurs il n'y a pas à mettre de correctif en ce qui concerne le passé, nous croyons devoir faire remarquer qu'une sorte de réaction du travail se manifeste depuis une couple d'années parmi les affranchis ; non pour la culture de la terre, entendons-nous, mais pour les métiers.

Nos entrepreneurs de bâtiments civils se procurent facilement des maçons, des charpentiers et des forgerons (dans la nouvelle génération surtout). Quant aux manouvriers des petites industries, ceux-là travaillent presque tous pour leur compte ou pour celui d'un chef qui les paye à la journée ou à la pièce.

Les femmes, de leur côté, reviennent volontiers à la domesticité, pendant que leurs filles, nées libres, s'emploient presque exclusivement dans les ateliers de coutures.

Ce mouvement des affranchis vers le travail industriel, la Colonie le doit au Clergé et surtout aux Frères de l'Ecole chrétienne. En attaquant sans cesse l'oisiveté, en prêchant le devoir, en organisant des sociétés de secours mutuels dont les règlements obligent les individus qui en font partie, à exercer un métier, ils sont arrivés à obtenir ce demi résultat.

Malheureusement l'ivrognerie, les engagements fictifs et cette hospitalité que les désœuvrés trouvent dans toutes les cases où il y a *un bol de riz*, paralysent les instructions de nos prêtres et les efforts moralisateurs de nos dignes instituteurs de l'Ecole chrétienne.

XX.

L'indemnité nous étant assurée, il restait à savoir quels étaient les colons qui y avaient droit.

A cet effet, l'Administration ordonna la formation immédiate, dans chaque commune, d'un comité chargé du dénombrement général des esclaves et de la vérification des titres des indemnitaires.

Cette double opération devait être faite avec d'autant plus de soin, que la négligence des maîtres avait laissé sans déclarations de naissance une foule de noirs créoles, et qu'un grand nombre de *coupons*, ou égarés ou donnés en nantissement, ne pouvaient être représentés.

Le travail confié aux comités communaux était donc un travail minutieux et important. Il se fit néanmoins régulièrement, en ce qui concernait les indemnitaires, mais d'une façon regrettable à l'égard des esclaves : les *registres spéciaux*, ouverts alors pour établir l'identité de ces derniers, témoignent à chaque feuillet de la légèreté avec laquelle cette tâche a été accomplie. Ce n'est pas que les précautions à prendre pour la remplir convenablement ne fussent fort simples. Il n'y avait qu'à exiger des propriétaires la reproduction du coupon de chacun de leurs esclaves ou, s'ils n'avaient pas eu ce coupon en leur possession, une note de la mairie contenant les indications données par les registres de recensements. Au moyen de ce coupon, ou de cette note, l'inscription des esclaves s'opérait d'une manière exacte, complète, et par suite utile ; les registres spéciaux devenaient des archives précieuses, c'est-à-dire un état civil tout dressé pour la population affranchie. Malheureusement, au lieu de demander aux mairies les renseignements nécessaires à cette inscription, on les demandait aux maîtres qui ne savaient pas toujours l'âge de leurs noirs ou aux noirs eux-mêmes qui ne le savaient jamais.

XXI.

Ainsi, avec un peu de réflexion et de bonne volonté, il eût été facile de consigner aux registres spéciaux, indépendamment du nom patronymique, l'ancien nom, l'âge, la caste et la profession de l'esclave qu'il s'agissait d'y inscrire ; même les noms de ses père et mère auraient pu y être mentionnés avec celui de son maître. Puis un extrait des registres aurait été délivré à l'individu inscrit, et aujourd'hui nos nouveaux affranchis connaîtraient leur nom et pourraient le transmettre à leurs enfants ; tandis que deux sur dix sont dans l'impossibilité de remplir ce vœu de la paternité et cette prescription de la loi. Ce ne sera qu'à la troisième ou à la quatrième génération que les libérés de 1848 pourront avoir une filiation régulièrement établie. Pour le présent, il faut qu'ils y renoncent. Nous allons le démontrer.

XXII.

Un affranchi de 1848 se présente à la Mairie de Saint-Denis, par exemple, pour déclarer la naissance d'un enfant qu'il veut reconnaître. L'officier de l'État civil, c'est-à-dire un secrétaire de Mairie, lui demande d'abord son nom. L'affranchi répond qu'il s'appelle Guistin ; le secrétaire comprend que c'est Augustin. C'est très bien. Il lui demande alors son autre nom, *son nom de la liberté*. Le pauvre Guistin ne le connaît pas, ou bien croyant le connaître, il bredouille un nom impossible, qui ne peut pas plus appartenir au martyrologe des saints qu'au dictionnaire biographique des grands hommes.

Voilà le secrétaire de la Mairie de Saint-Denis fort embarrassé. Il continue cependant ses questions : il demande à l'affranchi son âge. L'affranchi lui fait, pour son âge, la même réponse qu'il lui a faite pour son nom. Il ne connaît pas son âge, il a peut-être trente ans, peut-être quarante ans, il n'en sait rien ; son ancien maître, M. X.., pourrait le dire.

On a recours alors aux registres spéciaux, du moins si le déclarant habitait Saint-Denis au moment de l'émancipation ; dans le cas contraire, il n'y a pas de recherches à faire à Saint-Denis. Mais admettons qu'il s'agisse d'un individu qui n'a jamais quitté le chef-lieu : on feuillette les registres et parmi les anciens esclaves de M. X... on découvre un nommé Augustin, *créole*, *âgé* de *deux ans*, auquel on a donné le nom patronymique de *Dasar*. Le secrétaire de la Mairie est encore plus embarrassé après cette découverte, car il calcule que si Augustin Dasar avait deux ans en 1848, époque de l'émancipation, il ne peut avoir que 17 ans en 1863. De là des conjectures, des suppositions. « Sans doute, se dit-il, un 2 sera resté au bout de la plume de la personne chargée d'établir l'identité d'Augustin, c'est 22 ans qu'elle a voulu écrire et non 2 ans. En effet 22 et 15 font 37 ; Augustin accusait de trente à quarante ans, c'est à peu près ça. Les noirs ne font que des calculs approximatifs ; avec eux il faut toujours compter par moyennes. »

Cependant Augustin paraît avoir une soixantaine d'années. En outre, il n'est pas créole, il est malgache. Ah ! pour le coup, le secrétaire de la Mairie ne sait plus que croire. Heureusement pour lui que la négligence apportée dans la tenue des registres spéciaux a été depuis longtemps constatée, il met sur le compte de cette négligence toutes les contradictions qu'il vient de rencontrer dans ses recherches touchant le nommé Augustin, et il passe à la mère du nouveau né. Les mêmes difficultés qui se sont présentées pour reconnaître le père de l'enfant, se renouvellent pour en reconnaître la mère. Il faut pourtant qu'il reçoive, lui secrétaire de la Mairie, la déclaration de naissance qu'on vient lui faire ; alors il écrit : un *tel*, fils d'Augustin Dasar, et de Célérine Marseille, par exemple. Il n'est pas bien sûr de l'authenticité de la filiation qu'il donne au nouveau citoyen qui vient de naître à la Colonie, mais qu'y faire !

Hélas! s'il savait toute la vérité sur cette naissance qu'il vient de constater solennellement!

XXIII.

M. X..., en effet, avait deux esclaves du nom d'Augustin, et afin qu'ils ne répondissent pas l'un pour l'autre, on appelait l'un *petit* Augustin, et l'autre *grand* Augustin (c'était l'usage dans la Colonie de recourir à un qualificatif pour distinguer les individus homonymes). Eh bien! c'est le nom du petit Augustin, créole, que le secrétaire de la Mairie a retrouvé sur le registre spécial. C'est le petit Augustin, âgé de deux ans, en 1848, qui a reçu le nom patronymique de Dasar. Le grand Augustin, malgache, a été inscrit sur un autre registre, ou bien il a été porté sur le même registre, mais plus loin, à un autre feuillet. Le petit Augustin se nomme Dasar, il n'a que 17 ans; le grand Augustin se nomme Bertisam, il est malgache, il a 60 ans; la mère de l'enfant déclaré ne s'appelle pas Célérine Marseille, mais Célérine Piton. Le fils d'Augustin Bertisam et de Célérine Piton est donc porté sur les registres de la Mairie de Saint-Denis comme étant né d'Augustin Dasar et de Célérine Marseille. Et voilà ce citoyen français en possession, de par la loi, de l'état civil de son voisin peut-être, lequel voisin, peut-être aussi, prendra à son tour le père, la mère, l'âge et le nom d'un autre.

XXIV.

Mais savez-vous ce que le secrétaire de la Mairie de Saint-Denis vient de faire avec la meilleure foi du monde? Il vient de commettre un faux en écriture publique et authentique; il vient d'enlever à un sujet de l'Empire français, son père, sa mère et son nom; et ce, par les formes mêmes que le Code Napoléon prescrit de suivre pour établir à la fois l'identité, la légitimité, l'ascendance et la descendance des personnes.

XXV.

Comprend-on la confusion qui règne à l'heure qu'il est, et qui règnera longtemps encore, dans l'état civil de la population affranchie en 1848? Et il était si facile de l'éviter, cette déplorable confusion!

Il n'est plus temps aujourd'hui. Le fils d'Augustin Bertisam devant la nature, restera le fils d'Augustin Dasar devant la Mairie de Saint-Denis.

XXVI.

Voilà pour les erreurs de noms. Les erreurs d'âges sont aussi matérielles : à chaque instant on est à même d'en constater de plus ou moins apparentes. Les dispenses pour mariages, que le Gouverneur accorde tous les jours, en vertu de l'article 145 du Code Napoléon et de l'article 57 de l'ordonnance organique de 1825, peuvent en faire apprécier la multiplicité.

Tantôt des filles déjà mères viennent avec un enfant dans les bras, démentir les registres spéciaux de 1848, où elles sont inscrites au nombre des impubertes ; tantôt des hommes dans toute la virilité, quelquefois en cheveux blancs, protestent contre ces mêmes registres qui les désignent comme étant encore dans l'adolescence !

CHAPITRE IV.

SOMMAIRE.

Loi électorale. — Vote des affranchis. — Adresse des Conseils municipaux. — Protestation des habitants de Saint-André. — Listes électorales. — Demandes en radiation de noms. — Défenses des affranchis. — Conseils du Commissaire général. — Élections du 30 septembre 1849. — Le Directeur de l'intérieur. — Élections du 21 octobre 1849. — M. Sully Brunet. — M. Barbaroux. — Le parti colonial. — M. de Greslan.

I.

Nous arrivons à la partie la plus délicate de notre modeste travail. Nous touchons à l'élection des deux représentants que la Colonie avait à envoyer à l'Assemblée législative, c'est-à-dire à la phase la plus tourmentée de la période historique dont nous avons entrepris le récit.

Cette ère d'agitation avait été inaugurée par la promulgation de la loi électorale, pour finir avec l'embarquement de l'un de nos deux Représentants, l'autre étant déjà en France.

C'était l'article 2 de la loi qui attirait surtout l'attention publique, celui qui appelait au vote *tous les Français âgés de 21 ans accomplis, jouissant de leurs droits civils et politiques et habitant dans la commune depuis 6 mois au moins.*

On se demandait si réellement cet article serait appliqué, si même il pouvait être appliqué aux nouveaux affranchis? Si vraiment ces esclaves de la veille allaient devenir, du jour au lendemain, et de par le décret d'émancipation, des électeurs et des éligibles? Si enfin il suffirait aux *Cafres*, aux *Malgaches*, aux *Malais* sortant de nos ateliers, de se présenter avec leur carte d'affranchissement à l'entrée du scrutin, pour s'en faire ouvrir la porte.

Il y avait là quelque chose qui blessait trop profondément le sentiment national pour ne pas le révolter.

Quoi? disait-on, il ne faudra qu'un jour à des *Yambanes*, à des *Macoas*, à des *Sakalaves*, à des *Bétanimènes* pour se transformer en citoyens français et acquérir ce droit de vote que la grande nation a mis soixante ans à conquérir?

II.

Il devait en être ainsi cependant! Certains hommes appartenant alors à la Direction des colonies, attendaient trop de la reconnaissance des masses de nos possessions d'outre-mer, pour ne pas faire jouir des droits politiques, dont ils étaient pourtant si jaloux en France, les affranchis de toutes castes que l'on comptait pousser, comme un bétail, devant l'urne électorale.

Ces hommes de l'ancienne Direction des colonies agissaient-ils en vue de leurs doctrines ou seulement pour favoriser la candidature de quelques-uns de leurs amis qui s'étaient présentés aux élections coloniales?

Quoi qu'il en soit, le Commissaire général avait reçu des instructions formelles au sujet des élections : les nouveaux affranchis devaient voter.

Les faits déplorables qui s'étaient produits aux Antilles n'avaient pas été un exemple assez frappant pour le Gouvernement central. Cette expérience que les colons avaient crue décisive, nos gouvernants n'en tenaient aucun compte.

III.

Ce n'étaient pas les affranchis qui réclamaient. Ils se souciaient peu, ou plutôt ils ne se souciaient pas du tout d'user de cette faculté — nous ne disons point ce droit — que la fraternité des négro-républicains leur avait accordée. Ils n'auraient même pas pensé à en profiter, si les blancs, ceux du moins qui y étaient intéressés, ne leur avaient montré l'exercice du vote comme la consécration solennelle de leur émancipation.

Et cette faculté de voter, qui la leur accordait? une simple dépêche ministérielle !

Mais à quel parti l'Administration locale se fût-elle arrêtée, si le Ministère, au lieu de lui envoyer des instructions, l'eût laissée à ses propres instincts ? Eût-elle interprété la loi de la même façon que l'avaient interprétée les inspirateurs de la dépêche ? Eût-elle commis volontairement cette violation flagrante du principe de la nationalité française que lui faisait commettre de force l'Autorité métropolitaine ?

Le journal officiel donnait à entendre le contraire. Il disait que « c'était devant un *ordre positif* que le Commissaire général avait étouffé les scrupules et les répugnances personnelles que lui inspirait l'initiation si brusque des nouveaux affranchis aux débats du forum et aux agitations de la vie politique. »

Nous sommes porté à le croire. L'Administration locale n'aurait pas imaginé cette « brusque initiation. » L'eût-elle imaginée, qu'elle n'eût pas osé la demander. Au point de vue du droit et de la légalité, la loi électorale elle-même le lui défendait. Au point de vue de la politique, les mœurs coloniales s'y opposaient.

On aurait pu penser, toutefois, qu'elle n'était pas trop contrariée de recevoir cet ordre positif, si, comme on l'assurait, c'était aux suffrages des nouveaux affranchis que le Directeur de l'intérieur devait remettre la nomination de son frère, M. Sully Brunet, candidat à l'Assemblée législative.

L'intrusion de nos anciens noirs dans les comices électoraux, a-t-elle été due à de pareilles combinaisons ? Il faut alors convenir que l'on a fait bon marché du droit public des Français et de l'ordre social des colonies.

Mais la mère-patrie n'a jamais regardé de très-près avec ces filles soumises des tropiques.

IV.

Et si nous avions besoin d'une preuve pour appuyer cet aveu que nous arrache la vérité de l'histoire, nous la trouverions dans ces instructions confidentielles adressées au Commissaire général, pour l'exécution d'une chose exorbitante en droit, inouïe en législation; une chose tellement révolutionnaire en elle-même, que le Gouvernement provisoire, qui l'ordonnait dans les colonies, n'aurait jamais osé, jamais pensé à en ordonner une semblable en France. Quoi! violer la loi, mépriser la Constitution à notre détriment parce que nous étions à quatre mille lieues de Paris? Faire des noirs de la côte d'Afrique des citoyens français ayant qualité de nommer et de *se faire nommer* à l'Assemblée nationale de la première nation du monde, parce que ces noirs avaient été esclaves; car il faut bien croire à ce motif, puisque les Malgaches libres de naissance, qui provenaient des possessions françaises de Madagascar, n'auraient pas obtenu le droit donné à ceux de leur caste parmi lesquels ils retrouvaient des pères et des fils.

Certes, nous sommes de notre siècle, nous sommes libéral, mais ce libéralisme du Gouvernement central nous a toujours paru trop anti-national pour ne pas blesser notre jugement.

V.

Mais il fallait souffrir ce que l'on ne pouvait empêcher. Toutefois, les colons, par l'organe des conseils municipaux, essayèrent de faire modifier les instructions ministérielles, du moins quant à l'époque fixée pour les élections. Ils demandèrent au Commissaire général, qu'en raison des dérangements, si ce n'étaient des perturbations que ces élections allaient inévitablement apporter dans les ateliers employés alors à la manipulation des cannes, il voulût bien renvoyer la nomination des Représentants de la Colonie, après l'achèvement de la récolte ; au 20 décembre, par exemple.

Les maires des communes furent chargés de porter à M. Sarda cette demande qu'ils formulèrent dans la requête suivante :

« *A Monsieur le Commissaire général de la République.*

« Monsieur le Commissaire général,

« Une question immense, et dont la solution renferme peut-être tout l'avenir de la Colonie, agite depuis quelque temps les esprits ; il s'agit de savoir dans quelle étendue et à quelles conditions le principe, nouveau pour la France, plus nouveau encore pour les colonies, du suffrage universel, doit être interprété et appliqué parmi nous.

« D'un côté, on redoute l'extension qu'il paraît être dans la volonté de l'Administration locale de donner à ce grand principe, en faisant entrer dans les comices un élément qui a surgi d'une révolution, et qui, jusqu'ici, est resté en dehors de la vie publique.

« D'un autre côté, quelques consciences craignent que l'exclusion de ce même élément n'amène des mécontentements, des conflits, et, par suite, des troubles. Entre ces deux préoccupations, également loyales, également sérieuses, également respectables, et pour faire cesser toute incertitude, devrait intervenir la loi électorale votée par l'Assemblée constituante; mais elle ne résout pas, elle n'avait pas même posé la question, si grande, si vitale pour nous cependant; et son silence, en laissant subsister toutes les incertitudes, toutes les appréhensions, n'est propre qu'à surexciter les passions en provoquant les controverses.

« L'admission des colonies à la représentation nationale a été pour elles un grand bienfait, mais il vaudrait mieux ajourner l'exercice du droit précieux qu'elle consacre, il vaudrait mieux peut-être y renoncer, que de l'acheter au prix d'une dangereuse conflagration, résultat infaillible de l'antagonisme prêt à se manifester entre les deux populations coloniales.

« Les habitants de la Colonie ont l'intention de présenter une respectueuse supplique à l'Assemblée législative, pour la prier de compléter l'œuvre que l'Assemblée constituante a laissée inachevée vis-à-vis des colonies, en comblant la lacune qui concerne la capacité électorale d'une partie de la population admise à l'exercice des droits civils, sans l'avoir été, nommément, à celui des droits politiques, et en donnant aux colonies la loi spéciale qui est nécessaire pour les rattacher à la Constitution nationale.

« Les conseillers municipaux, au nom du Pays qu'ils représentent, afin de prévenir des malheurs, très-grands peut-être, viennent vous prier de suspendre, jusqu'à réponse de l'Assemblée législative, l'application dans cette île de la loi électorale du 15 mars 1849, et la convocation des colléges électoraux.

« Cette mesure de sagesse et de prévoyance, digne de votre caractère et conforme aux actes de sympathie dont le Pays vous est redevable, peut seule conjurer de grands dangers.

« Nous avons l'honneur d'être, avec respect, Monsieur le Commissaire général, etc. »

VI.

Les conseillers municipaux auraient pu ajouter que, non-seulement la loi électorale, mais ni le décret d'émancipation ni la Constitution ne disaient que l'abolition de l'esclavage devait donner aux noirs les droits politiques des Français.

En vain les personnes intéressées au vote des nouveaux affranchis, invoquaient-elles, à l'appui de leur opinion, la loi de 1833 ; cette loi, comme les ordonnances de 1832, de 1836, de 1839 sur les affranchissements, se trouvait implicitement abrogée par le décret d'émancipation; et n'eût-elle pas été abrogée qu'elle n'aurait pu être appliquée aux affranchis de 1848.

Sans rappeler les considérations qui l'avaient motivée, nous ferons remarquer quelle n'accordait les droits civils et politiques qu'aux personnes nées libres *ou ayant acquis légalement la liberté sous les conditions prescrites par les lois;* c'est-à-dire aux personnes devenues libres au moyen de formalités essentielles, exigées par des ordonnances spéciales, et accomplies suivant un mode particulier. Hors de là — sans l'accomplissement de ces formalités — elle ne concédait rien. La preuve, c'est que les *libres de fait*, les *cartes-blanches* étaient obligés, comme de simples esclaves, de suivre la voie tracée par l'ordonnance de 1832, pour arriver à l'affranchissement, pour *acquérir légalement la liberté.*

C'est alors, et alors seulement — de par cette loi de 1833 — qu'ils obtenaient les droits politiques des Français, car pour être électeur il ne suffit pas d'être libre, et de posséder les droits civils; fût-on d'ailleurs Français, il faut encore justifier des *qualités requises* demandées par la loi électorale elle-même.

Est-ce que les affranchis de 1848 pouvaient justifier de ces qualités? Est-ce qu'ils étaient devenus libres *sous les conditions prescrites par les lois* spéciales dont parlait la loi de 1833 qu'on voulait leur appliquer?

Non certainement!

Il est à remarquer, en outre, que les noirs, au moment où ils votaient, étaient des *domestiques* et des *serviteurs à gages*.

VII.

On tenta également de réduire la prétention ministérielle d'ouvrir le scrutin électoral *à tous* les citoyens *sans distinction de caste*. On voulut savoir de quelle façon la justice appréciait cette largesse politique faite par la Direction des colonies aux nouveaux affranchis.

Les habitants de Saint-André eurent l'initiative de cette tentative. Voici en quels termes ils appelaient leurs concitoyens des autres communes à s'y associer.

« Saint-André, le 30 août 1849.

« Monsieur l'Éditeur,

« Nous prenons la voie de votre estimable journal pour vous prier d'annoncer à la Colonie qu'une réunion d'habitants et de conseillers municipaux de la commune de Saint-André vient d'arrêter qu'elle demandera la radiation de tous les étrangers africains et asiatiques inscrits sur les listes électorales.

« La réunion de Saint-André croit devoir prévenir les autres communes que les délais expirent le lundi 3 septembre, et que dans le cas où les communes croiraient devoir s'associer à cette manifestation, il n'y a pas un moment à perdre.

« Veuillez agréer, etc.

« Au nom de la réunion de Saint-André :

« A. La Serve, Imhaus, H. Millon, Lagourgue, Ed. Buttié, L. Piveteau, A. Brunet, D. Floris, Noël Técher, de Roland, David Brunet. »

Il est assez piquant de rapprocher cette déclaration, avec ses signatures, d'une récente pétition qui réclame le *suffrage universel* pour la Colonie, et au bas de laquelle pétition, venue également de Saint-André, on retrouve les noms des propriétaires qui avaient, des premiers, signé la déclaration de 1849....

Que l'on n'aille pas croire que nous ne voulions pas du droit de vote pour la Colonie, puisque nous demandons la liberté de la Presse, puisque nous sommes prêt à reconnaître que les institutions politiques que nous avons actuellement, Conseil municipal, Chambre de Commerce et Conseil général sont des institutions bâtardes et, tranchons le mot, nuisibles, telles qu'elles sont, à la bonne administration du Pays. Mais si nous voulons le droit de suffrage, c'est-à-dire celui que nous avons en France, nous ne le voulons pas universel, nous entendons qu'il soit modifié et réglé comme doit être modifié et réglé tout ce qui touche à la constitution coloniale, constitution particulière qui veut des lois particulières.

VIII.

Les colons, du moins la plus grande partie d'entr'eux, demandaient donc deux choses:

Au Commissaire général, l'ajournement des élections; à la Justice, la radiation des affranchis africains et asiatiques inscrits sur la liste des électeurs.

Le Commissaire général répondit que la loi électorale avait été promulguée par suite d'ordres venus de la Métropole; que cette loi elle-même fixait, pour les élections, des délais qu'il ne lui appartenait pas de prolonger; qu'en l'état, il n'yavait plus qu'à l'exécuter.

La Justice, de son côté, par la voix des juges de paix, rejeta les demandes en radiations de noms, par ce motif, pour les unes: qu'elles étaient entachées de nullités; et par celui-ci, pour les autres: qu'elles « impliquaient la solution préjudicielle d'une question d'État. » C'est-à-dire que les demandeurs, aux termes de l'article 10 de la loi électorale, furent renvoyés devant les juges compétents.

IX.

Une particularité à noter. Les demandeurs en radiations, eux, procédaient régulièrement, et dans la plénitude du droit que leur conférait la loi électorale elle-même; mais les défendeurs, c'est-à-dire les affranchis dont on voulait faire rayer les noms inscrits sur la liste des électeurs, s'étaient-ils mis en mesure de repousser l'action des demandeurs ? Pas le moins du monde : ils ne se souciaient pas assez de la qualité d'électeur et de celle d'éligible qu'on leur contestait, pour se préoccuper des effets de la contestation.

C'était l'Administration qui avait pris l'initiative et qui avait été à leur secours, sans qu'ils l'eussent appelée ; c'étaient les syndics des gens de travail qui agissaient pour eux et qui les représentaient.

Mais n'était-ce pas implicitement les reconnaître *incapables*, eux les affranchis, puisqu'on leur donnait ou plutôt on leur imposait un tuteur, et un tuteur *ad hoc* encore. C'était là, assurément, au point de vue des formes judiciaires, une anomalie bien caractérisée.

En effet, est-ce que les affranchis n'avaient pas qualité de demander et de défendre en justice ? Évidemment oui, pour l'Administration surtout qui revendiquait leurs droits politiques. Eh bien ! s'ils avaient qualité, ne pouvait-on pas dire aux syndics spéciaux : de quoi vous mêlez-vous ? Si les affranchis veulent agir, ils n'ont pas besoin de vous, et s'ils ne le veulent pas, vous n'avez rien à dire ; ils sont seuls juges du mérite et de l'opportunité de leur abstention. Votre intervention est donc irrégulière, elle ne peut être admise par les tribunaux compétents.

D'un autre côté, si vous intervenez, et à leur insu, peut-être même malgré eux, prenez garde, par ce seul fait vous les reconnaissez, vous les déclarez incapables d'agir directement. Mais de quel droit procédez-vous ainsi ? Dans quel acte avez-vous trouvé établie cette minorité relative que vous leur faites ? Ce n'est certainement pas dans le décret d'émancipation ! Quelle juridiction a prononcé cette interdiction conventionnelle dont vous les frappez ? Ce n'est pas le Gouvernement provisoire !

C'est vous, c'est votre intervention qui fait aux affranchis leur incapacité. Et voilà que pour leur acquérir les droits politiques qu'ils ne peuvent posséder, vous leur enlevez les droits civils qu'ils ont. Eh bien ! vous êtes en contradiction avec vous-même, car si les affranchis n'ont pas les droits civils, ils ne peuvent avoir les droits politiques; parce que si ces droits sont distincts, si on peut posséder les premiers sans avoir les seconds, on ne peut avoir les seconds sans les premiers.

X.

Et en admettant même qu'on eût procédé régulièrement quant au fond, on s'était certainement fourvoyé quant à la forme, en faisant représenter les affranchis par les *syndics spécialement* institués pour assurer *le règlement et le paiement* des salaires des engagés, et pour *garantir ce paiement*. Les *syndics spéciaux* n'avaient pas qualité pour autre chose. C'était l'Administration elle-même qui avait limité ainsi leurs attributions.

Et encore, ne devaient-ils *intervenir entre l'engagiste*

et l'engagé que sur la réquisition de l'une ou de l'autre des parties (Art. 1er de l'arrêté du 24 mai 1849) ? Est-ce qu'on avait entendu, par hasard, faire, dans l'occasion, de l'assistance judiciaire ? mais l'assistance judiciaire n'est accordée qu'à celui qui la réclame ; encore faut-il qu'elle soit réclamée dans les formes prescrites, et n'est-elle accordée qu'après examen du bien fondé soit de la demande, soit de l'opposition à la demande. De plus, l'assistance judiciaire n'est réclamée qu'en matière purement civile.

Ainsi, au point de vue du droit strict, les affranchis étaient mal représentés par les *syndics spéciaux*, et la procédure qui avait été suivie en leur nom était vicieuse: partant, ils étaient non-recevables en la forme.

Mais les instructions ministérielles étaient là, il fallait quand même faire voter les nouveaux affranchis.

XI.

Toutefois, le Commissaire général, préoccupé lui-même de cette immixtion des anciens noirs dans les élections, eut l'honorable pensée d'en prévenir les effets qui étaient jugés devoir être dangereux. Non-seulement il fit dire aux affranchis, par les porteurs de paroles qui lui étaient envoyés, de se tenir en garde contre les manœuvres des courtiers d'élections, de ne point laisser capter leurs suffrages à l'aide de promesses fallacieuses ; mais encore, il les engageait, dans le cas où ils voudraient voter, à se faire guider par leurs anciens maîtres, à consulter leurs magistrats et, enfin, de s'abstenir s'ils avaient la moindre répugnance à exercer le droit nouveau qui venait de leur être concédé.

M. Sarda ne se contenta pas de faire parvenir aux noirs ces sages et loyales recommandations, il alla lui-même, en parcourant nos campagnes, les leur réitérer de vive voix. Le Pays éclairé y applaudit espérant qu'elles étoufferaient les excitations et déjoueraient les intrigues.

XII.

Pendant que le Commissaire général refusait de renvoyer les élections à une époque plus éloignée et que les juges de paix se déclaraient incompétents pour statuer sur les demandes en radiations, on était arrivé au terme du délai de promulgation qui rendait exécutoire la loi électorale. Le scrutin s'était ouvert le 30 septembre 1849.

Plusieurs candidats briguaient l'honneur d'aller représenter l'île Bourbon à l'Assemblée législative.

Nous pouvons sans crainte les citer tous. Ils étaient tous recommandables à différents titres. Bien entendu qu'il n'est pas ici question des abbés Joffard et Brii, renvoyés en France, ni du sieur Timagène Houat, condamné déporté de la Colonie. Nous n'entendons parler que des candidats que le Pays reconnaissait aptes à recevoir le mandat de représentant.

Ceux-là étaient: MM. Barbaroux, Prosper de Greslan,

Sully Brunet, Delabarre de Nanteuil, Arnault Ménardière, Charles Féry et Graëb.

Comme on le voit, les prétendants étaient nombreux ; aussi pensait-on, et avec raison, que la première votation ne serait qu'une épreuve, les voix devant se diviser sur les sept candidats que nous venons de nommer et ne donner à aucun d'eux le nombre de suffrages voulu pour consacrer une nomination. C'est, en effet, ce qui arriva.

Sur les 36,723 électeurs inscrits dans les huit cantons de la Colonie, 6,405 seulement prirent part au scrutin : leurs votes se répartirent entre MM. de Greslan, 3,340, Barbaroux, 3,212 et Sully Brunet, 2,739. Le surplus des voix s'éparpilla en chiffres insignifiants sur les autres noms.

XIII.

Aux termes de la loi électorale, le vote du huitième des électeurs inscrits étant nécessaire pour donner une nomination, et le candidat qui avait eu le plus de suffrages, M. de Greslan, n'en ayant pas eu cependant un nombre suffisant, les élections du 30 septembre étaient à recommencer.

Rien que par le rapprochement du chiffre des électeurs inscrits et de celui des votants, on peut se convaincre de la justesse de ce que nous avons dit un peu plus haut; c'est-à-dire que cette première opération électorale ne devait être qu'une épreuve qu'on n'était pas d'ailleurs fâché de faire, puisqu'elle montrerait dans quelle mesure y participeraient les nouveaux affranchis. L'abstention des véritables électeurs n'était donc point de l'indifférence : c'était tout simplement de l'expectative, mais une expectative agitée. Nous disons agitée car c'était à ce moment que la famille bourbonnaise se séparait en deux camps. Non qu'elle fût divisée sur les principes qui touchaient à la Colonie proprement dite, savoir : la garde des propriétés, le maintien de l'ordre, la conservation du travail ; mais parce qu'elle n'était pas d'accord sur le choix à faire de ses représentants à l'Assemblée législative.

Le parti qui s'intitulait démocratique et qui faisait appel aux nouveaux affranchis, avait pour candidat M. Sully Brunet. L'autre, celui qui se disait le parti colonial, avait M. Prosper de Greslan et M. Barbaroux. Chose digne de remarque : les électeurs de M. Sully Brunet n'avaient choisi que lui ; ils n'entendaient repousser, pour accompagner celui-ci à l'Assemblée législative, aucun des autres candidats qui étaient sur les rangs, pas même l'un des deux du parti opposé. Peu leur importait avec qui M. Sully Brunet serait arrivé à la tribune nationale, pourvu qu'il y arrivât. C'est pourquoi les noms de Sully Brunet et Barbaroux, Sully Brunet et Greslan se trouvaient souvent sur le même bulletin, bien qu'un électeur, dans sa légèreté, ait voulu établir deux catégories de candidats : les candidats *français* et les candidats *africains*.

XIV.

Le résultat négatif donné par les premières élections avait donc été prévu. On ne s'attendait pas, cependant, à une abstention aussi complète de la part des nouveaux affranchis.

Etait-ce la crainte de concourir au rétablissement de l'esclavage, ainsi qu'on les en avait effrayés, qui les avait empêchés de prendre part au vote du 30 septembre, ou leur indifférence native pour tout ce qui est étranger à la vie matérielle, ou encore ce reste de soumission qu'ils avaient gardé envers leurs anciens maîtres?

On peut admettre à la fois ces divers motifs. Nous avons nous-même entendu plusieurs affranchis donner à leurs camarades le conseil de ne point *se mêler des affaires des blancs*, comme nous avons pu apprécier toute l'inquiétude et l'effervescence que des mensonges intéressés avaient fait entrer dans la tête de ces pauvres ignorants.

Le jour de l'ouverture du scrutin, le dimanche 30 septembre, nous nous trouvions chez M. de Nanteuil, et au moment où nous allions sortir ensemble, nous vîmes dans la rue un attroupement qui s'était formé autour de sa voiture.

C'était au cocher de M. de Nanteuil qu'on en voulait, au nommé Malo, accusé d'être ou d'avoir été un courtier d'élections. Malo achevait de boucler les dernières courroies de l'équipage, avec un calme qui avait sa valeur dans une telle circonstance. Bien que la foule ne fût encore qu'aux cris, nous arrivions à temps, à en juger par l'animation de quelques-uns des acteurs de cette scène. Nous voyons encore un grand Yambanne dont l'œil enflammé suivait tous les mouvements du cocher. Il y avait dans son attitude quelque chose de sauvage. C'était le vieil homme de la côte d'Afrique qui retrouvait ses instincts. Nous nous souviendrons longtemps de cette longue figure noire tatouée de *grains de maïs*, de ces grands bras dont l'un emmanchait un bâton de bois *de gaulette*. Arcbouté sur ses pieds, prêt à bondir, il nous représentait un de ces molosses dont les élans sont enchaînés à un pieu. Pour ce molosse yambanne le collier de retenue c'était nous, c'était notre présence. Mais n'allait-il pas le rompre? Heureusement un gendarme arriva sur les lieux. Nous fîmes arrêter et conduire à la police ce grand noir aux yeux flamboyants. Malo monta sur son siège, la foule se dispersa et nous partîmes. Dans toutes les rues où nous passions, on n'entendait que le nom de Malo. Il était très-connu; c'était un des lions des bals Férando; de tous les côtés on l'avertissait ou on le menaçait. « Tu l'as échappé belle, lui criait-on, prends garde à toi. » Ou bien : « Ah? tu te mêles d'élections, tu vas voir. »

Les noirs avaient donc été effrayés. Et par qui? assurément par les électeurs du parti qui ne voulait pas de leur intrusion dans les comices électoraux. Ce ne pouvaient être, en effet, les électeurs qui comptaient sur leurs votes : ils cherchaient, au contraire, ceux-ci, à les y attirer par des promesses et par des primes.

XV.

Ainsi on allait recommencer les élections. Ah! cette fois, tous les combattants prirent les armes. Les partisans de M. Sully Brunet, qui redoutaient un échec, firent appel à tous leurs moyens d'action. Les électeurs de M. de Greslan, aussi peu rassurés que leurs adversaires, ne négligèrent rien, de leur côté, pour soutenir la lutte. Les appréhensions étaient grandes dans l'un comme dans l'autre camp. Les *Sullystes* comprenaient que, sans le vote des affranchis, ils perdraient la partie. Les *Greslanistes*, eux, avouaient qu'ils ne la gagneraient que si, au contraire, les affanchis ne votaient pas.

Les uns multipliaient leurs efforts pour amener les nouveaux citoyens dans les comices électoraux, les autres s'ingéniaient pour les en éloigner.

De là des manœuvres plus ou moins avouables, plus ou moins blâmables. Ces pauvres noirs ballottés, tiraillés de-ci, de-là, en étaient comme ahuris. On les avait jetés dans un cahos. C'était ce que demandait le parti dit colonial. Il n'y avait que le désordre qui pût vaincre la formidable armée d'électeurs dont les Brunet disposaient. Et M. Greslan de multiplier ses accusations contre M. Sully Brunet; et les Brunet de défendre leur frère. Dieu sait avec quelle ardeur de part et d'autre! Les partisans de M. Sully Brunet et ceux de M. de Greslan ne se ménageaient pas non plus!

XVI.

C'est à ce moment que M. Auguste Brunet, Directeur de l'intérieur, eut la malheureuse idée d'écrire la lettre suivante, sous la date du 8 octobre 1849.

« M. le Commissaire central,

« Les élections qui viennent d'avoir lieu, n'ont pas abouti: elles devront se continuer le 21 de ce mois.

« L'expérience nous a révélé qu'il y avait quelques précautions à prendre: il faut s'y préparer.

« Des propos criminels, jetés au sein des populations, ont éloigné du vote la plus grande masse des électeurs: l'Autorité et ses agents doivent, par tous les moyens légitimes et possibles, faire comprendre à tous les électeurs qu'ils doivent voter et que c'est un devoir impérieux pour eux.

« Je vous invite donc à donner à vos subordonnés des instructions formelles en ce sens. Salut et fraternité, etc. »

XVII.

A cette lettre était jointe une note ainsi conçue:
Instructions. — « Le Commissaire central de sûreté fera connaître à tous les agents sous ses ordres, que le Commissaire général compte sur leur concours actif pour assurer aux élections qui vont avoir lieu définitivement, le succès des candidats que soutient le Gouvernement.

« En conséquence, les autorités devront intervenir d'abord pour favoriser de la part de tous les électeurs l'exercice du droit politique, et les convaincre que c'est leur devoir de voter.

« Le Commissaire général regarde comme injurieuse toute démarche qui a pour but de faire triompher la candidature de celui qui n'a cessé de l'injurier gratuitement.

« Toute adhésion dans ce cas est un acte de violente opposition à l'Administration.

« En conséquence, les commissaires d'arrondissement auront à visiter, soit en allant sur les lieux, soit en les faisant venir auprès d'eux, tous les commissaires de police sous leurs ordres, afin de leur bien expliquer la pensée du Gouvernement.

« Les commissaires d'arrondissement devront faire envoyer de chaque commune de leur ressort, quelques individus de l'ancienne population esclave, afin que le Commissaire général puisse les entretenir, et cela le plus tôt possible. Dans ceux qui viendront de Saint-André, on aura soin qu'il s'y rencontre des gens originaires de la Cafrerie, de Madagascar et de la côte Malaise. »

XVIII.

Cette note était la perte du Directeur de l'intérieur ; elle devait, en même temps, porter le coup de grâce à la candidature de M. Sully Brunet.

A peine le Commissaire central l'avait-il reçue, qu'il courut, effrayé, chez le Procureur général et à l'hôtel du Gouvernement, pour savoir s'il devait exécuter les malencontreuses instructions qu'elle contenait.

L'Administration, qui considérait déjà M. Auguste Brunet comme un embarras, en raison des attaques qu'il lui attirait, jugea l'occasion de s'en débarrasser trop favorable, pour ne pas la saisir avec empressement.

M. Sarda, immédiatement et résolûment, offrit au Directeur de l'intérieur d'aller en France rendre compte de sa conduite au Ministre de la marine. Cette offre fut acceptée. M. Brunet partit. Et, soit qu'il ne put se justifier, soit qu'il ne trouva plus, à la Direction des colonies, les protecteurs qu'il y aurait rencontrés quelques mois plus tôt, toujours est-il qu'à son retour à Bourbon, il reprit sa robe d'avocat qu'il n'aurait pas dû quitter. En rentrant au Palais de Justice, s'il n'a pas retrouvé toute la popularité qu'il y avait laissée, il y a du moins rapporté cette parole indépendante qui lui avait valu sa réputation.

L'arrêté du 13 octobre 1849, qui donnait un congé à M. Auguste Brunet, chargeait temporairement le sous-directeur de l'intérieur de l'expédition des affaires, sous la direction supérieure du Procureur général. Quelques jours après, le 24 octobre, le service fut remis provisoirement à M. de Rontaunay, conseiller privé, qui le conserva jusqu'à la nomination (4 février 1850) de M. Édouard Manès, un créole fort distingué, qui a été l'un des directeurs de l'intérieur les plus remarquables que nous ayons eus.

XIX.

Le fait reproché à M. Auguste Brunet était-il aussi répréhensible qu'on l'a dit?

Oui, parce que l'exécution des ordres qu'il avait adressés au chef de la police, pouvait compromettre la tranquillité publique dont il était un des gardiens. Oui, parce qu'au lieu de s'applaudir, avec la plupart de ses compatriotes, de l'abstention des noirs restés étrangers aux élections, il regrettait cette abstention et ordonnait presque des manœuvres pour décider ces mêmes noirs à jouir d'une faveur dont ils ne voulaient pas profiter. Voilà pour le fait, apprécié dans ses effets probables, au point de vue de l'intérêt général. Mais la mesure qui en a été la conséquence, peut-elle se justifier complétement? Non, à notre avis, parce que c'était le Commissaire général et le Ministère lui-même, qui avaient, sinon dicté, du moins inspiré les instructions du Directeur de l'intérieur.

En effet, M. Sully Brunet n'était-il pas l'ami de M. Schœlcher; n'avait-il pas reconnu la compétence de la Commission d'émancipation et, avec restriction il est vrai, consenti au vote des affranchis? N'était-il pas, en un mot, le candidat du Gouvernement; et s'il en était le candidat, l'Administration ne devait-elle pas user de tous les moyens qu'elle avait à sa disposition pour le faire arriver à l'Assemblée? Or, le meilleur de ces moyens, l'infaillible même étant le vote des nouveaux affranchis, n'était-ce pas devoir pour elle de recourir à ce moyen que les hommes de la Direction des colonies lui avaient indiqué, pour qu'il profitât à leurs amis communs?

XX.

C'était donc le Pays seul qui pouvait trouver l'acte de M. Auguste Brunet reprochable. C'étaient ses compatriotes qui pouvaient lui demander compte des instructions que nous avons rapportées plus haut.

Quant à l'Administration locale, si elle se fût tenue dans son rôle, elle n'eût trouvé rien à reprendre dans la manière d'agir du Directeur de l'intérieur qui n'avait fait qu'exécuter des ordres venus de plus haut et de plus loin, envoyés pour aider à un résultat déterminé, c'est-à-dire au triomphe d'un candidat du Gouvernement. Elle aurait pu même le défendre. Elle préféra, avec quelque hardiesse, il faut le reconnaître, renoncer tout d'un coup à ses alliances et oublier ses promesses. Nous ne nous en plaignons pas, puisque c'était à la tranquillité publique qu'elle sacrifiait les unes et les autres. Le Pays ne pouvait que l'en louer et l'en remercier, mais M. Auguste Brunet était en droit de lui reprocher quelque chose de ces sacrifices. Il le lui reprocha dans des termes qui, pour n'être pas très-précis, ne manquaient pas toutefois d'une certaine dignité.

La lettre adressée à cette occasion par M. Auguste Brunet à M. Sarda-Garriga se terminait ainsi:

..... « Je ne réponds pas aux griefs consignés dans la lettre que vous m'avez fait l'honneur de m'écrire. Votre détermination rend toute explication inutile. Cependant il est une circonstance que vous omettez et que je tiens à vous rappeler ici. Vous me parlez d'une feuille volante, non signée, qui se serait trouvée jointe à des instructions officielles adressées par moi au chef de la police. Je regrette que vous n'ayez pas cru devoir me remettre une copie littérale de ce qu'elle contient. A la lecture rapide que vous m'en avez faite dans votre cabinet, il m'a été facile de reconnaître les recommandations verbales que vous m'avez chargé plusieurs fois de transmettre à la police. Cette note, qui n'a d'ailleurs aucun caractère officiel, et dont une lettre du 8 octobre, n° 1602, ne fait aucune mention, semble même avoir été écrite sous votre dictée. Vous ne pouvez avoir oublié l'observation que je vous ai faite à ce sujet en présence de M. André Féry, maire de la commune de Saint-André.

« Vous m'avez reproché bien souvent l'attitude passive que je gardais et voulais garder, et que j'ai gardée, en effet, dans les élections comme Directeur de l'intérieur. Aussi ce n'est pas sans quelque surprise que j'apprends aujourd'hui que j'ai cherché, par mon intervention, à entraver la liberté des votes. J'ai voulu, il est vrai, assurer à tous ceux qui ont droit de voter, l'exercice de ce droit. J'ai voulu que le système d'intimidation, employé le trente septembre avec tant de succès, ne vînt pas de nouveau compromettre la sécurité publique et fermer le scrutin à ceux des nouveaux citoyens qui pourraient se présenter. Voilà quelle a été l'intervention du Directeur de l'intérieur. Il m'est donc impossible de comprendre comment cette intervention a provoqué la détermination que vous venez de prendre à mon égard. »

XXI.

Faut-il aussi rappeler les délits électoraux qui ont été déférés aux tribunaux compétents? Nous n'en parlerons que pour mémoire. Ils n'ont offert rien de grave. Quelques violences quelques voies de fait comme celles, par exemple, exercées à Sainte-Suzanne sur la personne du tambour chargé d'annoncer l'ouverture du scrutin ; à Saint-Denis et à Saint-André sur deux ou trois courtiers d'élections porteurs de bulletins auxquels les affranchis attachaient l'idée d'un engagement forcé de cinq années, tel est — si l'on y ajoute le fait reproché à un officier municipal de la Possession, d'avoir porté atteinte à la liberté du vote — le relevé des délits commis pendant les élections du mois de septembre. Il n'y a réellement pas à s'y arrêter. Ils n'ont en rien influé sur les opérations du scrutin.

XXII.

Les secondes élections, c'est-à-dire la bataille décisive, approchaient. Les combattants des deux partis s'y préparaient avec la plus vive ardeur, la plus grande activité.

Enfin le scrutin s'ouvrit le 21 octobre 1849. Trois noms étaient inscrits sur les drapeaux: *Barbaroux, Sully Brunet, Greslan*. Les autres candidats s'étaient prudemment retirés de la mêlée, après la première épreuve électorale.

Nous ne reviendrons pas sur les marches et les contre-marches auxquelles se livrèrent les électeurs des deux partis adverses. Nous avons déjà dit que tous les moyens avaient été employés de part et d'autre. Aussi, après la bataille, vainqueurs et vaincus n'ont-ils eu rien à se reprocher. Des deux côtés on profita de la bonne volonté de ceux d'entre les affranchis qui avaient voulu se laisser conduire dans les colléges électoraux.

XXIII.

Le nombre des électeurs inscrits était de 34,810, et pourtant il n'y en eut que 9,183 qui votèrent. M. Barbaroux obtint 5,398 voix, M. de Greslan 5,297, M. Sully Brunet 3,911. Les autres votes se perdirent sur trois ou quatre noms. MM. Barbaroux et Prosper de Greslan étaient donc les élus du Pays. Leurs noms furent proclamés solennellement à l'hôtel de la Mairie, dans le vieux bâtiment de l'Intendance, le jeudi matin, 25 octobre 1849. M. de Greslan, qui était présent, remercia ses électeurs dans une improvisation chaleureuse : on y remarquait ce passage :

« ... Je voudrais, en quittant mon pays natal, être bien sûr de ne laisser derrière moi rien qui ressemble à la division qu'amènent presque toujours les antagonismes politiques ; et si j'avais, mais grâce au ciel cela n'est pas, si j'avais assez de valeur pour être la cause, le prétexte, l'occasion d'un dissentiment profond dans l'opinion, maintenant que le combat a cessé, je ne m'en consolerais jamais. Qu'au contraire l'élection dont j'ai été honoré, au-delà de mes mérites, puisse bientôt devenir le sceau d'une réconciliation générale, et alors je ne saurais dire combien j'en serais heureux. »

Après avoir soufflé sur le feu des passions politiques, M. de Greslan cherchait à l'éteindre avec les paroles de la réconciliation. Depuis sa nomination jusqu'à son départ de la Colonie, dans tous ses discours il montrait ce désir ; il demandait à ses concitoyens l'oubli de cette lutte dont il avait été le champion le plus ardent.

En remerciant les personnes qui étaient venues lui donner une sérénade, il avait renouvelé sa prière en termes expressifs.

XXIV.

C'était le jeudi que MM. de Greslan et Barbaroux avaient été proclamés Représentants du peuple. Le samedi suivant, des affiches placardées dans les principales rues de Saint-Denis annoncèrent qu'à l'occasion de cet heureux événement, un grand bal public et gratuit serait donné le même soir à la salle Férando.

Cette fête, bien que les affiches ne le dissent point, était offerte aux nouveaux affranchis par M. Augustin Grangier, un proche parent de M. de Greslan. L'idée était neuve. De plus, il y avait quelque adresse à faire boire et danser en l'honneur de M. de Greslan, ceux-là mêmes qu'on avait effrayés avec son nom.

Les affranchis répondirent à l'invitation commandée et payée, du Mabile de la rue du Grand-Chemin, comme ils répondront toujours quand on les invitera avec du rhum et un violon.

Nous laisserons le *Journal du Commerce* parler de cette réunion qu'il appelle une « fête populaire et démocratique; » elle mérite qu'on s'en souvienne comme d'un trait original des mœurs coloniales.

« Vers les neuf heures du soir environ, une nombreuse députation de nouveaux citoyens s'est fait introduire chez M. de Greslan, et, dans les termes les plus convenables, l'a prié, au nom de toute la population émancipée, de venir assister quelques instants à cette fête.....

« Cette députation, marchant deux à deux, a conduit et escorté M. de Greslan dans le plus grand ordre jusqu'au local où se donnait la fête populaire et démocratique. Il lui a fallu, drapeaux tricolores et musique en tête, traverser une foule immense de nouveaux citoyens au milieu des acclamations de « Vive Greslan ! Vive Barbaroux ! Vivent nos représentants ! » pour arriver au fond de la salle du bal où, dans une courte et expansive improvisation, M. de Greslan a remercié ces bonnes gens et les a félicités de leur excellente conduite pendant les élections, et généralement depuis que l'émancipation a été promulguée. Il les a excités, encouragés de mériter de plus en plus le beau titre d'hommes libres et de citoyens français, par l'amour et le culte de tous les devoirs qu'il impose.

« M. de Greslan a été reconduit chez lui par la même députation et dans le même ordre. »

Il y avait sans doute un peu de comédie dans ces ovations arrangées chez M. Grangier pour finir chez M. Férando, mais le but en était louable.

XXV.

M. Sully Brunet était donc resté sur le champ de bataille des élections. Mais pourquoi y était-il resté ? Comment lui, qui avait été pendant près de vingt années, en France, l'un des délégués de l'île Bourbon, comment avait-il perdu tout à coup la confiance de ses commettants ? Un peu par sa faute. Il aimait trop la diplomatie. Il cherchait trop, qu'on nous pardonne le dicton populaire, à conserver en même temps et la chèvre et le chou. On aurait dit qu'il mettait de l'amour-propre à se donner pour un diplomate.

C'était d'ailleurs un homme intelligent, patriote, un esprit fin et délié ; mais il avait cette faiblesse de vouloir jouer au Talleyrand.

Arrivé de quatre mille lieues à Paris, inconnu, sans alentours ni précédents, atteint et convaincu du crime de lèse-humanité pour posséder ou pour avoir possédé des esclaves, il n'avait pas moins vaincu les préjugés, vivaces à cette époque surtout, que les prétendus philanthropes nourrissaient contre les habitants des colonies. Il avait même su se créer, auprès des abolitionistes qu'il avait trouvés rôdant autour du Ministère de la marine, une position qui lui donnait une certaine influence.

De ce côté, sa politique avait réussi : mais par cela même, ses compatriotes attendaient plus de son intervention ; par cela même, on aurait voulu qu'il montrât, dans la défense des intérêts qui lui avaient été confiés, plus d'énergie et plus de décision. Il ne s'était pas posé assez carrément, en face des prétentions arbitraires, nous ne voulons pas dire des violences, du Gouvernement provisoire.

Ainsi, on lui avait demandé son avis, à la Commission d'émancipation, sur le droit exorbitant qu'il s'agissait de concéder aux nouveaux affranchis, c'est-à-dire le droit d'élire, et, par conséquent, de se faire élire Représentants du peuple, et il avait répondu d'une manière évasive, ne « demandant pas d'exception et, néanmoins, proposant, si l'on voulait en faire une, de restreindre les droits politiques aux affranchis qui, sachant *lire* ou étant *mariés*, offriraient entre les autres, ou plus de garanties, ou de capacité, ou de moralité. »

Certes, si l'on y réfléchit, par ce détour adroit il serait arrivé, tout en ne demandant pas d'exception, si la Commission eût adopté celle qu'il indiquait, il serait arrivé à annihiler la concession du vote, faite aux nouveaux affranchis, puisque dans la Colonie il n'y avait pas de noirs qui sussent lire et écrire, et qu'il y en avait très-peu qui fussent mariés. Mais ses compatriotes ne virent pas ce détour. Il n'avait pas demandé d'exception pour l'octroi du suffrage universel : tout était dit contre lui !

Devant la Commission présidée par M. de Broglie, en 1840, à cette question à lui posée : « Pensez-vous que l'indemnité qui *devra* être payée aux colons doive être immédiatement délivrée ? » il répondit : « La question d'indemnité est une question complexe qu'il me serait difficile de résoudre par un chiffre. »

Les colons n'aimaient pas ces échappatoires de leur délégué. Aux questions catégoriques qui les avaient provoquées, ils auraient désiré des réponses catégoriques.

Quant aux écrits de M. Sully Brunet, ils ne justifient point les attaques dont ils ont été l'objet. Il y a même dans sa brochure la plus incriminée, un projet d'affranchissement graduel qui répond suffisamment au grave reproche qui lui a été fait, d'avoir sacrifié à sa position personnelle notre droit à l'indemnité. Il n'ont pas moins donné lieu, au moment des élections, à des critiques conduites avec une habileté diabolique.

XXVI.

Nous pensons cependant que M. Sully Brunet a rempli son mandat avec patriotisme. Seulement, il l'a rempli à sa manière, qui pouvait très-bien n'être pas celle de tout le monde ; manœuvrant sans cesse pour ne rien demander et pour ne rien offrir, surtout de 1840 à 1845, pendant que la question d'émancipation, agitée avec plus de vivacité que jamais sur la tête des possesseurs d'esclaves, ne tenait plus qu'à un fil.

Il faut convenir d'ailleurs qu'il se trouvait placé dans une situation difficile : d'un côté, les idées du jour, ses alliances politiques et ses propres aspirations le poussaient en avant ; de l'autre, les instructions de ses commettants le retenaient dans cette expectative qu'on appelait alors « le *statu quo* des colonies. » Il était ainsi fatalement condamné ou à trahir ses opinions ou à manquer à son mandat.

Nous le montrons, là, dans ses rapports avec le Ministère ; car, vis-à-vis de ses compatriotes, il avait été explicite; il leur avait conseillé de courir au-devant du danger, de prendre l'initiative en proposant, eux-mêmes, l'abolition de l'esclavage. Pour les décider à ce grand acte, il leur avait dit que le fruit était mûr, et qu'il ne tarderait pas, malgré eux, à se détacher de l'arbre du vieux colonialisme, secoué par les négrophiles de France et d'Angleterre.

Aujourd'hui on peut voir s'il avait raison. On peut juger de l'avantage que les colons auraient retiré d'une émancipation volontaire, réglée amiablement entre la mère-patrie et ses possessions d'outre-mer.

Le jour même de l'émancipation forcée, on aurait pu se souvenir de ses prévisions; mais son attitude en 1848, devant la Commission Schœlcher, où il n'y avait plus à faire de la diplomatie, le fait allant s'accomplir, son attitude indécise les fit oublier.

Son collègue, M. Dejean de La Bâtie, avait pris une position plus nette et plus conforme au mandat dont il était investi. Et, bien que le Gouvernement provisoire eût retiré la parole aux délégués des colonies, M. Dejean de La Bâtie avait du moins essayé de parler.

XXVII.

Ainsi, il n'était pas étonnant que M. Sully Brunet succombât, dans la lutte électorale, aux attaques dirigées contre lui, et avec acharnement, à propos de son dévouement au Pays. Il avait donné prise à ses ennemis : ils en profitèrent.

Pourtant M. Sully Brunet a affirmé, dans un écrit qui n'a point été démenti, que c'était lui qui avait obtenu de M. Arago, lui et les délégués de la Guadeloupe, MM. de Jabrun et Reizet, cette circulaire, adressée aux gouverneurs des colonies le 27 février 1848, et qu'on a appelée à Bourbon *la dépêche de l'Espérance,* où il était dit « que toutes les classes de la population coloniale devaient savoir qu'il n'appartenait à aucune d'elles *de devancer ce que voudrait faire, pour régler leur avenir, le pouvoir qui sortirait des votes du Pays.*

« Qu'il fallait donc que les populations des colonies attendissent, *avec calme et confiance, la solution que le Gouvernement définitif ne pouvait manquer de donner promptement à la question de l'abolition de l'esclavage.* »

M. Sully Brunet a affirmé également avoir rédigé ce paragraphe d'une lettre que M. Perrinon écrivait aux esclaves, le 27 février 1848 : « *En résumé, nous n'avons pas le droit d'apporter le drapeau de la liberté aux colonies, le Gouvernement provisoire lui-même n'a pas cette mission....* »

Son but, nous dit-il encore dans le même écrit, « était de lier le Ministre, membre du Gouvernement provisoire, et les abolitionistes ardents et influents, au moyen de manifestations explicites de leur part *sur l'incompétence du Gouvernement provisoire.* Mais M. Schœlcher, arrivant bientôt sous-secrétaire d'État, avec des idées arrêtées, une volonté de fer et un pouvoir discrétionnaire, dut l'emporter. »

Il pensait donc, lui aussi, que le Gouvernement provisoire était incompétent pour décréter l'émancipation des esclaves. Alors pourquoi, lui et son collègue M. de La Bâtie, n'ont-ils pas protesté énergiquement, bruyamment, malgré les idées arrêtées de M. Schœlcher, contre cette violation flagrante du droit de propriété, qui allait se commettre dans le huis-clos?

XXVIII.

Que le lecteur ne se méprenne pas: ce n'est point l'esclavage que nous aurions voulu que MM. Brunet et de La Bâtie défendissent; c'eût été le droit, rien que le droit, mais tout le droit.

On avait toujours pensé, en France, que c'était par système que les colons se refusaient à émanciper leurs esclaves. C'était une erreur. Même au point de vue de l'intérêt privé, ils sentaient, depuis plusieurs années, que l'esclavage, sans la traite, était la ruine des colonies. Déjà, à Bourbon, les bras manquaient à l'agriculture, beaucoup de terrains restaient incultivés et les ateliers renfermaient plus de vieillards que d'adultes. On avait, deux ou trois fois, fait appel aux travailleurs étrangers de l'Inde et de la Chine, mais ces essais n'avaient pas réussi. Pour avoir une immigration régulière et profitable, il fallait l'émancipation: le travail forcé et le travail libre ne pouvaient aller de pair.

Dans ces conditions, l'esclavage était donc onéreux, puisque, avec son maintien, le capital et les revenus s'amoindrissaient de jour en jour.

Non, ce n'était pas l'émancipation des esclaves que les colons redoutaient, mais le règlement d'une indemnité juste et préalable. On a pu voir depuis si leurs craintes, à cet égard, étaient chimériques !

Nos délégués ont-ils fait tout ce qu'ils devaient faire pour arrêter la précipitation de M. Schœlcher et de ses amis dans l'œuvre d'abolition de l'esclavage ? Qui oserait répondre à cette question ? Comment juger sainement, par un temps calme, des actes accomplis pendant une tempête ?

Quoi qu'il en soit, M. Sully Brunet, mort à Paris en 1857, a laissé pour amis tous les bourbonnais qui habitent la France; et tous, ils assurent qu'il a rendu des services à son Pays. Croyons-les, pour l'honneur du nom créole que M. Sully Brunet a porté d'ailleurs avec distinction.

XXIX.

Si les électeurs de l'île Bourbon avaient oublié les services de M. Sully Brunet, ils s'étaient souvenus de ceux de M. Barbaroux.

Ils savaient que celui-ci était un des hommes les plus remarquables qui soient venus dans notre Colonie, et l'un des administrateurs les plus distingués qu'elle ait possédés. Ils se rappelaient surtout le tact, la modération et la justice dont il avait fait preuve dans cette difficile et fausse position que les lois de 1840 et de 1845, sur le patronage des esclaves, avaient faite aux Procureurs généraux des colonies françaises.

Jamais l'amour-propre du colon, si fâcheusement éveillé par cette institution bâtarde et tracassière, ne fut par lui blessé. Jamais son intervention n'eut d'autre effet que de maintenir et de fortifier chez l'esclave les principes de l'ordre, de la discipline, du travail; et d'entretenir chez le maître les sentiments d'humanité et les idées de progrès philanthropiques.

C'était, en partie, le fruit de ses loyales et prudentes directions, de ses sages et intelligents conseils que le Pays recueillait, au 20 décembre 1848, dans le calme au milieu duquel s'accomplissait l'événement considérable de l'émancipation.

On avait compris que M. Barbaroux, avec sa facilité de parole, son talent d'écrire, sa haute probité, son désintéressement, ajoutés à la parfaite connaissance qu'il avait des hommes et des choses de l'Administration coloniale; on avait compris qu'il était un candidat de premier choix, et que la Colonie-modèle trouverait dans un tel homme un représentant digne d'elle. Et les électeurs écrivirent son nom en grosses lettres sur leurs bulletins. Il fut nommé, et nommé le premier, ayant réuni le plus grand nombre des suffrages émis.

M. Barbaroux est aujourd'hui sénateur. Venu Procureur

général à Bourbon, en 1831, il avait pendant dix-sept années servi la Colonie comme un fils dévoué. La Colonie l'a traité comme un fils. Elle lui avait déjà donné une famille distinguée ; en l'envoyant à l'Assemblée législative elle lui a ouvert les portes du Conseil d'Etat par lesquelles il est arrivé au palais du Luxembourg.

XXX.

Bien que M. Barbaroux eût obtenu un nombre de suffrages supérieur à celui donné à son co-élu, M. de Greslan, et malgré sa valeur personnelle, ce n'était pas lui qui était le drapeau du parti colonial : c'était M. de Greslan.

Mais quel était donc ce *parti colonial ?* Il était celui qui, tout en acceptant l'émancipation des esclaves, protestait contre cette expropriation faite, disait-on, pour cause d'humanité ; il protestait, parce qu'on y avait procédé en l'absence de la partie la plus intéressée, non appelée. Ce qui était un déni de justice. Plus encore, la raison du plus fort qui prévalait en dérision de nos codes immortels et en dépit de la triple garantie contenue dans la devise de la République : *Liberté, Egalité, Fraternité.*

Ce parti, c'était celui qui trouvait insuffisante l'indemnité accordée, comme par générosité, aux propriétaires dépossédés ; celui qui ne voulait pas que la qualité de citoyen français fût concédée à des étrangers nés chez les barbares et vieillis dans l'esclavage.

Ce parti, enfin, c'était celui qui demandait que l'on réglementât le travail libre, afin de ne pas laisser, sur notre petit rocher de soixante lieues de tour, soixante-mille individus livrés à eux-mêmes et armés en gardes nationaux.

Voilà ce qu'était, ce que voulait, ce que demandait le parti colonial. L'autre voulait-il, demandait-il autre chose? Nous ne le pensons pas. Nous aimons à ne le point penser.

Pourquoi alors les habitants de notre Colonie formaient-ils deux camps opposés? Mon Dieu! par une raison qui n'était certes pas une raison d'Etat : il y avait entre eux un nom. Les uns, à toute force, voulaient faire représenter le Pays par M. Sully Brunet. Les autres ne l'auraient pas voulu pour tout au monde.

Donc, pendant les élections de 1849, c'était une question de personne qui avait divisé les esprits et séparé les cœurs des enfants de l'île Bourbon.

XXXI.

Oui, c'était M. de Greslan qui représentait le parti colonial. Cette position, il la devait un peu à ses talents et beaucoup aux circonstances.

Directeur et rédacteur presque exclusif du *Journal du Commerce*, il se servit merveilleusement de ce levier qu'on venait de lui mettre entre les mains, au moment où éclatait la révolution de Février. Il le fit agir de tous les côtés : ici flattant les passions, là blessant les amours-proprès, secouant les ridicules, attaquant le Pouvoir dans ses actes. Il eut même le tort de faire quelquefois des brèches aux murs de la vie privée, oubliant ce conseil qu'il avait donné à ses confrères de la presse locale : « Gardons de l'atticisme dans nos publications, de la courtoisie dans notre langage, car nous sommes Français. »

Il n'était pas étonnant, d'ailleurs, que M. de Greslan arrivât à l'excès dans ses polémiques : il était trop ardent, trop audacieux, trop incisif pour ne pas y tomber.

C'était un gros jeu qu'il jouait avec son journal à la main ; il pouvait troubler profondément le Pays. Par une chance heureuse il a contribué à y conserver l'ordre et la tranquillité.

M. de Greslan était devenu le dépositaire de la surveillance publique. L'œil toujours ouvert, l'oreille toujours tendue, il voyait tout ce qui se passait, il entendait tout ce qui se disait à la ville et à la campagne. Il avait partout des recruteurs de nouvelles.

Aussi, les esprits remuants avaient ils grand'peur de lui, craignaient-ils beaucoup ses dénonciations imprimées. Et lui, se voyant redouté d'un côté et appuyé de l'autre, n'en avait que plus d'audace. Les comptes-rendus qu'il faisait au public n'étaient pas toujours très-dignes, bien qu'ils fussent toujours spirituels ; mais qui sait s'ils n'ont pas arrêté quelques mouvements prêts à compromettre la sécurité de la Colonie ?

Du reste, il serait difficile de juger M. de Greslan.

Pendant ces dix-huit mois d'agitations qui nous ont

fourni le sujet de notre récit, il a été à la fois méchant, agressif, généreux, sympathique et même chevaleresque. Et, chose inconcevable, les contradictions de son caractère ou de sa manière d'être à cette époque, se retrouvent entre ses actes et le résultat qu'ils ont donné.

Ainsi, il devait se perdre par son exagération, il s'est sauvé par cette exagération même que les événements ont transformée en indépendance. Placé au premier rang, il devait recevoir les premiers coups et succomber. Il a frappé ses adversaires, et seul il les a vaincus.

XXXII.

Aujourd'hui que M. de Greslan est mort, nous nous ferions scrupule de critiquer avec trop de soin les actes de sa vie publique, où l'on trouverait bien des choses à reprendre ; mais nous nous sentons très-libre pour parler du mérite de ce créole, l'un des plus remarquables, assurément, nous devrions dire le plus remarquable, qui soient nés à Bourbon ; et il faut que notre Pays soit réellement oublieux pour ne pas garder quelque part, à la salle du Conseil général ou à celle de l'Hôtel de Ville, l'image d'un fils qui lui a tant fait honneur. Il est vrai que le portrait de Parny ne se voit nulle part à Bourbon, pas plus que celui de Bertin, que celui de Joseph Hubert, que celui de Nicole de La Serve, que celui de l'amiral Bouvet.

Orateur, écrivain, possédant une facilité prodigieuse et

pour parler et pour écrire — parler et écrire avec talent — il n'a manqué à M. de Greslan, pour avoir la célébrité qu'il méritait, qu'un théâtre plus vaste. Les procès-verbaux du *Conseil colonial* et la collection du *Journal du Commerce* sont là pour appuyer cette opinion. Doué d'aptitudes diverses, il n'avait eu besoin que d'apprendre peu, pour savoir beaucoup ; rien n'était étranger à cet esprit éminemment perspicace. Et, quant à ce qui s'appelle l'esprit proprement dit, il en avait à discrétion. Rarement on en rencontre autant.

Il n'est pas douteux que M. de Greslan se fût acquis à Paris une réputation, nous pouvons dire une célébrité, dont ses très-brillantes facultés intellectuelles le rendaient digne.

Malheureusement il n'a pas eu le temps de s'y faire connaître ; la mort l'a surpris, en 1852, au moment où il cherchait, nous a-t-on dit, à entrer au Conseil d'Etat.

C'est dans la Colonie qu'il aurait dû rentrer. Elle ne l'aurait peut-être pas perdu si tôt, puisqu'il n'avait que 52 ans, étant né le 31 décembre 1799. Il y eût repris sa plume de publiciste, et aurait aidé à donner un esprit public à cette population intelligente qui se laisse un peu trop absorber par les opérations industrielles et commerciales, qui s'occupe trop exclusivement de ses intérêts privés et pas du tout des intérêts généraux du Pays.

XXXIII.

M. de Greslan partit pour la France le 24 novembre 1849, sur la corvette l'*Arthémise* commandée par M. Febvrier-Despointes. Son embarquement fut une véritable ovation. Ses parents, ses amis, un grand nombre de ses électeurs, après lui avoir fait cortége jusqu'à l'embarcadère de l'ancien pont royal, allèrent, montés dans des embarcations de toutes sortes, l'accompagner à bord de la corvette.

On forma ainsi, avec cette flottille de chaloupes et de canots, une escorte d'honneur à l'élu du Pays.

Plusieurs bâtiments de commerce s'étaient pavoisés ; quelques-uns avaient tiré du canon.

XXXIV.

Ce départ de M. de Greslan, qui est une date dans nos annales, a donné lieu à un rapprochement historique. On s'est souvenu qu'il y avait cinquante-neuf ans, mois pour mois, que la Colonie, pour la première et dernière fois jusqu'en 1849, avait envoyé en France un député.

En effet, c'était le 9 novembre 1790 que M. Bertrand, président de l'Assemblée générale, avait reçu des habitants réunis le mandat d'aller les représenter à la grande Assemblée nationale, M. Bellier de Villentroy, le père de l'honorable président de notre Cour impériale, n'ayant pas accepté ce mandat dont il avait été le premier investi.

Le successeur immédiat de M. Bertrand, plutôt ses successeurs, MM. de Greslan et Barbaroux, ne sont donc venus qu'un demi-siècle après-lui : espérons que les successeurs de ceux-ci ne se feront pas aussi longtemps attendre.

M. de Greslan, en s'embarquant, avait emporté avec lui ce qui restait des agitations nées de nos luttes électorales. Le Pays redevint calme. Les passions s'éteignirent. Les adversaires se rapprochèrent. Les amis qui ne se voyaient plus se reconnurent ; et la corvette l'*Arthémise* n'avait pas doublé le Cap de Bonne-Espérance, que les colons de l'île Bourbon étaient redevenus ce qu'ils étaient une année auparavant, et ce qu'ils sont aujourd'hui, les enfants d'une même maison.

FIN.

ERRATA.

A la page 10, 3ᵉ alinéa, au lieu de : *et* se réunit en audience solennelle, lisez : elle se réunit en audience solennelle. — Au lieu de : le Procureur général par intérim M. Massot, lisez : *et* le Procureur général par intérim M. Massot.

A la page 28, 2ᵉ alinéa, au lieu de : ils avaient *ailleurs bien* autre chose à faire, lisez : ils avaient bien autre chose à faire.

A la page 264, 2ᵉ alinéa, au lieu de : ils offraient *en* exemple les colonies françaises de l'Ouest, lisez : ils offraient *pour* exemple les colonies françaises de l'Ouest.

A la page 315, 2ᵉ alinéa, au lieu de : si l'on avait recherché activement et puni avec énergie les *engagistes* fictifs, lisez : si l'on avait réprimé avec énergie les *engagements* fictifs et recherché activement les répondants, etc.

A la page 350, 3ᵉ alinéa, au lieu de : il y a du moins rapporté cette *parole indépendante*, lisez : il y a du moins rapporté cette *indépendance de parole* qui lui avait valu sa popularité.

A la page 360, 2ᵉ alinéa, au lieu de : Certes, *si l'on y réfléchit*, par ce détour adroit, lisez : certes, par ce détour adroit.

TABLE DES SOMMAIRES.

PREMIÈRE PARTIE.

De la proclamation de la République dans la Colonie à l'arrivée du Commissaire général Sarda-Garriga.

Pages.

Chapitre Ier. — Comment nous apprenons les grands événements de Paris.— Proclamation du gouverneur Graëb. — Adresse du Conseil colonial. — Attitude de la Colonie. — La République est proclamée à Saint-Denis. — Les opinions politiques à Bourbon. — Circulaire de M. Arago. — Lettre de M. de La Bâtie. — L'île Bourbon reprend l'un de ses anciens noms. — Divers décrets enregistrés à la Cour d'appel. — Le *statu quo*. — Proposition de M. Legras. — Deux Adresses au Peuple français. — Influence momentanée du journalisme.   1

Chapitre II. — Etat des esprits. — Les clubs. — Souvenirs qu'ils réveillent.— Stagnation dans les affaires. — Le Conseil colonial. — Comice agricole.— Un avis rassurant du *Moniteur universel*. — L'époque de l'émancipation est fixée. — Le suffrage universel. — Le *Journal du Commerce* et les Brunet.— La presse conseille de planter des vivres et d'établir un comptoir d'escompte. — L'avenir de l'Agriculture.— L'arrêté de 1846 sur les gens de travail libre. — Troubles à Saint-Louis. — Danger auquel on a échappé. — Coïncidence entre les événements qui allaient naître en 1848 et ceux de 1796. — On laisse tomber dans l'oubli l'arrêté de 1846. — Espérances fondées sur les promesses de la Métropole. 27

Chapitre III.— L'abolition de l'esclavage est décrétée.— La Commission d'émancipation. — Sa partialité. — Le dédommagement au lieu de l'indemnité. — Les dépossédés moins intéressants que les libérés. — Logique de la Commission. — Opinion rétrospective de M. Schœlcher.— De quelle façon la Commission entendait maintenir le travail. — Nos délégués MM. de La Bâtie et Sully Brunet.— Nos jeunes compatriotes à Paris. — Les décrets du 27 avril. — La population de Saint-Denis se réunit à la salle de spectacle. — Séance du 18. — Nomination d'un comité de 15 membres. — Procès-verbal de la veille. — Résistance brutale et résistance morale. — Circulaire et programme du Comité. — L'Assemblée du Théâtre se dissout. 55

Chapitre IV. — Préoccupation générale. — Le Commerce inactif. — L'Agriculture inquiète. — On presse la récolte. — Les communes nomment leurs délégués. — Une insignifiante opposition. — L'Assemblée générale des délégués. — Sa première réunion. — Les journaux clandestins. — Le *Salazien*. — Le *Cri public*. — Esprit de ce dernier. — Ce qu'il devait être. — Ce qu'il a été. — Son discrédit après son succès. — L'abolition de la censure. — La liberté de la presse à Bourbon. — Ses provocations. — Les avantages qu'elle pourrait offrir. — Le journal la *Démocratie Coloniale*. 90

Chapitre V. — L'Assemblée générale des délégués des communes. — M. Massot Procureur général. — Attitude des colons. — Celle de l'Administration. — Programme de l'Assemblée générale. — Son Adresse et Protestation. — Son Mémoire au Commissaire général. — Elle nomme un Comité permanent. — Retraite de la plupart de ses membres. — Rassurantes correspondances de Paris. — Dépêche du ministre Casy. — Résolution du Comité des colonies. — Commission instituée près du Ministère. — Utilité de l'Assemblée générale des délégués. — M. Auguste Brunet Directeur de l'intérieur. — Les craintes du Commerce. — Le découragement de l'Agriculture. — Aspect général de la Colonie. — La corvette l'*Oise* est signalée. — Le Commissaire général est à bord. — Les superstitieux du Barachois. 107

DEUXIÈME PARTIE.

De l'arrivée du Commissaire général Sarda-Garriga à l'émancipation des esclaves.

Chapitre Ier. — Arrivée du Commissaire général. — Réception qu'on lui fait. — Sa proclamation. — Attitude des deux populations. — Les délégués des communes. — Enregistrement du décret d'émancipation. — Protestation de l'Assemblée des délégués. — Divers décrets inexécutables. — L'impôt sur les rhums. — L'arrêté sur les engagements de travail. — M. Massot. — M. Auguste Brunet. — Projet de décret pour le règlement de l'indemnité. 139

Chapitre II. — Exécution de l'arrêté sur les engagements de travail. — Tournée du Commissaire général dans l'Ile. — Incidents de son voyage. — Son retour à Saint-Denis. — Départ de M. Graëb pour la France. — Révolte du Lycée. — Elections des conseillers municipaux. — Les affranchissements antérieurs à l'émancipation. 179

Pages.

Chapitre III. — Le 20 décembre 1848. — Proclamation du Commissaire général. — L'émancipation proclamée mais l'indemnité non réglée. — L'attitude des maîtres. — Celle des esclaves. — Le premier jour et le lendemain de l'émancipation. — Les actes de l'Administation. — M. Massot. 211

TROISIÈME PARTIE.

De l'émancipation des esclaves à l'élection de nos deux représentants à l'Assemblée législative.

Chapitre Ier. — Aspect général. — Les sacrifices d'argent. — Répartition d'un secours de 500,000 francs. — La petite propriété absorbée par la grande. — Projet de colonisation à Madagascar. — Les habitants de Nossi-Bé repoussent l'émancipation. — L'engagement de travail, moyens employés pour y échapper, efforts de l'Administration pour le maintenir. — Maladie des cannes. — Introduction et fécondation du vanillier à Bourbon. . . 237

Chapitre II. — Les intérêts privés. — Calme de la population. — Inconséquence de l'Administration. — Entourage de M. Sarda. — Son mariage. — On apprend la nomination du Président de la République. — Proclamation de la Constitution. — Quatre de ses articles. — Adresse à l'Assemblée législative. — Divertissements. — Les établissements publics. — L'abbé Joffard. — Suffrage universel. — Commission d'indemnité. — Annonce du remplacement de M. Sarda. — Quelques arrêtés intempestifs. . . . 258

Chapitre III. — L'indemnité coloniale est votée. — De quelle façon est reçue la nouvelle de ce vote. — Comment cette indemnité a été réglée. — L'immigration indienne. — L'immigration africaine. — Les travailleurs indigènes. — Dénombrement général des esclaves. — Etat civil des affranchis. 299

Chapitre IV. — Loi électorale. — Vote des affranchis. — Adresse des conseils municipaux. — Protestation des habitants de Saint-André. — Liste électorale. — Demande en radiation de noms. — Défenses des affranchis. — Conseils du Commissaire général. — Elections du 30 septembre 1849. — Le Directeur de l'intérieur. — Elections du 21 octobre 1849. — M. Sully Brunet. — M. Barbaroux. — Le parti colonial. — M. de Greslan. 327

FIN DE LA TABLE DES SOMMAIRES.

Imprimerie de Gabriel Lahuppe, rue du Conseil, 119, à Saint-Denis.

www.ingramcontent.com/pod-product-compliance
Lightning Source LLC
Chambersburg PA
CBHW060346190426
43201CB00043B/905